关键信息基础设施安全保护丛书

工业数据安全
探索与实践

郭 娴　郝志强　编著

电子工业出版社
Publishing House of Electronics Industry
北京·BEIJING

未经许可，不得以任何方式复制或抄袭本书之部分或全部内容。
版权所有，侵权必究。

图书在版编目（CIP）数据

工业数据安全：探索与实践/郭娴，郝志强编著. —北京：电子工业出版社，2022.10
（关键信息基础设施安全保护丛书）
ISBN 978-7-121-44194-3

Ⅰ. ①工⋯　Ⅱ. ①郭⋯ ②郝⋯　Ⅲ. ①制造工业－数据管理－安全管理　Ⅳ. ①F407.4

中国版本图书馆 CIP 数据核字（2022）第 155997 号

责任编辑：缪晓红　特约编辑：张思博
印　　刷：北京天宇星印刷厂
装　　订：北京天宇星印刷厂
出版发行：电子工业出版社
　　　　　北京市海淀区万寿路 173 信箱　邮编：100036
开　　本：720×1 000　1/16　印张：18　字数：321 千字
版　　次：2022 年 10 月第 1 版
印　　次：2022 年 10 月第 1 次印刷
定　　价：99.00 元

凡所购买电子工业出版社图书有缺损问题，请向购买书店调换。若书店售缺，请与本社发行部联系，联系及邮购电话：（010）88254888，88258888。
质量投诉请发邮件至 zlts@phei.com.cn，盗版侵权举报请发邮件至 dbqq@phei.com.cn。
本书咨询联系方式：（010）88254760。

编委会

主　任：郝志强

副主任：郭　娴　汪礼俊

委　员：陈柯宇　李　莹　朱丽娜　张慧敏　孙立立
　　　　鞠　远　杨佳宁　黄　丹　黄海波　曹　锋
　　　　赵凯丽　杨　杰　樊佳讯　陈大宇　单　东
　　　　马　霄　李建彬

前　言

当前，全球数据爆发式增长、海量集聚，成为实现创新发展、重塑人们生活的重要力量，事关国家安全与经济社会发展。但同时，海量数据也带来了新的安全挑战，近年来，"勒索病毒"在全球蔓延，数据泄露事件频频发生，严重威胁个人、企业、国家机关单位的数据安全事件屡见不鲜，挑战日趋严峻。保障数据安全已成为当前各国面临的最重要且紧迫的任务之一。

2021年9月，《中华人民共和国数据安全法》正式实施，聚焦数据安全领域的突出问题，确立了数据分类分级管理、安全风险评估、监测预警、应急处置、安全审查等基本制度，并明确了相关主体的数据安全保护义务，这是我国首部数据安全领域的基础性立法。

工业数据作为新型生产要素和智能制造的重要支撑，已成为推动质量变革、效率变革、动力变革的新引擎。但我国多数工业企业对工业数据的管理、防护并不到位，迫切需要参考相关专业书籍，帮助企业厘清思路，有效推进数据管理与安全防护工作。

为了更好地支撑工业数据安全保护工作，我们编制了《工业数据安全：探索与实践》一书。本书分为上、中、下三篇，围绕直面安全风险挑战、掌握分类分级要略、践行安全保护措施三个层面，深入剖析了工业数据本质内涵、安全态势，系统阐述了工业数据分类分级方法，切实解决了工业企业、工业互联网平台企业面临的不知何为工业数据、为何及如何开展工业数据分类分级、如何做好工业数据安全保护等难题。本书注重实际指导意义，围绕重点行业、典型企业，运用实际案例阐释了工业数据分类分级管理与安全保护方法，为工业企业、工业互联网平台企业提供了拿来能用、效果显著的工业数据分类分级与安全保护策略，立足数据安全保护迈入有法可依、有法必依的新阶段，在解决工业数据安全新命题、释放工业数据价值新使命等方面具有较强的实践意义。

在本书编写过程中，得到了国家工业信息安全发展研究中心各级领导和同事的大力支持，以及北京天融信网络安全技术有限公司、战支 61221 部队、上海工业自动化仪表研究院有限公司、中核控制系统工程有限公司、山东省电子信息产品检验院、北京优炫软件股份有限公司、江苏亨通工控安全研究院有限公司、中国铁道科学研究院集团有限公司等单位提供的宝贵建议，在此表示衷心感谢。同时，感谢电子工业出版社相关编辑的高效工作，使得本书能够尽早与读者见面。

随着工业数据安全新技术的发展和安全形势的变化，本书内容将适时更新和完善。恳请广大读者提出宝贵意见。

目 录

上 篇 危中寻机：直面工业数据安全风险挑战

第1章 本质内涵：数字经济时代生产要素 ·· 003
    1.1 工业数据的发展历程和相关概念 ·· 003
    1.2 工业数据的趋势及特征 ·· 008
    1.3 工业数据的战略定位 ·· 010
    1.4 工业数据的应用 ·· 013

第2章 安全态势：工业数据安全形势严峻 ·· 021
    2.1 工业数据价值增加使其成为网络攻击重点目标 ···················· 021
    2.2 海量数据集中存储引发数据安全级联效应明显 ···················· 023
    2.3 工业数据"孤岛"现象制约数据共享和利用 ························ 024
    2.4 企业管理手段缺失难以防范应对安全风险事件 ···················· 024

第3章 他山之石：国外工业数据安全政策 ·· 029
    3.1 美国多点发力强化工业数据安全与管理 ······························ 029
    3.2 欧盟共同构建工业领域数据安全与共享"圈" ···················· 032
    3.3 英国强调提高工业领域数据的安全性与可用性 ···················· 036
    3.4 德国落实工业领域数据安全保护措施 ·································· 037
    3.5 其他国家发布工业领域数据安全保护法 ······························ 040

第4章 前方之路：坚持有法可依有法必依 ·· 043
    4.1 《中华人民共和国网络安全法》中的数据安全 ···················· 043

4.2 《中华人民共和国数据安全法》中的数据安全 ················ 046
4.3 《关键信息基础设施安全保护条例》中的数据安全 ············ 052

中 篇 夯实基础：掌握工业数据分类分级要略

第 5 章 必经之路：工业数据为何要"分" ·························· 057
5.1 摸清底数才能有的放矢 ······································ 057
5.2 抓住重点才能控制全局 ······································ 061
5.3 确定价值才能促进应用 ······································ 066

第 6 章 标识之策：工业数据如何"分类" ·························· 069
6.1 数据分类背景 ·· 069
6.2 工业数据分类原则 ·· 073
6.3 工业数据分类实施 ·· 074

第 7 章 评价之法：工业数据如何"分级" ·························· 081
7.1 数据分级方法依据 ·· 081
7.2 数据分级考虑因素 ·· 089
7.3 数据分级评定实施 ·· 092

第 8 章 实践案例：试点企业"现身说法" ·························· 097
8.1 工业企业分类分级案例 ······································ 097
8.2 平台企业分类分级案例 ······································ 102

下 篇 防患未然：践行工业数据安全保护措施

第 9 章 以制度标准立规矩：建立工业数据安全之基 ············ 109
9.1 数据管理要求 ·· 109
9.2 数据安全评估 ·· 114
9.3 应急处置要求 ·· 131

第 10 章 以监测预警为入口:打造工业数据安全之眼 ········ 139
10.1 数据资产监测 ········ 139
10.2 数据产权溯源 ········ 145
10.3 数据跨境监测 ········ 154

第 11 章 以生命周期为核心:形成工业数据安全之环 ········ 163
11.1 工业数据采集 ········ 165
11.2 工业数据传输 ········ 172
11.3 工业数据存储 ········ 178
11.4 工业数据使用加工 ········ 182
11.5 工业数据交换 ········ 188
11.6 工业数据销毁 ········ 193

第 12 章 行业案例 ········ 199
12.1 采矿业:5G 智慧工厂数据安全案例 ········ 199
12.2 能源化工行业:石化企业数字化转型背景下的数据安全保护案例 ········ 211
12.3 铁路行业:铁路数据分类分级防护解决方案 ········ 215
12.4 智能制造行业:某制造企业工业数据安全服务平台建设案例 ········ 221
12.5 核电能源行业:核电厂 DCS 数据安全案例 ········ 232

附录 ········ 241
《中华人民共和国网络安全法》········ 241
《中华人民共和国数据安全法》········ 256
《工业数据分类分级指南(试行)》········ 265
《工业和信息化领域数据安全管理办法(试行)》········ 268

| 上 篇 |

危中寻机：直面工业数据安全风险挑战

第 1 章

本质内涵：数字经济时代生产要素

1.1 工业数据的发展历程和相关概念

工业数据经历了快速发展变化的过程，其主要内容和来源不断演变，类型逐渐丰富，工业数据的相关概念逐步完善，工业数据已成为经济社会发展的重要基础性资源和生产要素。

地方工业和信息化主管部门、通信管理局和无线电管理机构建设本地区数据安全监测预警机制，组织开展本地区工业、电信行业和无线电数据安全风险监测，按照有关规定及时发布预警信息，通知本地区工业和信息化领域数据处理者及时采取应对措施。

1.1.1 工业数据的发展历程

在工业生产中，无时无刻不在产生数据。生产机床的转速、能耗，食品加工的温湿度，火力发电机组的燃烧和燃煤消耗，汽车的装备数据，物流车队的位置和速度，等等，都是在工业生产过程中产生的数据。

自工业从社会生产中独立成为一个门类以来，工业生产的数据采集和使用范围就逐步扩大。当泰勒拿着秒表计算工人用铁锹送煤到锅炉所用的时间时，就开始了对制造管理数据的采集和使用；福特汽车的流水化生产是对汽车生产过程的工业数据的采集；丰田的精益生产模式将数据的采集和使用扩大到工厂和上下游供应链；核电站发电过程中全程自动化将生产过程数据的自动化水平提高到更高的程度。

随着生产力的不断提高和信息技术的不断发展，工业数据的主要内容和来源不断演进变化，同时，数据类型也不断变化发展。20 世纪 60 年代，计算机在企业管理中得到应用，经历了层次、网状等模型后，统一为关系模型，形成了以结构化数据为基础的 ERP/MES 管理软件体系。20 世纪 70 年代，随着计算机图形学和辅助设计技术的发展，CAD/CAE/CAM 等工具软件生成了三维模型、工程仿真、加工代码等复杂结构文件，形成了以非结构化数据为基础的 PDM 技术软件体系。进入 21 世纪，互联网和物联网为企业提供了大量的文本、图像、视音频、时序、空间等非结构化数据，进而引发了工业数据中结构化数据与非结构化数据的规模比例发生了质的变化。

近年来，智能制造和工业互联网推动了以"个性化定制、网络化协同、智能化生产和服务化延伸"为代表的新兴制造模式的发展，在满足大批量个性化定制的社会生产需求的同时，将单个设备、单条生产线、单个工厂的数据联网，通过数据汇聚和分析处理，在诊断、预测、后服务等方面发挥了相应的价值。

1.1.2 工业数据的相关概念

1. 数据

在计算机科学中，数据是所有能输入到计算机并被计算机程序处理的符号介质的总称，是用于输入电子计算机进行处理的具有一定意义的数字、字母、符号和模拟量等的统称。从表面上看，数据包括"数字"和"依据"两层含义。在信息技术初级阶段，信息系统的作用主要是将记录的内容以二维表的形式进行存放，通过电子化提高工作效率。从本质上讲，数据是可以对客观事件进行记录并可以鉴别的符号，是对客观事物的性质、状态及相互关系等进行记载的物理符号或物理符号组合。

图片、语言、视频等多种信息技术的不断出现，使数据的覆盖范围更广。目前，我们可以将一切通过电子形式记录的信息统称为"数据"。人类社会和自然环境的变化都可以以"数据"的形式记录下来。

2. 工业数据

美国通用电气公司于 2012 年提出了狭义的工业数据的概念，主要指在工业产品使用过程中由传感器采集的以时空序列为主要类型的机器数据，包括装备状态参数、工况负载和作业环境等信息。目前，普遍认可的工业数据的概念可概括界定为工业领域产品和服务全生命周期产生和应用的数据，包括不同性质、不同状态、不同形式、不同来源、不同用途及不同大小的数据。

具体来说，工业数据主要涵盖如下几个方面。

（1）从数据主体看，工业数据包括工业企业工业数据和平台企业工业数据。前者包含工业企业产生和应用的研发数据、生产数据、运维数据、管理数据及外部共享数据等。后者则是工业互联网平台企业产生或应用的平台运营数据、企业管理数据等。

（2）从数据性质看，工业数据包括定量数据与定性数据。前者反映工业领域各种要素与活动的数量特征，如产能、运营、资产等方面的指标数据、统计数据。后者反映工业领域各种要素与活动的性质，如战略规划、主营业务、核心产品等方面的描述数据、解释数据等。

（3）从数据状态看，工业数据包括静态数据与动态数据。前者包括企业资产信息、控制流程设计、网络拓扑、访问权限控制及管理等相对稳定或变动较小的数据。后者包括生产设备控制系统或传感器等产生的大量高频度/实时性的模拟化数据、数字化数据、网络化数据等。

（4）从数据用途看，工业数据包括生产数据、经营数据、环境数据。生产数据包括原材料、研发、生产工艺、成品、售后服务等数据。经营数据包括财务、资产、人事、供应商等数据。环境数据包括设备诊断系统、库房、车间温湿度、能耗、废水废气排放等数据。

（5）从数据关系看，工业数据包括内部数据和跨界数据。前者是在企业内部生产、运营过程中生成的数据，如原材料成本、产量、销量等数据。后者是在企业运营范围之外生成但在企业内保留和应用的数据，如客户和供应商数据、行业数据、产业链上下游的关联和协同数据等。

（6）从产业链角度看，工业数据包括企业信息化数据、工业物联网（IIoT）数据及外部跨界数据。工业数据不仅存在于企业内部，还存在于产业链和跨产业链的经营主体中。工业数据是智能制造与工业互联网的核心，其本质是通过促进数据的自动流动，解决业务管理和设备控制问题，减少决策过程带来的不确定性，并尽量克服人工决策的缺点。

首先，企业信息系统存储了高价值密度的核心业务数据。自20世纪60年代以来，信息技术被加速应用于工业领域，形成了企业资源规划（ERP）、制造执行系统（MES）、产品生命周期管理（PLM）、能源管理系统（EMS）、供应链管理（SCM）和客户关系管理（CRM）等企业管理信息系统。这些系统中积累的产品研发设计数据、开发测试数据、生产制造数据、供应链数据及客户服务数据存在于企业或产业链内部，是工业数据资产。

其次，近年来物联网（IoT）技术快速发展，它能实时自动采集生产设备上的各种产质耗数据和智能装备产品的运维状态数据，并对它们实施远程实时监控。例如，三一重工股份有限公司的树根互联平台通过支持多种工业协议和主流可编程逻辑控制器（PLC）、数控机床、机器人设备的连接，以及通过消息队列遥测传输与设备的连接，实现工厂内外智能产品设备数据和业务数据的采集。目前，在大量应用智能装备的情况下，此类数据量增长最快。

最后，互联网也促进了工业企业之间及工业与经济社会各个领域的深度融合。一方面，对数据创造价值的追求促进了数据的交换、流动与整合，企业为发展自己的增值服务寻求数据信息的共享。另一方面，企业的生产活动和经营管理在不同程度上受到自然灾害、气候变化、生态约束、政治事件、市场变化等因素的影响。因此，包括与其他主体共享的数据及环境数据、市场数据和竞品数据等的外部跨界数据也日益成为工业数据不可忽视的来源。

3. 工业大数据

1）工业大数据的提出

工业生产的过程会伴随着数据的不断生成，工业生产的顺利进行本身也需要不间断地收集并使用数据，但在传统环境下需要付出高昂成本来完成从数据收集到数据利用这个过程。微型传感器的出现使便捷、低成本地记录这些实时、客观生成的数据变为现实。对伴随着工业生产过程而形成的海量数据进行管理和应用，使人类社会对各项活动的决策越来越走向科学化。在大数据与工业企业发展逐步深化融合的趋势下，2020年5月工业和信息化部发布《关于工业大数据发展的指导意见》，旨在加快推动我国工业企业完成数字化转型，为工业大数据的发展营造良好的氛围。

2）工业大数据的含义

《关于工业大数据发展的指导意见》指出，工业大数据是工业领域产品和服务全生命周期数据的总称，包括工业企业在研发设计、生产制造、经营管理等各环节中生成和使用的数据，以及工业互联网平台中的数据等。工业大数据种类丰富，其范围涵盖工业领域的各种产品，且能为工业企业提供全生命周期式的服务。只有新型网络技术与工业实现深度融合才能催生工业大数据的蓬勃发展，工业大数据是一种基础性战略资源，在助力以制造业为代表的工业企业实现数字化、网络化、智能化发展中发挥着重要作用。发展工业大数据能够为推动工业企业顺利实现数字化转型、激活企业数据资源的潜力奠定基础。

3）工业大数据的应用领域

工业大数据是指在工业领域中，围绕典型智能制造模式，从客户需求到销售、订单、计划、研发、设计、工艺、制造、采购、供应、库存、发货和交付、售后服务、运维、报废或回收再制造等整个产品全生命周期各个环节所产生的各类数据及相关技术和应用的总称。其以产品数据为核心，极大地延展了传统工业数据的范围，同时包括工业大数据相关技术和应用。

工业大数据技术是使工业大数据中所蕴含的价值得以挖掘和展现的一系列技术与方法，包括数据规划、采集、预处理、存储、分析挖掘、可视化和智能控制等。工业大数据的应用则是对特定的工业大数据集，集成应用工业大数据系列技术与方法，获得有价值信息的过程。工业大数据技术的研究与突破，其本质目标是从复杂的数据集中发现新的模式与知识，挖掘到有价值的新信息，促进制造型企业的产品创新，提升经营水平和生产运作效率，拓展新型商业模式。

工业数据从来源上主要分为信息管理系统数据、机器设备数据和外部数据。信息管理系统数据是指传统工业自动化控制与信息化系统，如 ERP、MES 等中产生的数据。机器设备数据是来源于工业生产线设备、机器、产品等方面的数据，多由传感器、设备仪器仪表采集获得。外部数据是指来源于工厂外部的数据，主要包括来自互联网的市场、环境、客户、政府、供应链等外部环境的信息和数据。

4）工业大数据的作用

工业大数据实现了工业生产物理设备与网络世界之间的连通，使工业生产流程的每个环节都实现了数据化。工业大数据在工业企业发展中发挥的作用表现在促进设备智能化、提高生产效率和推动数据融合共享等方面。促进设备智能化是指利用工业大数据提高单台设备运行的可靠性、安全性，如对生产流程中各个节点的数据进行实时监测，有利于第一时间识别设备故障，并发出预警、及早排查、及早解决，通过对生产流程数据进行分析、挖掘，促进设备参数改进、设备运行优化等；提高生产效率更多的是针对产线、车间、工厂而言的，从单一产线到某个车间，再到整个工厂，每个生产流程的数据都能实现集中监控，并有针对性地改造出现异常能耗和峰值情形的生产流程，进而降低能耗；推动数据融合共享则跨出了某一具体工厂的边界，利用 5G 技术扩大企业合作范围，进行跨界合作和产业互联，通过打造生态产业链，实现所有合作企业的联合创新。

1.2 工业数据的趋势及特征

1.2.1 工业数据的趋势

无论是工业自动化、工业智能化（工业 4.0），还是工业互联网，其基础都是工业数据。随着行业发展，工业企业收集的数据维度不断扩大，主要体现在以下三个方面。

（1）时间维度不断延长。经过多年的生产经营，积累了历年来的产品数据、工业数据、原材料数据和生产设备数据。

（2）数据范围不断扩大。企业信息化的建设，一方面积累了企业的财务、供应商数据，即通过 CRM 系统积累了客户数据，通过 CAD 等积累了研发过程数据，通过摄像头积累了生产安全数据，等等；另一方面越来越多的外部数据被收集回来，包括市场数据、社交网络数据、企业舆情数据等。

（3）数据粒度不断细化。从一款产品到多款、多系列产品，使产品数据不断细化，从单机机床到联网机床，使数据交互频率大大增强。加工精度从 1mm 提升到 0.2mm，从每次 5min 的统计到每次 5s 的全程监测，使采集到的数据精细度不断提升。

以上三个维度最终导致企业所积累的数据量以加速度的方式增加，构成了工业大数据的集合。不管企业是否承认，这些数据都堆砌在工厂的各个角落，而且在不断增加。

1.2.2 工业数据的特征

工业数据作为对工业相关要素的数字化描述和在网络空间的映像，相对于其他类型数据，具有反映工业逻辑的新特征。这些特征可以归纳为数据容量大、类型多样、工业数据处理速度快、连续实时、动态关联、真实准确、闭环性和特性隐匿等。

（1）数据容量大。数据的大小决定所考虑数据的价值和潜在信息。工业数据体量比较大，大量机器设备的高频数据和互联网数据持续涌入，大型工业企业的数据集将达到 PB 级，甚至达到 EB 级。

（2）类型多样。工业数据类型多样、来源广泛，既包括设备运行状况、操作行为、环境参数等生产过程数据，也包括销售订单、设计方案、库存供货、售后服务等运营服务数据。工业数据结构复杂，既有结构化传感数据、半结构化传感数据，也有非结构化数据，以字符、文字、报表、记录、图形、图像、音频、视频等多种形式存在。

（3）工业数据处理速度快。工业数据的获得和处理迅速。工业数据处理速度要求快速且多样，生产现场级要求分析时限达到毫秒级，管理与决策应用需要支持交互式或批量数据分析。

（4）连续实时。工业生产的连续性使工业数据的产生和应用具有明显的连续性。同时，在工业生产制造和运维管理过程中，生产线、设备仪器、工业产品等均为高速运转，从数据采集、处理、分析到数据使用均呈现出实时性特征。

（5）动态关联。在工业产品全生命周期的横向过程中，数据链条呈现出典型的封闭性和关联性。同时，在智能制造过程中，从计划到执行的纵向数据采集和处理需要持续进行动态调整和优化，以支撑感知、分析、反馈、控制等场景。一方面，产品全生命周期同一阶段的数据具有强关联性，如产品零部件组成、工况、设备状态、维修情况、零部件补充采购等。另一方面，产品全生命周期的研发设计、生产、服务等不同环节的数据之间需要进行关联。

（6）真实准确。工业数据真实性、完整性和可靠性高，工业领域更加关注数据质量，以及处理、分析技术和方法的可靠性。对数据分析的置信度要求较高，仅依靠统计相关性分析不足以支撑故障诊断、预测预警等工业应用，需要将物理模型与数据模型相结合，挖掘因果关系。

（7）闭环性。在工业产品全生命周期的横向过程中，数据链条需要封闭和关联；在智能制造纵向数据采集和处理过程中，需要支撑状态感知、分析、反馈、控制等在闭环场景下的动态持续调整和优化。

（8）特性隐匿。工业是强机理的技术领域，很多监测运行数据仅是在精心设计下系统运行的部分表征，其本身所蕴含的问题定义、数据筛选、特征加工、模型调优等常常是隐性的，要求在数据分析管理中关注数据背后的机理逻辑。

1.3 工业数据的战略定位

（1）工业数据是贯彻实施国家大数据战略的关键要素。

党中央、国务院高度重视大数据在推动经济社会发展中的作用。2015 年

8月31日，国务院印发《促进大数据发展行动纲要》，明确要求全面推进我国大数据发展和应用，加快建设数据强国。2017年10月18日，党的十九大报告提出，"加快建设制造强国，加快发展先进制造业，推动互联网、大数据、人工智能和实体经济深度融合。"2017年12月，习近平总书记在十九届中共中央政治局第二次集体学习中提出要"实施国家大数据战略""构建以数据为关键要素的数字经济""推动制造业加速向数字化、网络化、智能化发展"。2019年10月，党的十九届四中全会首次提出将数据作为与劳动、资本、土地、知识、技术、管理等并列的生产要素参与分配，为数据赋予了新的历史使命。

工业大数据的应用和发展是实施国家大数据战略的重要内容，而工业数据是决定工业大数据作用发挥和价值实现的核心基础资源。工业大数据的汇聚水平依赖工业数据的采集和存储能力，工业大数据的分析质量依赖工业数据记录的完整性、可靠性、实时性。工业大数据的应用效果依赖工业数据共享流动、深度加工、融合应用的效率。工业大数据资源共享、产品研发、解决方案设计、应用服务等功能的实现与工业数据的采集、分析、挖掘、应用过程息息相关。工业数据已成为发挥工业大数据价值创造能力、促进工业大数据发展、确保国家大数据战略实施的基础要素和关键要素。

（2）工业数据是加快驱动制造业转型升级的重要力量。

随着新一代信息技术与制造业的深度融合发展，传统工业已走上转型之路，数字化、网络化、智能化的发展趋势推动工业数据呈现爆发式增长。海量数据经集中汇聚、分析挖掘、处理利用，转化为有效支撑工业生产运营决策的知识和信息，促使工业数据成为新的生产要素资源，参与工业生产、运营、服务等各个环节，加快驱动由"制造"向"智造"的转型升级。一方面，工业数据是驱动智能化生产的引擎。对工业生产过程形成的数据的处理和传递，能够促使工业生产从被动式管理向自适应调整的智能化管理方向发展。对工业制造过程数据和产品数据的分析挖掘与系统模拟能够优化生产流程和产品性能设计。另一方面，工业数据是实现智能化运营的动力。对生产线及重点环节能耗数据的精准把握，能够预测节能空间，实现负荷与能耗的智能平衡。对 SCADA、DCS 等设备群数据的收集和分析，能够驱动对生产设备运营的智能化监控，实现智能监测预警、检测诊断、设备维护等。

工业数据的深度开发利用是工业领域用以分析和解决工业现场"痛点"问题的有效手段。对工业数据的全面采集、深入分析、综合应用，能够发挥工业数据在风险研判、需求预测、决策优化等方面的重要价值，以数据驱动工业企业乃至整个制造业向数字化、智能化转型，进而促进整个制造过程提质增效、安全可控。

（3）工业数据是推进工业互联网创新发展的基础资源。

国务院印发的《关于深化"互联网+先进制造业"发展工业互联网的指导意见》从"强化工业互联网平台的资源集聚能力，有效整合产品设计、生产工艺、设备运行、运营管理等数据资源"和"形成基于数据分析与反馈的工艺优化、流程优化、设备维护与事故风险预警能力"等方面，明确了工业数据对于推进工业互联网创新发展的重要意义。2017 年 12 月，习近平总书记在十九届中共中央政治局第二次集体学习中提出要深入实施工业互联网创新发展战略，发挥数据的基础资源作用和创新引擎作用，进一步确立了工业数据是推进工业互联网创新发展的基础和动力的战略定位。

当前，我国工业互联网正处于加速发展阶段，网络、平台、安全三大核心体系呈现全方位突破之势，行业企业应用成效逐步显现。作为工业互联网数据采集、网络传输、存储管理、分析应用和价值创新的关键资源，工业数据是工业互联网"对内提升、对外赋能"的基础。一方面，强化工业数据资源的原始积累、应用创新和智能挖掘有助于加快工业互联网在感知、分析、控制、决策和管理等方面的突破和创新，推动工业互联网高质量发展。另一方面，将工业应用场景与工业数据挖掘相结合，有助于发现和定义新的生产经营模式、产品未知需求和其他增值服务，并且通过工业互联网平台支持下的应用开发和系统生态推动数据分析结果的应用与实施，进而保持工业互联网生态体系的生命力，发挥工业互联网支撑工业经济高质量发展的核心作用。

1.4 工业数据的应用

1.4.1 工业数据的应用概况

"数字化工厂"展现了信息化制造的强大魅力,"互联工厂"模式带给人们无限的想象空间。在新一轮革命发展浪潮下,工业自动化、数字化等成为"智能制造"的关键技术,大数据、人工智能必将成为重要的角色。

以新一代信息技术为核心的第四次工业革命已经悄然开始,为引领新工业革命的浪潮,美国推出"再工业化",德国提出"工业 4.0",作为世界制造业强国的中国把"智能制造""大数据""人工智能"定为未来的主攻方向,中国制造业进入了转型升级的重要发展阶段。

在工厂里,每台自动化设备均由 PLC、变频器、工控机、传感器、人机界面、伺服与运动控制、机器视觉等基础工控元件构建而成,设备与设备之间通过工业以太网连接,所有机器设备互联组成井然有序的生产系统,再由 MES、PDM/PLM、ERP、CAD/CAE/CAM/CAPP、SCADA 等信息管理软件进行统筹,最终形成所谓的"智能制造"工厂解决方案。中国"智能制造"转型带来了巨大的自动化市场需求。

2013 年,德国提出了"工业 4.0"战略,美国通用电气公司(GE)提出了"工业互联网"愿景,信息技术在工业领域中的应用研究已积累数年。工业大数据生态要求企业具有平台化的能力,不管企业是生态的主导者还是参与者,工业大数据都将成为一种生态体系。

基于云平台构建的制造企业的大数据,其实际效果有如下几个特点。

(1)产品营销:大数据分析结果为制造企业提供了针对性推销、定向研发、智能维保等服务。

(2)设备远程故障诊断分析:大数据预测设备未来可能出现故障的时间,提供避免出现故障的解决方案,减少设备故障停机给客户带来的损失。

（3）客户体验：在移动端建立企业宣传平台，以场景化方式让客户加深对产品的认知，增强品牌的传播效果。

（4）技术创新：借助平台的专家经验共享、智能决策库的建立，提高运维领域的装备管理水平，降低行业运营成本。

（5）节约能耗：通过数据集的切分和规律查找，找到最优化的数据集，实现人员投入及控制过程的节能提效。

1.4.2　工业数据的应用特征

工业数据的应用特征可归纳为跨尺度、协同性、多因素、因果性、强机理等几个方面。这些特征都是由工业对象本身的特性或需求所决定的。

"跨尺度""协同性"主要体现在大数据支撑工业企业的在线业务活动、推进业务智能化的过程中。

"跨尺度"是工业数据的首要特征。这个特征是由工业的复杂系统性决定的。从业务需求上看，ICT 技术的广泛深入应用，将设备、车间、工厂、供应链及社会环境等不同尺度的系统在网络空间中联系在一起。事实上，"工业 4.0"强调的横向、纵向、端到端集成，就是把不同空间尺度的信息集成到一起。另外，跨尺度不仅体现在空间尺度上，还体现在时间尺度上，即业务上常常需要将毫秒级、分钟级、小时级等不同时间尺度的信息集成起来。因此，需要综合利用云计算、物联网、边缘计算等技术。

"协同性"是工业数据的另一个重要特征。"牵一发而动全身"是对"协同性"的形象描述，是"系统性"的典型特征。具体到工业企业，就是某台设备、某个部门、某个用户的局部问题能够引发工艺流程、生产组织、销售服务、仓储运输的变化。这就需要通过整个企业乃至供应链上多个部门和单位的大范围协同才能做到。工业系统强调系统的动态协同，因此工业数据就要支持这个协同的业务需求。

"多因素""因果性""强机理"体现在工业数据支撑过程分析、对象建模、知识发现，并应用于业务持续改进的过程中。工业过程追求确定性、消除不确定性,数据分析过程就必须注重因果性、强调机理的作用。事实上,分析结果是具有科学依据的知识,本身就体现了因果性。

"多因素"是指影响某个业务目标的因素特别多,是由工业对象的特性决定的。当工业对象是复杂的动态系统时,人们必须完整地认识并考察它的全貌,才能得到正确的认识。因此,工业数据分析体现了多个因素的复杂关系,进而导致了"多因素"现象。认清"多因素"特征对工业数据收集有重要的指导作用。人们需要事先尽量完整地收集与工业对象相关的各类数据,才有可能得到正确的分析结果,不被假象所误导。对于非线性、机理不清晰的工业系统,"多因素"会导致问题的维度上升、不确定性增加。因此,在工业数据分析过程中,人们常会感觉到数据不足、分析难度极大。

"因果性"源于工业系统对确定性的高度追求。为了把数据分析结果用于指导和优化工业过程,数据分析结果必须有高度的可靠性。否则,一个不可靠的结果可能会给系统造成巨大的损失。工业过程的确定性强,为追求因果性奠定了基础。为此,工业数据的分析过程不能止步于发现简单的"相关性",而是要通过各种可能的手段逼近"因果性"。如果用"系统"的观点看待工业过程就会发现:系统中存在着各种信息的前馈路径或者反馈路径。工业技术越成熟,这种现象就越普遍。这导致数据中体现的相关关系往往不是真正的因果关系。为了避免被假象迷惑,必须在数据准确完备的基础上,进行全面、科学、深入的分析。特别是对于动态的工业过程,数据的关联和对应关系必须准确,动态数据的时序关系不能错乱。

"强机理"是获得高可靠分析结果的保证。分析结果的可靠性体现在因果性和可重复性上。而关联关系复杂往往意味着干扰因素众多,不容易得到可重复的结论。所以,要得到可靠性的分析结果,需要排除来自各方面的干扰。排除干扰需要"先验知识",即机理。在数据维度较高的前提下,人们往往没有足够的数据用于甄别现象的真假。"先验知识"能帮助人们排除那些似是而非的结论。此时,领域中的机理知识实质上起到了数据降维的作用。从另一个角度看,要得到具有"因果性"的结论,分析结果就必须能够用领域的机理解释。事实上，人们对工业过程的研究往往相对透彻，多数现象都能够找到机理上的解释。

1.4.3 工业数据应用效果

当工业大数据的概念提出后，IT业界结合新的大数据技术和自身对工业的理解，提出了大量的解决方案，许多方案都已经在现实中得到了应用。

1. 能够实现数据的全面采集并持久化

在前大数据时代，许多工业现场采集到的数据的生命周期仅仅在显示屏上一闪而过，大量数据由于种种原因被丢弃，其中一个重要原因是无法有效存储，全部存储成本过高且数据量过大导致无法使用。进入大数据时代之后，新型的数据处理技术及云计算带来的低成本，使数据的全面采集并且持久化成为可能，即采集到的数据可以实现长时间的存储，且海量的数据可处理、可分析，工业用户便有了存储数据的意愿。而这一切又反过来为大数据分析提供了坚实的数据基础，使分析结果更准确，成为一种正向循环。

2. 能够实现全生产过程的信息透明化

随着现代生产技术的飞速发展，生产过程已经呈现出高度复杂性和动态性，逐渐出现了不可控性。生产过程信息呈现碎片化倾向，只有专业部门、专业人员才能掌握本部门、本专业的数据，企业无法全面有效地了解全生产过程。

随着大数据处理和可视化技术的不断发展，目前，通过全生产过程的信息高度集成化和数据可视化，生产过程的信息达到了透明化。企业总调度中心不仅可以清晰地识别产品、定位产品，而且可以全面掌握产品的生产经过、实际状态，以及到达目标状态的可选路径。

3. 能够实现生产设备的故障诊断和故障预测

当前，已经可实现对设备各类数据的采集，包括设备运行的状态参数，如温度、震动等；设备运行的工况数据，如负载、转速、能耗等；设备使用过程中的环境参数，如风速、气压等；设备的维护保养记录，如检查、维护、维修、保养等信息；设备的使用情况，如使用单位、操作人员等。所收集到的设备的各类数据、同类设备的数据、长周期的使用数据等就构成了大数据分析的基础数据。

4. 能够实现生产设备的优化运行

在故障诊断和故障预测的基础上，机器、数据和生产指标构成了一个相互交织的网络，通过信息的实时交互、调整及优化，将它们进行比对、评估，最终选出最佳方案，以进一步提高设备的使用效率和精度，使生产更具效率、更加环保、更加人性化，同时还可减少运维环节中的浪费和成本，提高设备的可用率。

5. 能够提高企业的安全水平

设备信息、环境信息和人员信息高度集成，经过数据分析，可以实现安全报警、预警、隐患评估等，从而大幅度提高安全水平，并且可提升人员工作效率。

6. 能够实现定制化生产

近几十年来，技术开发面临的最大挑战是产品乃至系统无限增加的复杂性。与此同时，这还会导致开发和制造工业过程的复杂性倾向于无限增加。而工业企业欲在未来长期保持竞争优势，就必须提高生产灵活性。因为只有这样，才能降低成本，缩短产品上市时间，并且通过增加产品种类，满足个性化的生产需求。

单靠人脑进行管理是无法对如此复杂的流程和庞大的数据进行匹配的，通过大数据技术的引入，可以将客户的需求直接反映到生产系统中，并且由系统智能化排程，安排组织生产，使企业定制化生产成为现实。

7. 能够实现供应链的优化配置

RFID 等产品电子标识技术、物联网技术及移动互联网技术能帮助工业企业获得完整的产品供应链的大数据，利用这些数据进行分析，将带来仓储、配送、销售效率的大幅提升和成本的大幅下降。

供应链体系以市场链为纽带，以订单信息流为中心，带动物流和资金流的流动，整合供应链资源和用户资源。在供应链的各个环节，客户数据、企业内部数据、供应商数据被汇总到供应链体系中，通过对供应链上的大数据进行采集和分析，企业就能够持续进行供应链改进和优化，保障了对客户的敏捷响应。

8. 能够实现产品的持续跟踪服务

随着物联网技术的发展，现在对于已售出的产品可实现运行数据的全面收集，从而可分析已售出产品的安全性、可靠性、故障状态、使用情况等。在这些数据的基础上，产品运行数据可以直接转化到生产过程中，可以改进生产流程、提高产品质量、开发新产品，更进一步地，生产信息也可以直接作用于优化产品研发及生产过程的上游工序中。

9. 能够为企业提升新的服务价值

商家卖的是产品，用户看重的是产品带来的价值。一切技术或产品都只是手段，其核心目的是在使用中创造价值。当企业能够使用新技术为用户提供服务时，卖的已经不是或者不只是冰冷的产品了，而是新的价值服务。生产商已经从过去单纯的产品提供者转变为如今的信息服务商。

1.4.4　数字化工厂构建典型案例

在数字化业务建设中，应重点考虑的因素包括以下两方面：一是要有大规模、统一的应用场景，便于扩展；二是可连接设备价值高、数量多、范围广的工业 App。智能工厂融通建设的主要模式为：5G＋工业互联网（边缘一体机）＋安全＋工业 App。其系统如图 1-1 所示。

以国内某企业工业数据平台为例，该平台拟打造航天电器智能制造"样板间"。该企业生产的高端电器连接件产品具有多品种、小批量、定制化的特点，工厂生产实际界面如图 1-2 所示。

第1章 本质内涵：数字经济时代生产要素

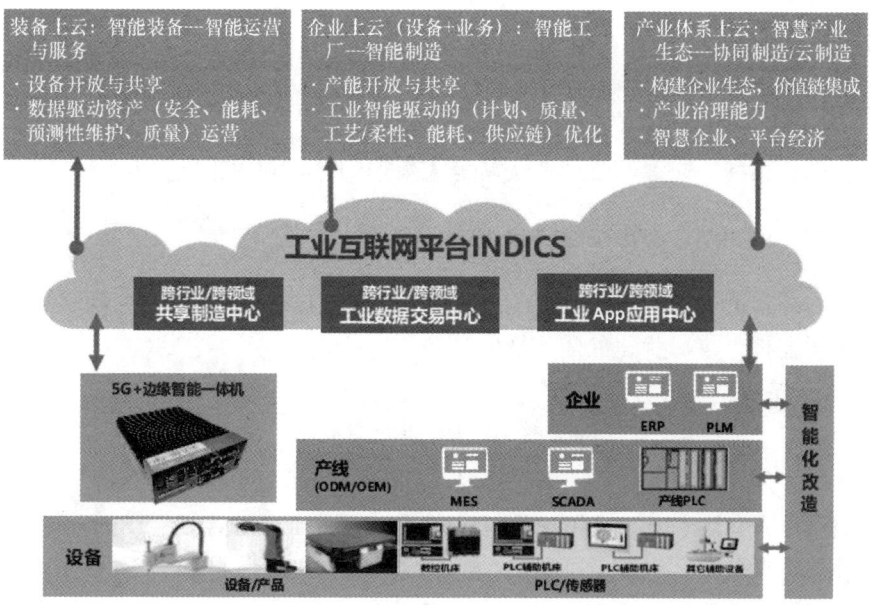

图 1-1 数字化工厂系统

图 1-2 工厂生产实际界面

该平台拟解决的关键问题如下。

（1）缺少支撑协同设计生产的平台，存在跨事业部及与客户/供应商协同效率低的问题。

（2）跨地域资源协作程度低，排产准确率低，资源调度不合理。

（3）设备、质量、生产、运营等大数据的分析利用程度较低。

（4）虚实结合协同制造需求迫切。

目前，企业生产线设计、节拍计算、布局优化等未实现从事前仿真优化、到事中监控、事后优化的闭环透明管控。

该平台实现的解决方案如下。

（1）建设云端设计工艺协同系统（CPDM）、云端资源协同系统（CRP）、云制造运营管理系统（CMOM），并与企业内部企业资源计划（ERP）、生产信息化管理系统（MES）及自动化产线集成，将生产计划、物料清单（BOM）/工艺数据、企业运行数据三条主线打通。

（2）通过智能网关将设备数据、产线数据及企业数据上传云平台，应用大数据挖掘与分析技术对质量、销售、采购、生产等数据进行挖掘分析，为工艺优化及企业的运营决策提供指导。

（3）应用虚拟现实（VR）技术对厂房、产线、物流进行建模，搭建虚拟工厂，实现远程监控，并利用仿真工具对产线布局设计、物流设计、节拍计算等进行仿真，搭建数字孪生模型，为产线提供优化指导。

（4）实现了基于智能工厂的产品设计、制造、检测、物流等全生命周期的智能化。

该平台上线后，取得了较好的应用效果。该企业的生产效率提升了50%，产品研制周期缩短了33%，产品不良率下降了56%，运营成本节省了21%。

第 2 章

安全态势：工业数据安全形势严峻

当前，全球新一轮科技革命和产业变革加速推进，工业领域数字化、智能化转型进入深耕阶段，工业数据日益成为社会生产、基础服务、产业转型的重要驱动力量，也是提升工业企业竞争力、创新力、价值力的关键核心要素。在这种情况下，针对工业领域的数据窃取活动呈现明显增势，特别是勒索团伙频繁将高价值工业数据作为威胁手段，同时，工业数据集中存储和利用导致安全隐患发生蔓延，进一步引发供应链风险和系统性风险，而工业企业管理不到位、管理手段缺失等问题无形中又助推了工业数据失窃后影响范围的扩大化。

2.1 工业数据价值增加使其成为网络攻击重点目标

近年来，随着新一代信息技术的广泛应用，工业化和信息化深度融合，工业网络边界逐步被打破，工业数据的进一步汇聚推动了大数据技术在工业领域的应用发展。工业作为国民经济的主体，是产业数字化的主战场。工业数据作为工业领域发展的关键生产要素，在推动产品服务创新、优化生产管理流程、规避生产安全风险、实现个性化生产、社会化协同制造等方面的重要价值日益显现。因此，工业数据也成为网络攻击者的重点目标，安全风险持续增大。

2.1.1 以数据为威胁手段的勒索攻击频发

近年来，勒索团伙利用企业担心数据被泄露的心理，实施双重勒索，胁迫遭攻击企业支付赎金，这表明以数据为威胁手段的勒索攻击已成为数据泄露的主要原因。根据对 34 个勒索团伙的数据泄露站点的跟踪显示，自 2019 年以来，上述勒索团伙已泄露 2103 家受害企业的数据。在这 34 个勒索团伙中，最活跃的 5 个为 Conti、REvil、DoppelPaymer、Avaddon 和 Pysa。勒索团伙往往通过多种加密算法，将加密目标用户的系统和数据作为重要手段，威胁和恐吓受害者支付赎金。勒索团伙在攻击过程中，往往会窃取、泄露或非法利用目标企业的数据，对工业企业数据安全造成巨大威胁。全球范围内频发的针对工业领域的勒索事件向我们敲响了工业数据安全警钟。未来，随着工业企业特别是制造业企业价值密度增大和网络依赖性提升，其必将越发成为勒索团伙的"理想目标"，加强工业数据安全管理和防护已刻不容缓、势在必行。

据国家工业信息安全发展研究中心统计，2021 年公开发布的工业领域勒索事件有 50 起，比 2020 年增长约 51.5%。从遭受勒索攻击的国家来看，工业领域遭受勒索攻击最多的国家为美国，约占 52%。自 2017 年以来，全球数据泄露量年均增长率达 224%。其中，制造业数据泄露事件累计 270 起，规模较大的数据泄露事件有 27 起。系统入侵、操作错误和特权滥用为制造业数据泄露的主要原因。从攻击工业领域的勒索软件种类来看，主要有 REvil、Conti、BlackMatter 和 DarkSide 等。从遭受勒索攻击的行业来看，电子制造、食品加工、能源化工等行业遭受攻击的次数最多，分别占 20%、16%、14%，遭受勒索攻击的企业有中国台湾计算机巨头宏碁集团、日本电子公司 JVC Kenwood、美国生物制药公司 Supernus Pharmaceuticals、美国最大的农业合作社之一 New Cooperative、大型乳制品供应商 Schreiber Foods、成品油管道商科洛尼尔管道燃油运输公司（Colonial Pipeline）、加拿大跨国无线通信设备制造商 Sierra Wireless、挪威绿色能源公司 Volue、澳大利亚能源发电公司 CS Energy，巴西 JBS 食品公司等多家知名企业。勒索攻击导致上述企业大量敏感商业信息遭窃取，企业生产运营中断，业务系统宕机停摆，产品供应、供水供电等受到严重影响。

2.1.2 制造业成为数据泄露事件高发地带

威瑞森通信公司连续数年发布的《数据泄露调查报告》显示，制造业一直是数据泄露事件高发地带。《2021 年数据泄露调查报告》指出，制造业数据泄露事件累计 270 起，引发数据泄露的原因涉及系统入侵、操作错误和特权滥用等，82%的攻击威胁来自企业外部，且 92%的威胁活动以获取经济利益为目的。美国数据安全公司 Varonis 对 50 家制造业企业的 40 亿个文件进行分析后发现，制造业面临巨大的数据泄露风险。以色列安全研究机构 Reposify 调查显示，药品制造行业数据泄露风险较为突出，92%的制药公司至少有一个数据库可能存在数据泄露风险，46%的制药公司用于服务器文件访问和打印的协议（SMB 协议）遭暴露，子公司更是大幅增加了母公司的敏感信息的暴露风险。

2.2 海量数据集中存储引发数据安全级联效应明显

云计算、移动互联网、物联网、大数据及人工智能等新一代信息技术的应用发展带来全球工业数据的爆发式增长。据国际数据公司（IDC）预测，全球每年被创建、采集或复制的数据集合将从 2018 年的 32ZB 增至 2025 年的 175ZB。中国数据预计增速最为迅速，预计到 2025 年将增至 48.6ZB，占全球数据的比例为 27.8%，届时将成为全球规模最大的"数据圈"。随着企业上云、工业 App 培育等工作的加速推进，海量工业数据加快向云平台汇聚，存储状态由离散变为集中，逐渐形成高价值的数据资源池，同时也带来了一系列更深层次的安全隐患和系统性风险。

2.2.1 系统性风险加大

随着新一代信息技术在工业领域的广泛应用，越来越多的工业控制系统与上层网络连接，传统相对封闭的工业网络被打破，病毒等安全威胁极易从网络端渗透至内部生产控制系统，导致内网大范围感染恶意软件、高危木马等安全隐患。与此同时，工业主机、数据库、工业 App 带来的端口开放、漏洞未修复、接口未认证等问题都将成为攻击者便捷入侵的攻击点。在工业控制系统安全漏洞和隐患广泛存在的情况下，工业数据的指数级爆发式增长、内外网工业数据的加速交互流通、海量工业数据云上集中存储汇聚均使窃取、篡改工业数据的路径增多，受攻击面进一步扩大，从而导致针对单点数据的网络攻击可能从局部安全风险演变成系统性安全风险。

2.2.2 引发供应链风险

在制造业供应链全球化态势下，工业企业特别是大型工业企业的供应商、服务商遍布多国多地。制造商、供应商、销售商等为实现协同调配和效率提升，往往会搭建一体化的供应链网络，在这种情况下，一旦黑客将恶意代码和漏洞植入受信任的供应商和第三方软硬件产品中，供应链网络中的所有企业都将面临被攻击的风险。工业企业核心敏感数据一旦遭攻击和窃取，与之系统互通互联、数据实时交互的供应商、服务商及外部合作伙伴就可能在产品设计、开发、交付、使用等不同环节受到波及，甚至进一步引发供应链企业系统遭入侵、数据被窃取等连锁事件，导致攻击后果向整个供应链蔓延。

2.3 工业数据"孤岛"现象制约数据共享和利用

当前，多数工业企业建设了生产制造、信息化、销售运营等多个系统，但由于信息化建设缺乏总体规划、应用来源多样、底层标准不统一或端口间互不开放，使数据既不能在整体的通信系统中交换，又无法通过重置或更新系统设置来满足新要求，因此形成数据"孤岛"。数据"孤岛"的普遍存在造成两种后果。

（1）被封存在各工厂、各系统内部的设计、管理、生产等各类工业数据不能共享和交换，造成企业内部、企业间无法实现数据间的互操作和协调运用，大大降低了数据利用率。

（2）处于孤立状态的工业数据存在的时间越长，其过时、失效的可能性就越大，其客观性、准确性、可用性也就越低，严重影响了工业数据的共享流通及开发利用的效果。

2.4 企业管理手段缺失难以防范应对安全风险事件

当前，在全球工业数据泄露事件频发、企业外部威胁不断加大导致受影响行业范围、受攻击企业数量持续增加的情况下，多数企业自身缺乏有效的管理手段，难以有效防范工业数据安全风险、快速应对数据安全事件，致使对数据受损的负面影响的防控难度加大。

1. 工业数据开发效率低，战略布局不清晰

工业数据的开发利用要以企业发展战略目标为导向，才能真正起到提升企业资源优化配置能力、促进企业全要素生产率提升、驱动企业业务创新发展的作用。当前，多数工业企业和平台企业并未根据自身发展的战略需要来制定与之匹配的工业数据开发利用的相关策略，这将造成以下两种后果。

（1）企业未能建立工业数据流动、共享和使用的协调机制和基本规则，大大降低了工业数据有序流动、充分共享、合理利用的效率。

（2）企业在面对行业前景研判、业务规模扩展、技术升级换代、产品性能提升等重要决策事项时，难以运用数据分析结果做出与企业发展战略目标相一致的预测和决策，影响数据潜在价值的发挥及数据红利的释放。

2. 安全管理制度不健全，措施落实不到位

大多数工业企业缺乏针对数据安全的明晰管理要求，数据安全管理制度不健全、数据安全管理责任不清晰、数据安全责任人不明确等情况较为普遍。部分工业企业虽然制定了相应的管理制度，但制度落实与措施执行往往不到位，未建立安全审计、监督检查、应急处置等配套工作机制，导致出现常规安全管理无记录、安全运维不到位、事件处理不及时等现象。

3. 多头管理现象较普遍，未有效形成合力

工业企业现场控制设备和工业主机等工业控制系统、MES 和 ERP 等信息系统的日常运维、策略配置调试等分属不同的部门负责，在不同系统承载的工业数据进行传输、交互、使用的过程中，数据安全管理权责不明晰、不确定，在工业企业业务网络、控制系统遭受攻击和所涉工业数据遭受安全威胁时，难以快速、高效地发现、预警和处置，多头管理、职责不清的状况往往造成不同部门间相互推诿、数据安全管理各自为战的情况，难以形成合力。

4. 数据安全意识不够高，技术技能待提升

工业企业对于工业数据价值和作用的理解和重视，是其开展数据管理工作的基本前提。目前,工业企业尚未深刻认识到工业数据的重要性,具体体现在以下三个方面。

(1) 对工业数据的价值认识不足,没有深刻认识到工业数据的生产要素属性和资产属性,未意识到保护工业数据就是保护企业投资收益,而工业数据的破坏和损毁将直接导致企业生产遭受破坏。

(2) 对工业数据管理的重要意义缺乏理解,大多数工业企业不重视对自身工业数据的梳理,不关注对采集、传输、存储、分析等关键环节的工业数据资产的全面掌握,甚至仍在使用基于文档记录的初级管理模式。

(3) 对工业数据管理措施的落地执行不够重视,即使已经意识到工业数据管理会带来价值,但缺乏对行之有效的管理手段、管理方式、管理措施的研究探索与切实执行。

工业企业开展数据安全意识教育和岗位技术技能培训不足,从企业主要负责人、企业安全管理者到企业安全技术员,对工控安全和工业数据安全往往不够重视。部分技术人员认为工业控制网络可以采用物理隔离,SCADA、MES、ERP等信息系统能够运行在内网,生产数据没有加密的必要,甚至将业务信息口令明文记录在工控主机显示器或操作规程上,导致在无意识的情况下将用户敏感数据、关键业务数据泄露出去。在意识不强、技能不足的情况下,采用简单密码口令、随意设置共享目录、安全漏洞不修复、安全软件不更新等低层次安全防护问题往往普遍存在,为网络攻击者提供了低成本、低门槛的实施网络攻击和窃取重要数据的突破口,大大增加了企业数据面临的安全风险。

5. 数据安全防护水平低,策略与手段滞后

工业数据的安全、有序使用和流动共享是工业产业链正常运行的基本保障。然而目前,多数工业企业的数据安全防护尚不到位,具体表现在以下三个方面:

(1) 制度建设缺失,导致工业数据安全防护责任不明确、流程不清晰、重点不突出。

（2）技术手段落后，部分工业企业不具备漏洞挖掘、风险研判、威胁分析等技术手段，无法实现工业数据安全风险的有效防范、及时发现和快速应对。

（3）工业数据防护策略不足，对不同来源、不同用途、不同重要性的工业数据均采取一般性的、无差别的防护措施，对与生产制造过程直接相关的重要数据的安全防护不充分。

据国家工业信息安全发展研究中心监测统计，截至 2019 年年底，我国在公共互联网上可以辨识的工业控制系统、物联网设备、智能设备、工业数据库等数量共计 10 000 余个。多数设备及系统未采取有效的安全防护措施，弱口令、目录遍历、SQL 注入、未授权访问等漏洞较为普遍，表明工业企业安全防护策略与手段不足，存在较为严重的数据安全风险隐患。

第 3 章

他山之石：国外工业数据安全政策

大数据是数字经济发展的关键生产要素和社会基础性战略资源，加强数据管理与保障数据安全是数字经济持续健康发展的底线。工业大数据作为大数据在工业领域的重要应用，是制造业数字化、网络化、智能化发展的基础性资源，正成为驱动制造业转型升级的新引擎，加快提升工业数据管理能力与安全防护水平也引起了世界各国的高度重视。近年来，中国、美国、欧盟等国家和地区围绕数据管理与安全、工业数据管理与安全等持续出台战略规划、法律、法规、标准规范等政策文件，不断完善协调机制，积极创新技术手段，着力推动数据安全与发展同步。

3.1 美国多点发力强化工业数据安全与管理

3.1.1 战略规划

2019 年年底，美国发布了《联邦数据战略和 2020 年行动计划》（以下简称《计划》），以 2020 年为起始，描述了美国联邦政府未来 10 年的数据愿景，并初步确定了各政府机构在 2020 年需要采取的关键行动。《计划》以数据战略资源开发为核心目标，立足数据伦理、保护意识、数据文化三个视角，确立了政府范围内使用数据的长期框架，提出了数据治理制度化、识别重要数据、评估数据及相关基础设施的成熟度、开发数据保护工具包、试行自动化信息收集审查工具等措施。《计划》还确立了 40 项具体数据管理实践：通过数据指导决策；促进各个机构间的数据流通；保护数据完整性；确保流通数据的真实性；确保数据存储的安全性；增强数据管理分析能力；促进数据访问的多样化路径；等等。《计划》的出台意味着美国对数据的重视程度继续提升，并出现了聚焦点从"技术"到"资产"的转变。

3.1.2 法律、法规

美国积极采用立法手段提升跨境数据执法权限，同时注重车联网等领域的数据管理与安全。2018 年，美国提出了《澄清境外数据的合法使用法案》（以下简称《云法案》），明确了在美国政府的要求下，任何在云上存储数据的美国公司都必须将数据转交给美国政府。《云法案》将在经营活动中与美国有足够联系的境外公司也纳入管辖范围，以此建立跨境数据调取霸权。这就意味着，无论用户的数据是否存储在美国境内，只要服务提供商对用户数据具有实际控制或管辖权，服务提供商就有义务按照《云法案》规定保存、备份甚至披露用户数据。《云法案》的出台打破了以往跨国数据类证据在调取过程中所遵循的数据属地管辖模式，即判断数据司法管辖权限的主要标准是数据的存储位置，构建了一套全新的以数据控制者实际数据控制权限为衡量依据的标准框架，极大地延伸了美国数据司法管辖权范围。2017 年，美国还提出了《自动驾驶法案》，明确要求自动驾驶汽车制造商加强对车主和乘客隐私数据的保护，包括遵循数据最小化管理原则、采用去识别化技术手段等。

美国还发布了《防范勒索攻击引发敏感信息和个人信息泄露指南》（以下简称《指南》），指导企业加强重要数据保护。鉴于由勒索攻击导致的数据泄露事件频发，美国国土安全部下属的网络安全与关键基础设施安全局（CISA）发布了《指南》，旨在指导企业如何通过加强数据安全防护与管理来避免成为勒索攻击的受害者。对于防范勒索攻击导致的重要数据失窃和泄露，《指南》提出如下建议：①要了解自身系统中存储了哪些敏感信息，以及谁可以访问这些信息；②实施联邦贸易委员会的物理安全最佳实践；③通过一系列具体措施实施网络安全最佳实践，具体包括解决面向互联网的漏洞和错误配置以减少攻击者利用这一攻击面的可能性、制定和实施基本的网络事件响应计划与恢复力策略、保持数据离线和保存加密副本及定期验证备份、尽量减少接收网络钓鱼邮件等。CISA 还建议企业和机构定期进行漏洞扫描，以确定漏洞特别是影响互联网相关设备的重要漏洞是否存在，并予以应对和解决。CISA 特别强调不要向勒索犯罪分子支付赎金，以免造成鼓励涉案犯罪分子和其他犯罪分子进一步资助从事勒索犯罪活动的负面效果。

3.1.3 协调机制

美国在数据管理方面采取推行自由市场机制、对特定领域加强监管的策略。在联邦政府层面，美国未设立统一的数据安全监管机构，主要由美国联邦贸易委员会（FTC）负责强制执行隐私保护和数据安全相关规定；在州政府层面，目前仅加利福尼亚州创建了专注于数据保护的机构，即加利福尼亚州隐私保护局（CPPA）；在行业监管层面，美国重点关注卫生健康、金融、电信、政务、工业等行业领域的数据安全监管，主管部门包括卫生与公众服务部（HHS）、货币监理署（OCC）、消费者金融保护局（CFPB）、证券和交易委员会（SEC）、联邦通信委员会（FCC）、商务部（DOC）、国土安全部（DHS）。例如，美国国土安全部设立数据治理委员会，负责工业、交通运输等关键信息基础设施领域的数据管理与安全保护。

3.1.4 标准规范

美国在数据管理与安全标准规范研制方面起步较早，已发布系列标准来强化数据保护。例如，针对基本防护方法，美国国家标准与技术研究院（NIST）围绕数据分类分级，发布了《大数据分类法》（SP 1500-2）、《个人识别信息保密保护指南》（SP 800-122），提供个人数据分级标准与各级其他安全策略等；针对工业数据，NIST 发布了《工业控制系统安全指南》（SP 800-82），明确提出对于工业数据存储和通信应用加密等技术，美国工业互联网联盟发布了《工业互联网数据保护最佳实践白皮书》，围绕静态数据、传输及使用中的数据提出数据全生命周期管理和技术防护手段等。

NIST 发布《物联网非技术支撑能力核心基线》（NISTIR 8259B）（以下简称《核心基线》），明确物联网设备制造商应提供的非技术支撑能力的基线要求，为物联网设备安全提供支持。按照《核心基线》要求，与物联网设备制造商确保物联网设备全生命周期网络安全相关的非技术支持能力有四项，分别是文档管理、信息接收、信息传播及教育意识。文档涵盖潜在客户可能需要了解的有关物联网设备及其保护方式的数据和系统信息。文档管理为适当处理风险、合规性和安全问题提供支持，是其他三项非技术支持能力的支柱。信息接收发生在购买后，允许客户提交与保护物联网设备和相关系统有关的问题与信息，从而能够让物联网设备制造商和支持方做出回应。信息传播允许信息继续流向客户和生态系统中的其他人，从而使客户能够应对新发现的设备与系统漏洞、软件漏洞，以及获取有关物联网设备的更新通知。教育意识为客户使用和保护物联网设备及其相关系统、软硬件提供所需的教育内容，从而减少物联网设备受攻击次数。NIST 建议物联网设备制造商将《核心基线》与 NIST 在 2020 年发布的《物联网设备制造商的基础网络安全活动》（NISTIR 8259）和《物联网设备网络安全能力核心基线》（NISTIR 8259A）结合起来使用。

3.2 欧盟共同构建工业领域数据安全与共享"圈"

3.2.1 战略规划

2020 年，欧盟委员会发布了《欧洲数据战略》，明确提出构建统一的数据治理框架、加强数据基础设施建设、加大数据技能投资、构建共同数据空间这四大战略支柱。《欧洲数据战略》强调建立统一的数据治理框架，促进具有活力的数据生态系统的发展，主要工作包括：基于敏感数据治理原则，建立欧盟数据空间的立法框架，以加强欧盟成员国之间的协同性体系建设；开放更多高质量公共部门数据，以供使用；采取适当的立法措施，激励跨部门的数据共享；分析数字经济中数据的重要性，并在《数字服务法案》框架下审视现有政策框架。在构建欧盟工业（制造业）共同数据空间方面，《欧洲数据战略》要求围绕确定工业数据使用权、数据共享条件、制定数据保护规则等维度，释放数据在提高欧盟工业竞争力方面的巨大潜能。

3.2.2 法律、法规

欧盟高度重视关键信息基础设施数据安全保护与个人数据权利保护。为加强基础服务运营者、数字服务提供者网络与信息系统安全，2016 年，欧盟发布《网络与信息系统安全指令》（NISD），明确提出网络与数据安全是保护关键信息基础设施安全的重要内容，要求建立信息报送与信息共享机制等。其中，在网络安全事件通知与信息共享机制方面，该指令规定基础服务运营者和数字服务提供者发生数据泄露后，应及时将结果通知网络主管部门，并通过信息共享提高欧盟整体对网络安全威胁和事件的响应能力。

2018年，欧洲联盟出台《通用数据保护条例》（GDPR），提出了严格的数据保护义务和法律责任，强调条例适用于所有以欧盟市场为目标的数据控制者或使用者，在数据保护方面，规定了以下七项基本原则。

（1）合法、公平、透明原则。

（2）目的限定原则，出于特定、明确、合法的目的收集个人数据，进一步处理不得有悖于前述目的，除非符合公共利益、科学研究等正当目的。

（3）数据最小化原则，所收集、处理的个人数据之于其处理目的应当准确、相关、必要。

（4）准确原则，确保个人数据准确、实时。

（5）有限留存原则，除非符合公共利益、科学研究等正当目的，否则对个人数据的留存期限不能超过其处理目的。

（6）完整、机密原则，用技术手段确保个人数据安全，不被非法处理、窃取、损毁等。

（7）责任原则，控制者应当遵守前述六项原则并承担责任。同时，还强调数据处理者与控制者同样具有保护义务，如安全保障、活动记录、数据影响评估等。在数据跨境传输方面，明确要求对跨境传输数据进行充分保护，并采取适当的保障措施，包括公共机构之间具有法律约束力和可执行力的文书、约束性企业规则（BCR）、欧盟委员会发布的标准数据保护条款、数据保护监管机构发布的标准数据保护条款、欧盟委员会认可的行为准则、欧盟委员会认可的隐私保护认证等，并明确禁止未授权传输。其中，BCR主要针对总部或子公司在欧盟的跨国企业而制定，保障跨国集团的各子公司在个人数据处理方面都达到欧盟的标准，从而可以在集团内部自由传输个人数据。

BCR 免除了集团各子公司间个人数据传输时每次都要订立"标准合同条款"的麻烦，但 BCR 有严格的申请和审批程序、投诉和约束机制，需要业务所在国家的数据保护监管机构审核，申请周期比较长。对于总部在其他国家的企业而言，往往需要采用标准合同条款（SCC）。欧盟已发布该合同文本，内容不可修改，但是可以添加补充条款或补充协议。

为了进一步补充完善 GDPR，确保成员国在执行性上保持一致，欧洲数据保护委员会（EDPB）发布了关于新技术、个人数据传输和 GDPR 中特定术语含义等诸多领域中有关数据保护要求的多份指南和建议。其中，《数据泄露通知示例的指南（征求意见稿）》为数据控制者通告数据泄露情况、处理数据泄露事件提供指导。该指南涵盖了欧洲各国国家监管机构提出的最常见数据泄露情况的示例，包括勒索攻击、数据遭窃、系统设备文件和纸质文件丢失等。针对不同数据泄露情况，该指南提出了具有针对性的典型良好做法和典型不当做法，同时强调组织在处理和响应数据泄露情况时应特别关注的关键因素，具体包括主动识别系统漏洞以防止数据泄露的发生、评估违约是否会对数据当事人的权利和自由造成风险、制定数据泄露情况处理计划与程序及指导手册、定期组织培训以提高数据安全管理意识、系统完整地记录每个数据泄露案例的薄弱环节与系统漏洞。此外，该指南还针对数据控制者在哪些情况下应通知监管机构或数据主体做出了指导说明。

在数据跨境方面，2019 年 EDPB 发布了《GDPR 域外适用指南》，进一步明确了 GDPR 的适用范围。该指南的发布明确了"营业地"标准和"目标指向"标准的具体适用要求，并明确列举了司法实践中可能出现的各种情况，确保了 GDPR 适用范围认定的统一。其中，"目标指向"是评价该标准是否适用的主要考虑因素。EDPB 指出该标准是否适用的关键取决于数据处理行为的性质，并对此提出双重验证方法，即确定数据处理行为是否涉及欧盟境内公民的个人数据；确定数据处理行为是否与企业提供的产品或服务有关，或与其监测数据主体在欧盟的行为有关。

在车联网数据保护方面，2020 年 EDPB 发布了《车联网个人数据保护指南》，明确了车联网隐私和数据保护中的关键性风险。该指南确定了三类需要特别关注的数据：位置数据、生物特征数据、违法犯罪行为数据。对于位置数据，由于其敏感性，除为实现处理目的所必需外不应收集；对于生物特征数据，应以加密形式存储于本地；对于涉及违法犯罪行为的数据，其处理受 GDPR 第 10 条所载安全保障措施的约束。EDPB 还强调了 GDPR 和 e-Privacy 指令之间的适用关系，并指出联网车辆及与其连接的任何设备应被视为 e-Privacy 指令第 5 条第（3）款中的"终端设备"。

3.2.3 协调机制

欧盟是数据管理的严格先行者，注重加强与成员国之间的监管协调，通过设立统一的欧洲数据保护委员会（EDPB），确保欧盟整体数据安全规则的适用性。EDPB 的职责是确保欧洲数据保护规则持续适用于欧洲经济区（EEA），并促进欧洲经济区监管机构之间的有效合作。为在应用数据保护规则方面保持最大限度的一致性，并限制欧盟成员国之间的分裂，EDPB 除提供了简明易懂的实用指南外，还负责开发有助于实施数据保护的工具，并加以推广，同时充分考虑不同利益攸关方的实际经验。同时，BDPB 密切关注新技术、新应用的发展，推动欧盟国家监管机构之间的合作，共同努力执行欧洲数据保护法，并加强与国际社会的合作，宣传并推广欧盟数据保护模式。

此外，在欧盟成员国层面，各成员国也设立了独立的数据安全监管机构。例如，法国成立了国家信息与自由委员会（CNIL），爱尔兰成立了数据保护委员会（DPC），等等。

3.2.4 标准规范

欧盟重点关注物联网和人工智能技术应用领域的数据安全问题，将车联网、工业自动化等领域的安全标准作为重点研究方向。《智能制造背景下物联网安全良好实践》围绕工业数据保护，提出基于风险分析进行数据分类、机密数据采取加密和密钥管理、对个人数据进行匿名化处理等。《智能汽车安全的良好实践》提出了智能汽车网络安全及隐私保护等问题的解决思路和框架，制定了智能汽车网络安全措施清单，对成员国构建智能汽车网络安全体系提供了参考建议；针对数据安全等风险，提出了法律政策类、组织实践类、技术实践类等安全防护框架。

欧盟成立了物联网创新联盟，旨在加强大型企业、中小企业、初创企业之间的协同，提高物联网标准的互操作性。

3.3 英国强调提高工业领域数据的安全性与可用性

3.3.1 战略规划

2020 年，英国政府发布《国家数据战略》，将释放数据要素价值、制定促进增长和可信的数据制度、提高政务数据使用效率、确保数据基础设施安全与弹性、支持数据跨境流动列为五项优先行动，指出电力、能源、制造业、运输业等工业领域将受益于更好的数据可用性。在保护数据安全方面，该战略要求确保数据所依赖的基础架构的安全性和弹性。英国将数据基础架构视为重要的国家资产，明确政府应确保数据及其基础架构对已有的或新的风险保持弹性应对，保护其免受安全风险。同时，英国将促进数据在整个经济中的可用性、可访问、可用性作为五个优先任务之一，并强调要保护个人的数据权利和私有企业的知识产权。为消除数据使用过程的障碍，该战略提出了"四大支柱"，即数据基础、数据技能、数据可用性和数据责任，将数据可用性作为消除数据利用障碍的重要内容，英国认为，为了使数据产生最有效的影响，需要适当地访问、转移和重用数据。因此，应鼓励在公共部门、私营部门和第三方之间更好地协调、访问和共享数据，并确保对国际数据流动进行适当的保护。

3.3.2 法律、法规

为促进 GDPR 在英国的有效落实，英国政府于 2018 年修订并发布了《数据保护法》，取代了 1998 年版的法案。《数据保护法》重构数据保护框架，将《通用数据保护条例》（GDPR）和《执法指令》（LED）的主要内容纳入英国法律中；要求确保数据完整性和保密性，应采用适当的技术或组织措施和安全措施进行数据处理，以保护其免受未经授权或非法处理、意外丢失、破坏或损坏，企业应实施物理和技术控制，以确保数据安全；对于数据安全事件，要求采取问责制，要求企业应对其处理的个人数据及其他数据进行保护，组织应该能够证明其数据保护措施是安全和充分的。

3.3.3 协调机制

英国已形成多个核心机构各司其职、协同推进数据治理的架构，例如，内阁办公室主要负责制定数据治理政策，并协调实施；信息专员办公室负责开展具体的数据保护工作；司法部专注于监督数据保护法案执行情况，并协调信息共享；政府通信总部致力于保护国家关键信息基础设施的数据安全等。

3.3.4 标准规范

为评估在特定情形下的数据影响，英国信息专员办公室于 2018 年更新了《数据保护影响评估指南》。数据保护影响评估的目的是帮助用户识别和最小化项目数据保护风险。企业和个人有以下情形需要进行数据保护影响评估，主要包括：使用创新技术；使用特殊类别数据来决定对服务的访问；大规模分析个人资料；处理生物或遗传数据；匹配或组合来自不同来源的数据集；从个人以外的来源收集个人数据，而不向他们提供隐私声明；跟踪个人的位置或行为；对儿童进行目标营销或在线服务；发生安全漏洞时，处理可能危及个人身体健康或安全的数据。

此外，英国也强调车联网数据安全保护，发布《车联网和自动驾驶汽车网络安全准则》，将保证数据存储和传输是安全且可被控制作为关键准则之一，要求数据应经过加密处理。

3.4 德国落实工业领域数据安全保护措施

作为国际领先的工业国家，德国提出了"工业 4.0"这一高科技战略计划，旨在提升制造业的智能化水平，建立具有适应性、资源效率的智慧工厂，以提高德国工业的竞争力。

3.4.1 战略规划

2021 年，德国发布《联邦数据战略》，旨在增加商业、科学、社会和行政管理领域中数据的收集和使用，增强数据能力，使德国成为欧洲数据共享和创新应用领域的领导者。《联邦数据战略》确立了四大行动领域：构建高效且可持续的数据基础设施；促进数据创新并负责任地使用数据；提高数据能力并打造数据文化；使德国成为数据先驱。

在构建高效且可持续的数据基础设施方面，《联邦数据战略》强调只有在数据基础设施可靠且能够保证数据安全性的情况下，数据生态系统的参与者才愿意共享和使用数据。因此，应在产品和生产流程设计之初就考虑到数据保护和计算机安全技术的应用，确保创建安全、开放且透明的数据生态系统，使产业界和科学界可以共享其数据，并保持对数据使用频率、使用对象、使用地点和用途的控制。

3.4.2 法律、法规

德国的数据保护法律、法规体系较为完善。德国数据保护源于德国宪法关于保护公民相互之间沟通隐私性的要求，包括确保信件和通讯的隐私。1978年，德国出台了《联邦数据保护法》，确立了数据保护的规则和框架。1995年，欧洲议会和欧盟理事会颁布了《关于涉及个人数据处理的个人保护以及此类数据自由流动的指令》（95/46/EC）（简称《个人数据保护指令》），要求欧盟各成员国依据指令精神进行立法。随后《联邦数据保护法》经过多次修订。新修订的《联邦数据保护法》规定，信息所有人有权获知自己哪些个人信息被记录、被谁获取、用于何种目的，私营组织在记录信息前必须将这一情况告知信息所有人，如果某人因非法或不当获取、处理、使用个人信息而对信息所有人造成伤害，此人应承担责任。此外，以《联邦数据保护法》为基础，德国各州也制定了当地的数据保护相关法律、法规，形成了较为完善的数据保护体系。

在《数字议程（2014—2017）》中，德国进一步提出最晚将于2015年出台《信息保护基本条例》，加强大数据时代的信息安全。2015年2月25日，德国要求设置强硬的欧盟数据保护法规，以压制谷歌等美国科技巨头在欧洲的支配地位。2014年8月20日，德国通过了《数字议程（2014—2017）》，提出在变革中推动"网络普及""网络安全""数字经济发展"三个重要进程，希望以此打造具有国际竞争力的"数字强国"。

为加强不同领域数据保护，德国还出台了《电信法》《通讯法》《媒体法》

《远程媒体法》等。在汽车行业数据保护方面，德国汽车工业协会制定了网联汽车数据保护指导原则和方案。德国网联汽车数据保护指导原则如下。

（1）透明性。德国汽车工业协会的成员企业努力为网联汽车数据及数据应用提供充分信息。

（2）自行决定。德国汽车工业协会的成员努力使客户能够通过各种选项自行决定处理和使用个人数据。

（3）数据安全。成员企业要采用适当的技术措施和组织措施，保护汽车产生的数据。

不断提高标准，持续提供较高的技术安全水平。同时，为汽车的软硬件架构和经由通信网络的远程控制制定和开发标准，包括使用适当的加密处理。

在网联汽车数据保护方案上，德国汽车工业协会认为，可按数据用途将网联汽车数据分为四种类型，使用两级数据传输架构进行数据传输。四类数据如下。

（1）提高道路交通安全数据。

（2）通用服务数据。

（3）专用服务数据、元器件分析与产品改善数据。

（4）个人数据。

两级数据传输架构如下。

（1）将汽车所产生的数据从车上安全地传输到由自己维护的标准化B2B接口上。

（2）第三方可以直接通过原始设备制造商的B2B接口访问数据。

德国汽车工业协会认为，两级架构对四类数据的处理都适用，并且能满足每类数据各种不同的隐私和用途要求。

3.4.3 数据保护实践

在认识到网络巨大潜力和意义的同时，德国政府、企业及民众也认识到，随着互联网对社会上下影响力的不断增强，以及社会各方面对网络依赖程度的不断加深，互联网给政府部门和普通百姓带来的安全挑战也越来越大。

为做好数据保护工作，德国联邦政府设立了联邦数据保护特派员岗位，以领导德国联邦数据保护与信息自由保护委员会的工作。联邦数据保护特派员由议会选举产生，由总统任命，负责监督联邦公共机构对数据保护政策的执行情况，并接受公民关于数据保护维权的投诉申请。虽然其他国家也设置了数据隐私保护官员，如英国，但其职能作用相较于德国整体较弱，对于决策支撑和监督作用比较有限。

在地方层面上，德国各州设有州数据保护特派员职位，负责监督各州公共部门数据保护工作。联邦数据保护特派员任期 5 年，实行连任制，两任到期。在企业层面，德国法律还要求 9 人以上的企业必须设置数据保护特派员岗位，为企业数据保护提供咨询，为员工培训和内部检查审核提供服务。企业的数据保护特派员必须经过培训获得资格才能上岗。

此外，德国还加大了违法打击力度。对于数据盗窃、滥用等违法行为，德国均采取严格的执法尺度，情节严重的还纳入刑罚实施处罚。若企业出现破坏数据安全的行为，将被处以最高 30 万欧元的罚款。

3.5 其他国家发布工业领域数据安全保护法

除上述国家外，俄罗斯也从保护商业数据安全角度出发，制定多项法律、法规，侧重工业数据中涉及商业秘密的数据安全保护。2004 年，俄罗斯出台了用以保护企业、组织、机构数据权益的《商业秘密法》，将"不被第三方知悉，具有实际或潜在商业价值的信息"定义为商业秘密。在《商业秘密法》的基础上，俄罗斯先后编制了《关于制定俄罗斯联邦民法典（最新版）第四部分的第 231 号联邦法》（2006 年）、《关于修订俄罗斯联邦民法典的第一、第二和第四部分及其他部分相关法律的第 35 号联邦法》（2014 年），以及在俄罗斯联邦《刑事诉讼法》《检察官法》《信息、信息技术与信息保护法》（修订案）生效后，对俄罗斯联邦部分法律标准进行修订的《第214号联邦法》（2007年）、《第200号联邦法》（2011年）等法律、法规，对涉及商业秘密数据的保护问题进行了完善。上述法律、法规进一步明确了商业秘密所涵盖的范围，将越来越多的信息列为企业的商业秘密，如《第231号联邦法》（2006年）将"有可能增加信息所有者收入（包括减少不合理支出），维持其商品、工程、服务等相关产品市场地位等信息"都列为商业秘密，而2014年的第35号联邦法则规定，"拥有潜在商业价值的生产工艺、技术（包括成果）及经济、组织模式（包括有效或专业的解决方案或运营模式）等信息"均可由商业信息所有者根据相关法律之规定列为商业秘密。此外，巴西还发布了首部数据保护综合性法律《通用数据保护法》，围绕数据跨境传输、数据控制者和使用者保护要求等方面做出规定。

第 4 章

前方之路：坚持有法可依有法必依

当前，全球数字化博弈掀起新一轮浪潮，围绕数据资源的投资审查和出口管制动作频频，围绕数据安全的规则之争持续升级。与此同时，我国经济社会进入高质量发展阶段，数字化转型全面提速，数据活动的爆炸式发展深度重塑了社会生活的方方面面，数据安全也成为事关国家安全和经济社会发展的重大问题。在这种背景下，《中华人民共和国网络安全法》《中华人民共和国数据安全法》《关键信息基础设施安全保护条例》三部法律、法规相继出台，为数据安全保护提供了法律依据、确定了法律准绳。

4.1 《中华人民共和国网络安全法》中的数据安全

2016 年 11 月 7 日，第十二届全国人民代表大会常务委员会第二十四次会议通过《中华人民共和国网络安全法》（以下简称《网络安全法》），2017 年 6 月 1 日起正式实施。《网络安全法》是 2015 年 7 月 1 日颁布施行的《中华人民共和国国家安全法》在网络空间的具体化，是我国第一部网络安全领域的基本法律，也是落实国家总体安全观的专门法律。《网络安全法》确立了一个国家网络空间安全治理的基本框架，明确了网络空间安全治理的具体目标和任务，以法律形式规定了网络空间的安全边界，是依法治国的重要体现，对保障我国网络空间安全与发展具有重大意义。

4.1.1 首次以法律形式定义网络数据的概念

《网络安全法》是我国第一部全面规范网络空间安全管理的法律，首次将"网络数据"概念界定为"通过网络收集、存储、传输、处理和产生的各种电子数据",并将网络范围规定为"由计算机或者其他信息终端及相关设备组成的按照一定的规则和程序对信息进行收集、存储、传输、交换、处理的网络和系统"。总体来看,《网络安全法》扩大了网络数据的范围,对网络数据的表述涵盖了包括个人信息数据在内的多种数据内容,与当前数据管理需求相适应。

4.1.2 明确国家实行网络安全等级保护制度

《网络安全法》第二十一条明确规定国家实行网络安全等级保护制度,将网络安全分为五个等级,级别越高,国家网络安全监管部门介入强度越大。在此基础上,要求重要数据须采取备份或加密措施,网络运营者应按照网络安全等级保护制度的要求,履行下列安全保护义务,保障网络免受干扰、破坏或者未经授权的访问,防止网络数据泄露或被窃取、篡改。

(1)制定内部安全管理制度和操作规程,确定网络安全负责人,落实网络安全保护责任。

(2)采取防范计算机病毒和网络攻击、网络侵入等危害网络安全行为的技术措施。

(3)采取监测、记录网络运行状态、网络安全事件的技术措施,并按照规定留存相关的网络日志不少于六个月。

(4)采取数据分类、重要数据备份和加密等措施。

(5)法律、行政法规规定的其他义务。

在《网络安全法》颁布前,我国已经实行信息系统安全等级保护制度。在《网络安全法》实施后,其确立的网络安全等级保护制度将与信息系统安全等级保护制度实现融合,确保衔接。

4.1.3 重点保护关键信息基础设施运行安全

《网络安全法》第三十一条明确规定,"国家对公共通信和信息服务、能源、交通、水利、金融、公共服务、电子政务等重要行业和领域,以及其他一旦遭到破坏、丧失功能或者数据泄露，可能严重危害国家安全、国计民生、公共利益的关键信息基础设施，在网络安全等级保护制度的基础上，实行重点保护"。按照《网络安全法》，一旦被认定为关键信息基础设施，运营者将会承担相应法定责任，具体如下。

（1）关键信息基础设施建设要求（第三十三条）。

（2）关键信息基础设施运营者安全保护义务（第三十四条）。

（3）采购关键信息基础设施产品和服务的国家安全审查要求（第三十五条）。

（4）采购关键信息基础设施产品和服务的保密要求（第三十六条）。

（5）个人信息和重要数据的本地化要求（第三十七条）。

（6）关键信息基础设施的网络安全年度检测评估要求（第三十八条）。

关键信息基础设施安全是保障网络空间安全运行的基础，在网络安全等级保护制度的基础上，《网络安全法》对关键信息基础设施实行重点保护，明确相关的法律要求，确保关键信息基础设施的运行安全。

4.1.4 限制数据跨境流动与维护国家数据主权

《网络安全法》第三十七条要求关键信息基础设施运营者在中华人民共和国境内运营中收集和产生的个人信息和重要数据应当在境内存储。因业务需要，确需向境外提供的，应当按照国家网信部门会同国务院有关部门制定的办法进行安全评估；法律、行政法规另有法定的，依照其规定。这里对于重要数据的跨境流动要求仍存在较大的不确定性，具体体现在以下两个方面。

（1）安全评估办法的具体内容和评估程序是否会给相关企业增加合规负担。

（2）制定关键信息基础设施认定和数据跨境传输安全评估相关办法时，如何把握数据安全和商业便利二者间的平衡。

4.1.5 部分数据安全问题仍待进一步规制

《网络安全法》并没有对数据进行定义，而是采用"网络数据"和"个人信息"两个概念，未从数据全维度进行安全规范，无法系统解决数据安全保障问题，难以对全流程数据进行有效监管。因此，一些涉及数据安全的问题仍未得到明确和解决，具体包括以下三个方面。

（1）关键信息基础设施范围问题。《网络安全法》制定数据本地化的要求及数据出境安全评估管理制度，这些要求都是围绕关键信息基础设施展开的，比如，要求关键信息基础设施运营者在中华人民共和国境内运营中收集和产生的个人信息和重要数据应当在境内存储。但是，《网络安全法》并未清晰地划定关键信息基础设施的范围，对关键信息基础设施运营者也没有明确的界定，导致数据本地化的要求被架空。

（2）数据泄露通知问题。数据泄露是数据治理最大的威胁之一。数据泄露通知制度是当前阶段重要的管理制度之一。《网络安全法》提出了数据泄露通知的要求（第四十二条第二款），但是参考国外经验，欧美国家和地区对数据泄露通知制度规定得极为详细，明确了数据泄露通知的条件、程序、主管部门及法律后果。国内数据泄露事件屡屡发生，但是主动履行通知义务的尚不多见。因此，数据泄露通知制度的细化、完善和落地还有很大空间。

（3）数据跨境执法问题。《网络安全法》前瞻性地设计了长臂管辖的条款，其中第七十五条规定：境外的机构、组织、个人从事攻击、侵入、干扰、破坏等危害中华人民共和国的关键信息基础设施的活动，造成严重后果的，依法追究法律责任；国务院公安部门和有关部门可以决定对该机构、组织、个人采取冻结财产或者其他必要的制裁措施。但这条规定不能为我国跨境数据执法提供充分的法律依据，未能明确域外效力。

4.2 《中华人民共和国数据安全法》中的数据安全

2020年4月，中共中央、国务院印发《关于构建更加完善的要素市场化配置体制机制的意见》，明确将数据作为一种新型生产要素，与土地、劳动力、资本、技术等一并成为市场化改革的重要组成部分。全国人民代表大会常务委员会于 2021 年 6 月 10 日发布《中华人民共和国数据安全法》（以下简称《数据安全法》），自 2021 年 9 月 1 日起正式施行。《数据安全法》是《网络安全法》的配套法律，与《网络安全法》共同作为国家安全法律体系的重要组成部分。《网络安全法》关注网络空间与网络数据的保护，《数据安全法》关注数据本身的安全，不仅关注网络数据，还关注更广范围的数据及数据权属关系、数据安全威胁等。可以从发布与施行时间、法律地位、范围、数据定义、数据等级等方面将《网络安全法》与《数据安全法》加以对比，详见表 4-1。

表 4-1 《网络安全法》与《数据安全法》内容对比

	《网络安全法》	《数据安全法》
发布与施行时间	2016 年 11 月 7 日发布 2017 年 6 月 1 日起施行	2021 年 6 月 10 日发布 2021 年 9 月 1 日起施行
法律地位	全国人民代表大会常务委员会通过，是我国第一部全面规范网络空间安全治理的基础性法律	全国人民代表大会常务委员会通过，是我国第一部全面规范数据安全治理的基础性法律
范围	在中华人民共和国境内建设、运行、维护、使用网络及网络安全的监督管理	在中华人民共和国境内开展数据处理活动及其安全监管，以及对于在中华人民共和国境外损害国家安全公共利益、公民组织合法权益的活动依法追究法律责任
数据定义	网络数据和个人信息	任何以电子或非电子形式对信息的记录
数据等级	分为重要数据和一般数据，其中重要数据是关键信息基础设施运营者在中华人民共和国境内运营中收集和产生的数据	分为核心数据、重要数据和一般数据，其中核心数据是关系国家安全、国民经济命脉、重要民生、重大公共利益等的数据
境内或跨境数据	具体要求： （1）关键信息基础设施运营者在境内运营中收集和产生的个人信息和重要数据应当在境内存储。 （2）确需向境外提供的，应当按照国家网信部门会同国务院有关部门制定的办法进行安全评估	重要数据出境管理要求： （1）关键信息基础设施运营者在中华人民共和国境内运营中收集和产生的重要数据的出境安全管理，适用《网络安全法》的规定； （2）其他数据处理者在中国境内收集和产生的重要数据的出境安全管理办法，由国家网信部门会同国务院有关部门制定
域外效力	在中华人民共和国境内建设、运营、维护和使用网络，以及网络安全的监督管理，适用本法，未明确规定境外追责	在中华人民共和国境外开展数据处理活动，损害中华人民共和国国家安全、公共利益或者公民、组织合法权益的，依法追究法律责任，具备一定境外效力

续表

	《网络安全法》	《数据安全法》
侧重点	（1）网络及网络中的数据。 （2）保障网络安全，维护网络空间主权和国家安全、公共利益，重点关注网络自身的安全，数据安全在《网络安全法》中处于从属地位。 （3）未能全维度地对数据进行规范，要求分散，难以系统解决数据安全保护问题	（1）数据及数据所在的网络。 （2）确立数据分类分级管理、数据安全审查、数据安全风险评估、监测预警和应急处置等基本制度，有效应对数据这一非传统领域的国家安全挑战，切实维护国家主权、安全和发展利益。 （3）首次将数据作为关键要素写入法律，确认数据权益
能力要求	按照网络安全等级保护制度要求的管理能力和技术能力进行安全建设，具体包括： （1）第二十一条"国家实行网络安全等级保护制度"提出的相关要求。网络运营者应当按照网络安全等级保护制度的要求，履行下列安全保护义务，保障网络免受干扰、破坏或者未经授权的访问，防止网络数据泄露或者被窃取、篡改： ① 制定内部安全管理制度和操作规程，确定网络安全负责人，落实网络安全保护责任； ② 采取防范计算机病毒和网络攻击、网络侵入等危害网络安全行为的技术措施； ③ 采取监测、记录网络运行状态、网络安全事件的技术措施，并按照规定留存相关的网络日志不少于六个月； ④ 采取数据分类、重要数据备份和加密等措施； ⑤ 法律、行政法规规定的其他义务。 （2）其他条款提出的能力要求。设置专门安全管理机构和安全管理负责人；制定应急预案；进行容灾备份；进行风险检测评估；保证安全技术措施同步规划、同步建设、同步使用	在网络安全等级保护制度的基础上，进一步建立健全全流程数据安全管理制度，采取各种数据安全技术措施进行数据安全保护、风险监测、预警处置等，具体包括： （1）第二十七条提出的要求。开展数据处理活动应当依照法律、法规的规定，建立健全全流程数据安全管理制度，组织开展数据安全教育培训，采取相应的技术措施和其他必要措施，保障数据安全。利用互联网等信息网络开展数据处理活动，应当在网络安全等级保护制度的基础上，履行上述数据安全保护义务。重要数据的处理者应当明确数据安全负责人和管理机构，落实数据安全保护责任。 （2）第二十九条提出的要求。开展数据处理活动应当加强风险监测，发现数据安全缺陷、漏洞等风险时，应当立即采取补救措施；发生数据安全事件时，应当立即采取处置措施，按照规定及时告知用户并向有关主管部门报告。 （3）第三十条提出的要求。重要数据的处理者应当按照规定对其数据处理活动定期开展风险评估，并向有关主管部门报送风险评估报告
责任主体	（1）网络运营者。 （2）关键信息基础设施运营者	（1）重要数据的处理者。 （2）关键信息基础设施运营者
处罚力度	一百万元以下罚款、停业、刑罚	一千万元以下罚款、停业、刑罚

通过对比可以看出，《网络安全法》和《数据安全法》具有同等的法律地位和重要性，且相互之间存在一定的依赖关系。《网络安全法》支持数据安全，《数据安全法》要求数据处理者和关键信息基础设施运营者在网络安全等级保护基础上采取各类数据安全措施来提高数据安全能力。

《数据安全法》坚持安全与发展并重，从基础定义、数据安全管理、数据分类分级、重要数据出境等方面进一步加强与《网络安全法》的衔接，同时加大数据处理违法行为处罚力度，明确建立重要数据管理、行业自律管理、数据交易管理等制度，回应社会关切的问题。《数据安全法》从整体上构建起具有中国特色的数据安全治理体系，具体体现在以下几个方面。

4.2.1 完整定义数据相关概念

《数据安全法》首次对"数据"进行了明确界定，即任何以电子或者其他方式对信息的记录；同时，对"数据处理"和"数据安全"也进行了明确定义。数据处理指数据的收集、存储、使用、加工、传输、提供、公开等。数据安全指通过采取必要措施，确保数据处于有效保护和合法利用的状态，以及具备保障持续安全状态的能力，更加突出数据的动态安全和持续安全状态的要求。

4.2.2 建立数据分类分级制度

数据分类分级制度是《数据安全法》确立的最重要的制度之一。《数据安全法》第二十一条规定，国家根据数据在经济社会发展中的重要程度，以及一旦遭到篡改、破坏、泄露或者非法获取、非法利用，对国家安全、公共利益或者个人、组织合法权益造成的危害程度，对数据实行分类分级保护。这意味着国家将根据数据对国民经济、国家安全、公共利益的重要性及出现数据安全事件可能造成的损害程度，建立数据分类分级制度，针对不同类别、不同级别数据采取分类、多级保护措施，即数据越重要，管理和保护要求就越严格。《数据安全法》还引入了"国家核心数据"的概念，将其定义为关系国家安全、国民经济命脉、重要民生、重大公共利益等的数据。明确对国家核心数据和重要数据实行更严格的管理制度，将有限的数据管理力量聚焦到更高级别的数据上，最大限度地释放数据红利，提升监管效能。

《数据安全法》明确规定，"国家数据安全工作协调机制统筹协调有关部门制定重要数据目录"，即先由国家层面确定重要数据目录，在此基础上再由各地区、各部门确定本地区和本部门、本行业的重要数据目录，强调重要数据目录的确定属于中央事权，应在国家层面建立数据分类分级标准，从而有效避免重要数据目录认定权下放后，可能出现同一类数据不同地方认定的标准不一致的问题。这意味着不同地区、不同行业的经营者在日常业务中处理数据时，不仅要关注和遵守国家重要数据目录的保护要求和规则，还需要遵守具体适用区域或行业重要数据目录的保护要求与规则。

4.2.3 确定数据安全保护义务

《数据安全法》明确规定开展数据处理活动应当依照法律、法规的规定，建立健全全流程数据安全管理制度，组织开展数据安全教育培训，采取相应的技术措施和其他必要措施，保障数据安全。任何组织、个人在收集数据时都应当采取合法、正当的方式，在法律、行政法规规定的范围内收集、使用数据。同时，《数据安全法》要求加强数据处理活动的风险监测，明确数据安全负责人和管理机构，定期开展风险评估，当出现数据安全缺陷、漏洞等风险时，应立即采取补救措施，发生数据安全事件时，应立即采取处置措施，并按照规定及时向有关主管部门报告等。

政务数据的收集使用主体为国家机关，以及法律、法规授权的组织，具有法定性、公益性等特点。《数据安全法》专门针对政务数据开放、共享、使用提出相关要求：政务部门在建立网络安全责任制的同时，还应建立专门的数据安全管理内设机构，明确数据安全责任人和职责；政务安全主管部门应在依据《网络安全法》开展网络安全检查的同时，动态监管数据安全管理执行情况，实现网络安全管理闭环，保障政务数据开放及时、有效和安全。

4.2.4 完善数据安全治理体系

《数据安全法》构建了纵横交错的数据安全治理体系。在国家层面：由中央国家安全领导机构负责国家数据安全工作的决策和议事协调，研究制定、指导实施国家数据安全战略和有关重大方针政策，统筹协调国家数据安全的重大事项和重要工作，建立国家数据安全工作协调机制；公安机关、国家安全机关在各自职责范围内承担数据安全监管职责；国家网信部门负责统筹协调网络数据安全和相关监管工作；工业、电信、交通、金融、自然资源、卫生健康、教育、科技等主管部门承担本行业、本领域数据安全监管职责。在地方层面：各地区、各部门对本地区、本部门工作中收集和产生的数据及数据安全负责。

同时，《数据安全法》还赋予任何个人、组织对违法行为的投诉与举报权，有助于监管机构及时发现收集违法线索，防控数据安全风险，推动全社会共同参与数据安全治理工作，形成部门、行业组织、科研机构、企业、个人多元共治的数据生态圈。

4.2.5 规范数据跨境传输活动

《数据安全法》除了适用于中国境内的数据处理和安全监管活动，还将其境外效力扩大到可以规范在中国境外的任何可能损害中国国家安全、公共利益或者中国公民、组织合法权益的数据处理活动。

《数据安全法》鼓励数据跨境流动，针对涉及国家安全的管制物项数据、重要数据出境等做出框架性安排，真正实现数据的依法有序自由流动。对于重要数据的跨境传输，《数据安全法》将对关键信息基础设施运营者的要求与非关键信息基础设施数据处理运营者的要求加以区分：关键信息基础设施运营者必须遵守《网络安全法》规定的跨境传输规则，该规则要求关键信息基础设施运营者将在中国境内收集或产生的重要数据存储在本地；因业务需要跨境传输某些重要数据的，关键信息基础设施运营者必须按照国家互联网信息办公室会同国务院有关部门制定的办法进行安全评估；对于非关键信息基础设施运营商，国家网信息办公室等政府部门将另行制定重要数据跨境转移实施细则。

对于境外执法机构要求调取存储于我国境内的数据，《数据安全法》第三十六条也做了正面回应："中华人民共和国主管机关根据有关法律和中华人民共和国缔结或者参加的国际条约、协定，或者按照平等互惠原则，处理外国司法或者执法机构关于提供数据的请求。非经中华人民共和国主管机关批准，境内的组织、个人不得向外国司法或者执法机构提供存储于中华人民共和国境内的数据。"对 2021 年 6 月滴滴出行在纽约证券交易所上市事件的处理，表明我国加强了跨境数据流动和保密信息管理，加大了对数据收集、使用和跨境传输的监控和监管，尤其是在涉及国家安全和个人信息保护的情况下，明确宣示了数据主权原则。

数据作为竞争资源甚至是国家战略资源，《数据安全法》的出台既是从中国的实际出发提升国家数据安全治理能力的重要依据，也符合全球数据治理的大趋势，有助于更有效地应对数据领域的安全风险与挑战，引领中国数据安全治理迈入新阶段。

4.3 《关键信息基础设施安全保护条例》中的数据安全

关键信息基础设施是经济社会运行的神经中枢，是网络安全的重中之重。2021年7月30日，国务院正式公布《关键信息基础设施安全保护条例》（以下简称《关基条例》），于2021年9月1日起正式施行。作为《网络安全法》的重要配套法规，《关基条例》对关键信息基础设施安全保护的适用范围、关键信息基础设施的认定、关键信息基础设施运营者的责任和义务、关键信息基础设施安全保护保障与促进及相关各方法律责任等提出了更具体、更具操作性的基本要求。

4.3.1 与《网络安全法》衔接

《关基条例》作为《网络安全法》的下位配套制度，是根据《网络安全法》制定的法规。《网络安全法》明确要求建立关键信息基础设施安全保护制度，确立关键信息基础设施重要数据跨境传输的规则。《关基条例》细化了《网络安全法》中关于关键信息基础设施安全保护的内容。《网络安全法》第三十三条明确规定了保证安全技术措施同步规划、同步建设、同步使用的"三同步"原则。《关基条例》延续了此项原则，在处罚程度上也完全依照《网络安全法》。

《网络安全法》要求保障网络数据的完整性、保密性、可用性，在《关基条例》中同样适用。《关基条例》第一章第六条中明确要求：关键信息基础设施运营者应在网络安全等级保护的基础上,采取技术保护措施和其他必要措施,应对网络安全事件,防范网络攻击和违法犯罪活动,保障关键信息基础设施安全稳定运行,维护数据的完整性、保密性和可用性。

同时,《网络安全法》第三十四条规定的"对重要系统和数据库进行容灾备份"虽然并未在《关基条例》中明确规定,但信息系统的容灾备份既是个人信息和数据安全保护的审查重点,理论上也是关键信息基础设施运维安全管理的重要组成部分,从上位法规定角度考虑,关键信息基础设施运营者应同步落实这一安全保障措施。

4.3.2 与《数据安全法》衔接

《数据安全法》第四章第二十七条规定:"开展数据处理活动应当依照法律、法规的规定,建立健全全流程数据安全管理制度,组织开展数据安全教育培训,采取相应的技术措施和其他必要措施,保障数据安全。"该条款要求,"利用互联网等信息网络开展数据处理活动,在网络安全等级保护制度的基础上,履行上述数据安全保护义务。"《关基条例》还要求关键信息基础设施运营者"在网络安全等级保护的基础上,采取技术保护措施和其他必要措施,应对网络安全事件,防范网络攻击和违法犯罪活动,保障关键信息基础设施安全稳定运行,维护数据的完整性、保密性和可用性"。《数据安全法》与《关基条例》都强调了网络安全等级保护制度的基础性地位。

综上所述,《网络安全法》《数据安全法》《关基条例》形成了对重要网络活动、数据处理活动的基本规则体系。虽然三者在立法时间上有先后,但在涉及同一法律实体的规定上是相互衔接、彼此一致的。《网络安全法》所规定的网络运营者既是《数据安全法》规定的数据处理者,也是《关基条例》规定的关键信息基础设施运营者,除需要遵守《网络安全法》的规定外,也必须遵守《数据安全法》和《关基条例》的规定。《网络安全法》《数据安全法》《关基条例》三部法律形成了一张强大的保护网,既保护着公民个人信息安全,也保护着国家核心数据、重要数据安全,为我国建设网络强国、数字中国提供了法律准绳。

| 中 篇 |

夯实基础：掌握工业数据分类分级要略

第 5 章

必经之路：工业数据为何要"分"

在数字化时代下，数据作为新型生产要素，已经全面参与到企业的生产经营活动过程中，创造了更多价值，激活了更多新业务场景模式。伴随着工业企业数字化转型和工业互联网的深入推进，对于工业企业数据更深度的资产价值挖掘和更快速的流通应用提出了更高的安全要求。数据安全管理作为数据资产管理的基础工作，肩负着安全生产和安全合规重任，是工业企业数字化转型和健康持续发展的重要能力。

随着工业互联网的推进及 5G 时代的到来，工业企业拥有的数据变得越来越丰富，包括设计数据、传感器数据、自动控制系统数据、生产数据、供应链数据等，为工业互联网在制造业的深度应用提供了新技术、新业态和新模式。各类工业数据已经成为提高工业企业生产力、竞争力和创新力的关键。相关技术和产品逐步应用于工业企业和产业链的各个环节，带动产品、生产和服务实现智能化创新和优化。对于工业企业而言，如何深入挖掘和利用工业数据价值是一个新问题，数据分类是数据资产管理和数据安全管理的底层支柱，也是工业企业数据价值释放的必经之路，有利于资产盘点、数据管理、数据安全、数据合规和价值提升，因此，开展工业数据分类工作应遵循"摸家底、抓重点、创价值"这一指导思想。

5.1 摸清底数才能有的放矢

5.1.1 必要性

1. 显著降低数据管理成本

随着 5G、大数据、人工智能、物联网在工业领域的应用，工业数据管理成本和效率面临严峻挑战。数据具有容易流动、分布不均和容易复制等特点，全量数据管理成本极高、效益极低，投入产出比非常低，因此数据分类分级作为摸清家底的有效手段可以极大地降低数据管理的复杂度，也是自动化数据资产管理的前提条件，可以让数据管理者和决策者制定更加清晰的数据管理策略。

2. 推进数据分类分级管理

复杂的数据安全保护需求导致安全管控与合规的成本增高。数据分类作为基础的数据安全管理方法，可以综合考虑数据的各种属性。不同类别的数据经过评估定级，有助于数据管理者从不同数据活动中有针对性地制定安全管理要求和具体防护措施。通常，安全措施选择是基于数据分级进行的，分类后的数据便于分级。采用分类分级的数据安全方法可以平衡管理的成本和收益，有助于企业数据安全防护体系的建设，更容易聚焦风险和业务影响，更利于有效风控决策。

3. 数据安全管理制度

工业数据安全保护需要健全的、适应于大数据环境的数据分类分级安全管理制度，涵盖参与要素市场的各方主体，包括但不限于政府部门、掌握数据资源的工业企业、第三方专业数据服务机构，明确各方数据分类分级安全管理主体责任。同时，需要根据不同工业企业领域数据资源属性特点，分业施策，制定适应于工业行业领域数据资源开发利用及流通需求的数据分类分级安全管理规则。

4. 数据安全合规

考虑到近年来大量法律、法规指南的出台和大规模数据泄露事件频发，工业大数据时代数字化背景下的数据安全合规是无法回避的问题。工业企业识别个人信息保护、隐私数据保护、数据跨境、数据交易共享、重要数据保护等数据合规问题较多，数据分类管理可以有效帮助工业企业梳理数据合规问题。在开展工业数据安全合规工作时，应基于不同监管合规要求找到对应的业务场景，制定不同类别和业务流向的解决方案。兼顾数据合规和安全防护的投资回报让工业数据安全保护工作有理可依、有据可循、有的放矢。工业数据安全合规参考见表 5-1。

表 5-1 工业数据安全合规参考

合规内容	主要参考依据	关注点
个人隐私合规	《个人信息保护法》 《数据安全法》 《网络安全法》	保护个人信息权益，规范个人信息处理活动，促进个人信息合理利用，明确个人信息处理规则、个人信息跨境提供的规则、个人信息处理活动中的权利、个人信息处理者的义务、履行个人信息保护职责的部门及法律责任
商业秘密	《商业秘密保护规定》 《企业内部控制基本规范》	商业秘密的认定和安全保护，企业内部风险控制
数据跨境	《国家安全法》 《个人信息和重要数据出境安全评估办法》 《网络数据安全管理条例》	《个人信息和重要数据出境安全评估办法》给出了数据跨境流动安全评估制度框架，《网络数据安全管理条例》用于规范网络数据处理活动中的个人、组织和国家权益保护
重要数据保护	《数据安全法》 《重要数据识别指南》	制定重要数据保护目录，重要数据分类分级的定义参考

5.1.2 重要性

1. 数据要素价值释放的前提

安全是价值实现的前提，是资产风险管理的前提，安全问题会抵消业务价值，数据分类前置能帮助控制风险损失。由于组织人员、业务、系统、数据都在不断变化中，数据使用方式和外部法律监管也在变化，有时候产业上下游对工业数据的需求也在变化，这时就需要定期开展数据分类和盘点工作，以快速适应资产管理和安全管理的需要。

2. 促进数据开放共享和流通

通过数据开放共享可以提升社会数据资源价值，同时也应根据法律、法规制定数据共享清单，明确数据开发共享的场景和数据开放共享的管理制度，但是应充分考虑工业数据开放流通的各种风险，需要从国家安全、行业安全和公共利益等层面推动不同类别数据开放合规和风险评估。因此，数据分类后，数据开发使用可以更加明确不同类型数据在不同业务条件下是否可以用于内外部的共享和交换，是共享开放的安全基础。

3．以数据为中心的数据资产管理

数字经济的发展以数据资产作为核心生产要素，目前在以网络和系统为中心的安全防护模式下，安全措施与防护目标不能精确匹配，无法达到预期的防护效果。分类是为了更好地理解数据的业务价值，是数据管理底层的基础工作。新的数据资产管理理念应该从业务风险分析出发，以数据资产分类分级为核心，对组织业务中的各个数据集进行识别、分类和分级安全管理，分类后的数据便于安全责任落实到人，明确不同类别数据的所有人和管理者可为进一步的数据安全风险评估、安全策略建立、安全措施选择奠定基础，实现数据资产安全管理从以网络和系统为中心向以数据资产为中心的安全保护模式转变。

4．数据分类促进业务快速应用

数据分类是数据质量管理的前提之一，未经分类的数据可用性较低，需要经过大量的数据处理工作才能被利用。分类后的数据更容易被业务快速调用，无须经过大量数据处理环节，有利于数据快速深度挖掘利用。分类后的数据明确不同类别数据的所有权和访问权，便于数据的跟踪溯源。对于不同数据在不同业务类型的应用场景，更利于根据业务部门数据进行业务判断。

5.1.3 紧迫性

1．严峻的数据安全形势

数据安全不仅是数字化的安全基础，在当前时代下的数据安全事关国家安全和数字经济安全。与过去不同的是，数据安全不仅是安全，而且已经变更为业务的一个重要组成部分，具备一定的内生性。数据分类分级是管理体系合理规划、数据安全合理管控、人员精力及力度合理利用的基础，是迈向精细化数据管理的重要一步。

当前，数字化转型面临着更加复杂的威胁风险，随着移动互联网、大数据平台和云计算的大规模应用，数据采集和利用已经高度自动化，工业互联网面临着个人隐私泄露风险,而且随着对高价值数据和重要敏感数据的强监管,泄露后造成的危害和触发力度大增。区块链、云计算、大数据、5G 等新技术的应用带来了很多新的数据利用方式和数据使用场景,更加剧了这一风险。在这些场景下,传统的工控系统网络安全是无法满足数据安全需要的,短期难以形成成熟的产品技术方案。

2. 法律、法规及执法检查

近年来,数据安全事件频发,数据泄露规模越来越大,随着《网络安全法》《个人信息保护法》《数据安全法》的出台,各项细分领域数据安全技术标准也在不断发布,法律、法规标准的密集出台,数据安全执法检查工作越来越深入,要求进一步明确工业企业的数据安全责任,明确刑事惩戒力度,大幅度提高数据安全违法违规成本,可以预见未来将会有更加精细的数据安全管理办法和相关司法解释。因此,对于工业企业而言,数据安全已经成为一个必须主动考虑是否符合法律监管要求的问题。

5.2 抓住重点才能控制全局

当前的数据安全问题是一个多目标、多对象、多因素综合下的复杂问题,随着从信息化到数字化的转变、基础架构的开放互通,数据处理应用方式发生巨大变化,导致当前面临的数据安全局面比以往信息化时代更加复杂难解。传统的边界式、封堵式、防护式主导的安全防御体系近乎失效。考虑到近年来大量法律、法规指南的连续出台,以及大规模数据泄露事件频发,工业大数据时代数字化背景下的数据安全防护更要注重数据管理和数据治理在安全合规保护中的作用。数据分类分级是解决数据防护投资回报率的最优手段和底层逻辑。通过分类工作摸清家底,有利于制定明确的工业数据安全目标、清晰的工业数据安全保护范围对象,帮助决策者厘清关键的数据安全工作,让工业数据安全保护有理可依、有据可循、有的放矢。

5.2.1 认识数据安全

从信息化到数字化的转变过程中,数据安全的范围和定义也在不断地变化。早期数据安全更多地关注数据的保密性、可用性和完整性，这个时期对于大多数传统工业制造企业而言，数据安全更多地聚焦于研发设计、供应链、财务等数据的商业秘密保护，防护工业数据目标相对清晰且范围可控，而且这个时期的重要关键数据更多地影响到企业自身发展利益，比较少有外部的监管要求。同时，除少量研发和制造环节外几乎不会参与到与外部组织的数据流通，这一时期的工业数据保护更多的是企业的自发行为，有限的资源和投入可以确保工业数据的安全。

步入工业互联网、工业大数据和工业数字化转型的融合时代，工业数据安全面临的问题已经远超在上述传统工业制造业务模式场景下的问题。伴随着上下游产业链合作单位数据的流通，数据安全问题不仅显著抵消了数据资产创造的价值，还带来了更多的法律诉讼和合规问题。因此在这个阶段下的工业数据安全问题，不仅是保密性、完整性和可用性的传统安全问题，还要考虑数据安全新问题，如工业数据合规问题、隐私保护和数据跨境、重要数据安全流转、工业数据安全防护、工业数据流转溯源等。

工业数据和互联网数据在数据格式、协议、传输方式、网络拓扑等方面具有很大的差异，有结构化数据，如来自分布式控制系统（DCS）、数据采集与监视控制系统（SCADA）、可编程逻辑控制器（PLC）、传感器、制造执行系统（MES）、产品生命周期管理系统（PLM）、企业资源计划系统（ERP）等系统的数据；也有非结构化数据，如监控数据、产品模型、图纸文档等，并且不同的数据有不同的特点。工业互联网数据通常来自用户及其各类设备，工业互联网产生的数据针对每个特定工业场景，以工业场景为基础，包括工业信息系统产生的基础数据。例如，装备、物料及产品加工过程的状态参数、环境参数等生产情况数据一般是通过数据库形式存储的。

工业数据在新基础架构和数据架构之上的大规模数据采集、流通和利用要做到上述安全目标和范围覆盖需要付出极高的安全成本，可以预见的是工业企业需要凭借有限的安全资源面对无限的生命周期数据防护，传统技术产品视角的防护不仅无法达到安全合规目标的覆盖，而且投资回报非常低，因此要重新认识和考虑工业数据安全应该怎么做的问题，要区分数据价值，明确数据保护对象，了解业务场景下的数据使用流转、数据保护范围和具体保护目标，实现基于分类分级的风险控制保护，抓住防护重点，有的放矢，实现事半功倍的效果。

5.2.2　区分数据价值

从工业数据安全角度考虑，并不是所有数据都有价值，并不是所有数据都值得保护，因此数据保护工作要站在全局视角，以数据管理为基础，以网络应用和基础架构安全为能力支撑单元，有针对性地实现重点防护，平衡安全投入与效能的关系。

工业互联网数据生命周期控制主要针对工业大数据的采集、管理和分析的关键技术，为多源异构机制提供基础技术支撑，包括时间序列数据的采集和管理、结构化数据的采集和管理、非结构化数据的实时采集和处理。数据来源主要包括通过 ETL 同步的生产经营相关业务数据、实时或分批收集的设备物联网数据及从第三方获得的数据。利用分布式大数据存储技术，实现具有线性性能和容量的时间序列数据存储、结构化数据存储和非结构化数据存储。

基于上述存储技术，结合工业互联网数据在数据建模、资源积累、开放共享等方面的具体需求，建立数据模型管理、数据质量管理、数据资源管理、数据安全管理等技术体系。数据分析层涵盖底层大数据处理技术和大数据分析服务功能。大数据分析服务功能包括分析模型管理、可视化协调、分析操作管理、通用/特定行业算法库和服务交付。因此，要构建完整的大数据分析服务功能，对产业大数据分析进行管理和规划，通过数据建模、计算和分析，形成知识集合，实现大数据智能产业对制造过程、产品的智能化和数据分析，支撑新产业、新模式，助力管理智能化、服务智能化等。

数据服务层是一个功能层，利用工业大数据技术向外界提供服务，包括数据访问服务和数据分析服务。数据访问服务为大数据平台上的所有原始数据、处理后的数据和分析结果数据提供访问外部服务的接口和功能；数据分析服务包括外部实时流处理模型、机制模型、统计模型和大数据平台上收集的数据。数据服务层提供平台的各种数据源与外部系统和应用设备之间的访问和共享接口，旨在整合、处理和分析各种成果数据和原始数据，以及支持大数据产业平台的外部系统。

数据应用层主要为工业大数据应用技术，包括数据可视化技术和数据应用开发技术。通过对原始数据进行整合，对数据进行处理，对结果数据进行分析，通过可视化技术将多源、多层次、多维度的数据以更加直观、简洁的方式呈现出来，方便用户理解和分析，提高决策效率。充分利用微服务开发框架、移动应用开发工具等，基于大数据管理和工业分析技术，实现工业互联网数据的快速应用开发和迭代。

5.2.3 保障数据安全

工业和信息化部发布的《工业数据分类分级指南（试行）》（工信厅信发〔2020〕6号）明确规定，工业数据遭篡改、破坏、泄露或非法利用时，企业应根据事先制定的应急预案立即进行应急处置；涉及三级数据时，还应将事件及时上报数据所在地的省级工业和信息化主管部门，并于应急工作结束后30日内补充上报事件处置情况。

鉴于数据安全本身一直存在保护难的问题，对工业互联网下的新数据及哪些新数据容易泄露等问题，进行有效控制，做到及时发现敏感数据风险，并有效分类控制，开展关键资产识别工作，形成系统处理数据清单，并明确它的生成、传输、存储是否加密，访问控制是否到位，明确数据保护需求。业务数据、个人信息、访问系统的密码、加密的密钥等数据凭证作为核心资产，需要首先标识出来。

现有的常见技术管控以网络边界、终端及外设端口管理、系统管理控制为主，采用局部、被动的控制方式。随着安全威胁的多元化、复杂化发展，传统方式已经难以适用复杂的业务场景，尽管经过多年的系统信息安全建设，大多数组织的安全防护能力已经基本覆盖了网络、终端和应用安全，在工业互联网复杂数据内容防护方面仍然面临分类难、识别难、防护难、评价难等问题，主要体现在如下几个方面。

1. 分类难

（1）数量多、形式多，数据关系复杂，难以进行梳理。

(2）内容是否敏感由人主观意愿判定，缺乏标准性。

(3）缺乏自动化的数据内容分类和标识技术手段。

2．识别难

(1）无论是人工还是系统，都无法给出具体的敏感内容判断标准。

(2）无法明确某类敏感数据在组织机构的整体分布情况。

(3）数据类型多、形态多、数量多，增加了内容识别的难度。

(4）缺乏处理漏报和误报的技术手段和处理机制。

(5）需要覆盖介质、终端、网络、系统、移动设备、数据库、存储等所有位置。

3．防护难

(1）缺乏数据分类保护规范和分类分级安全策略。

(2）缺乏对不同数据在不同位置的风险评估视图，保护工作难以下手。

(3）需要覆盖数据在不同位置的存储、传输、使用全过程的保护。

(4）难以统一保护措施和内容分类分级关联防护，成本高，效率低。

4．评价难

(1）缺乏数据保护评价指标、方法和数据。

(2）无法客观评价数据保护管控措施的有效性。

缺乏客观评价导致无法有效改进，难以保证事故不再发生，而数据安全管理需要对风险进行识别、处置、关闭、溯源。数据分类有助于确定数据在整个工业互联网中的位置，确保适当的安全控制到位，并确保数据的可追溯性和可搜索性。同时，解决数据安全问题最有效的方法是确定优先次序，在不断增长的数据中，优先次序的确定来自数据分类。

引入分类和分类管理是建立新的工业互联网安全管理模式的重要开端。

不同行业、不同规模、不同类型的工业互联网企业具有不同的信息化发展程度，承载着不同的业务类型。所属行业的安全保护需求差异化明显，网络安全风险和保护重点差异较大，不宜参照同一级别的网络安全管理标准。引入分类分级管理制度，对大多数工业互联网企业实行差异化管理是构建有针对性的、完善的管理模式的重要举措，也为相关部门客观了解本地工业互联网企业的网络安全水平及建立长效管理机制提供了有效支撑。

5.3 确定价值才能促进应用

目前，新技术催生新业务和新场景的大规模应用，无时无刻不在产生和处理海量数据。根据国外机构预测，2025 年中国将成为全球数据量最多的国家，目前，工业企业对数据的重视程度不断增加，2020 年《中共中央 国务院关于构建更加完善的要素市场化配置体制机制的意见》中首次将数据列为第五大生产要素，与土地、劳动力、资本、技术共同视为生产要素，并提出了加快培育数据要素市场的要求，明确提出了提升数据资源价值、加强资源整合和安全保护的要求。

目前，数据作为新型生产要素已经成为数字经济发展的重要内容和基本共识。作为数字经济全新的、关键的生产要素，数据贯穿于数字经济发展的全部流程中，与其他四个生产要素组合交叉，产生更多的商业模式和管理创新。数据作为生产要素，本身具备价值，但是数据也要经过挖掘和应用才能发挥其价值。对于不同的工业数据而言，不同类别工业数据的流通和应用有不同的应用场景和方向。

5.3.1 利于数据资产估值

未来，工业数据必将面临更多的数据交易和流通，因此当前阻碍数据交易流动的不只是安全问题，资产定价问题也是阻碍数据交易流通的问题之一。目前，由于资产的定价仍处于探索试验阶段，在流通模式、定价机制、安全合规、价值收益归属等问题上仍然未达成多方共识，并没有形成普遍接受认同的数据定价规则，成熟的资产定价体系还需要法律合规和数据要素市场配套的成熟和完善。

数据资产估值是数据要素市场发展过程中的难点。由于数据资产估值是新业务，因此当前普遍以"成本法、收益法、市场法"等综合定价方式评定数据价值。传统上讲的数据普遍指数据资源，很难对数据资源直接定价，更不能直接参与到企业的生产经营活动中。因此，对工业数据分类后，应进一步进行数据资产化处理，高质量、有应用价值的工业数据更有利于数据评估定价。

5.3.2 促进生产要素流通

不同类型的组织如工业企业、工业互联网平台拥有不同类型的数据。在通常情况下，研发数据和用户数据极少用于共享流通，更多的是关注于要求商业秘密保护和法律合规层面，而工业企业的生产运营数据需要考虑在安全的前提下实现共享交换，满足更多数据产品业务和新商业模式的需求。

工业互联网的互联互通及工业数据要素在工业数据平台的流通可以极大地释放工业数据应用价值。在当前法律、法规的要求下，如何在保障数据开发应用的情况下同时做到数据安全合规，兼顾安全和发展，权衡效益和风险，是工业数据要素流通的重大课题。近年来，隐私计算技术的大力发展和推广有望解决上述问题，如多方安全计算、联邦学习、可信执行环境、数据沙箱技术等可以在数据流通过程中实现"数据可用不可见"的效果，发挥数据的所有权和数据使用权分离的作用，从而在保障数据所有者权益的情况下，实现数据安全可控流通和价值挖掘。虽然当前隐私计算技术的安全性、性能和彼此互通性等问题还需要改进，但是在目前技术发展阶段仍然是数据安全流通的首要选择。

5.3.3 资产价值快速释放

大数据时代的数据资产管理需要充分评估和释放数据价值，工业数据安全是数据快速流通和释放价值的有力保障，数据共享开放、数据交易、数据多方合作等是未来工业数据资产运营的重要业务场景。分类后的数据可以快速标准化，能够更加快速地被业务团队具体应用。相比于传统的方式，需要组织人力对分散数据进行集约化，然后通过大量的数据处理和数据治理过程实现数据标准化，完成从数据资源到数据资产的转化过程，前端业务通过数据平台开展具体业务应用，加速业务效率，激活数据价值，为业务数字化赋能，实现数据资产价值的释放。

5.3.4 工业数据的应用方向

工业大数据应用将带来工业企业创新和变革的新时代。通过互联网、移动物联网等带来的低成本感知、5G、人工智能、分布式计算和数据分析，信息基础设施、物联网基础设施和工业控制系统的深入融合，给工业企业带来深刻变革，数字化创新将改变工业企业的研发、生产、运营、营销和管理方式，甚至可以利用工业数据产生新的数字化商业模式，企业将拥有更快的速度、更高的效率和更准确的洞察力。工业大数据的典型应用包括产品创新与需求管理、产品故障诊断与预测、工业生产线物联网分析、工业企业供应链优化、产品质量管理与分析、产品精准营销等诸多方面。

第6章

标识之策：工业数据如何"分类"

数据分类是指把具有某种共同属性或特征的数据归并在一起，通过其类别属性或特征对数据进行区分。工业数据作为制造业数字化、网络化、智能化发展的基础性战略资源，数据分类有助于工业企业全面了解自身数据资源情况，推动企业内部数据汇集，通过分类标识过程，将分散的、存储在不同系统的数据内容进行有效匹配、互认，将企业数据管理由原来的"杂货铺"变成一个"自动化仓库"，为综合应用高质量数据源奠定坚实基础，是工业企业开展数据管理工作的"第一步"。

6.1 数据分类背景

6.1.1 基本概念

"数据分类"是指根据数据的属性进行区分和归类，通过明确数据的本质、属性、权属及其相关关系，了解各个数据是如何被使用的，确定哪些数据属于何种类别。为了实现数据共享和提高处理效率，必须遵循约定的分类原则和方法，按照信息的内涵、性质及管理的要求，将组织内所有信息按一定结构体系分为不同集合，从而使得每个信息在相应的分类体系中都有一个对应位置。换句话说就是，要把相同内容、相同性质的信息及要求统一管理的信息集合在一起，而把相异的及需要分别管理的信息区分开，然后确定各个集合之间的关系，从而形成一个有条理的分类系统。

6.1.2 政府、金融、科技等行业数据分类路径

目前，政府、金融、科技等多个领域已逐步建立数据分类政策制度或标准。

（1）政府数据方面：2010年，奥巴马总统签署第13556号行政命令《受控非密信息》，建立和实施CUI登记备案及标识管理制度。该制度主要按照行业将受控非密信息分为20大类，如隐私、专利、移民、金融、商业信息、税收、交通等。这些大类又被细分为许多子类，每个类别都有对应的子类别。比如，隐私类被细分为合同使用、死亡记录、一般隐私信息、遗传信息、健康信息等子类别。每个子类均有各自的详细定义的强制分类标识。2016年，贵州发布地方标准《政府数据 数据分类分级指南》（DB52/T 1123—2016），采用多维度和线分类法相结合的方法，在主题、行业和服务三个维度对贵州省政府数据进行分类，对于每个维度都采用线分类法，将其分为大类、中类和小类三级。业务部门可以根据业务需要，对数据分类进行小类之后的细分。对小类的细分，各部门可以根据业务数据的性质、功能、技术手段等一系列问题进行扩展细分。

（2）科学数据方面：国务院2018年3月发布《科学数据管理办法》，规定法人单位要对科学数据进行分级分类。多位学者从数据利用角度出发，展开科学数据分类研究，基于内容相关性、数据完整性、数据可靠性与数据权威性四个角度梳理总结出多种科学数据分类维度。从分类方式看，国内研究依据科学数据的内容特征与外部特征进行分类，而国外研究更关注依据内容特征，从某一具体主题进行分类，按外部特征进行分类的研究较少。表6-1为依据内容相关性的科学数据分类维度。

表6-1 依据内容相关性的科学数据分类维度

分类维度	细分维度	分类结果
学科	提出分类依据	借助《学科分类与代码》《中国图书馆分类法》《气象资料分类编码和命名规范》《地震科学数据分类与分级方案》《地球系统科学数据分类体系》《医药卫生科学数据分类与编码》《科学数据分类与编码》等分类工具，从学科角度进行科学数据类型划分
	列举部分学科名称	自然科学、社会科学；基础科学数据、自然科学数据、人文社会科学数据、天文学/地球科学数据、生物科学数据、医药卫生数据、农业科学数据、工业科学数据、交通科学数据、航空航天科学数据、环境/安全科学数据；自然科学、考古学、文学、历史学、政治学等学科数据；信息科学、统计年鉴数据、自然科学、人文与社科、工程与技术、生物医学、农业科学

续表

分类维度	细分维度	分类结果
学科	具体学科分类	社会学：①定量数据、定性数据、多媒体数据、非数字化数据、其他数据；②国家统计部门发布的统计数据、高校研究中产生的科学数据、为社会科学研究和相关政策制定提供数据支撑的各种调查数据。 农业：农业科技基础数据、农业科学实验数据、农业自然资源数据、农业科技文献数据、农业科研条件数据、农业科技成果转化数据等。 地震：公众公开发布的数据、国内外用户提供的数据、向国内用户提供的数据、向特定范围的用户提供的数据。 物理：实验的原始数据、重建仿真的数据、准备发布的数据、论文的原数据。 中医：理法方药等中医药传统理论体系数据、现代诊疗技术及检测数据
主题	内容特征	按照数据资源元数据中的标签分为气温、物理、海洋地质、风速、运输、气象等50类
		GIS数据、统计调查数据、人口和住房数据、政治与社会科学数据、文本与数据挖掘、教学数据集与商业、经济、工业与市场数据
		安全、研究、能源、农业、海洋、消费者、法律、生态、商业、制造业、金融、教育
		信息科学、统计年鉴数据、自然科学、人文与社科、工程与技术、生物医药、农业科学
	外部特征	所有者、联系人、题名、标识符、所属课题组、相关课题组、相关出版物、访问许可、仓储库名称、出版信息、摘要、主题
		按数据类别、按科学问题、按主题等对数据进行归类，构建"标签"对数据进行细分
		基本社会属性：战略性科学数据、公益性科学数据及商业性科学数据

（3）金融数据方面：我国目前对于数据分类保护规制最多的行业主要是金融业，其基本的分类路径是按照影响对象、影响范围、影响程度对数据进行大类别划分，再对业务和数据进行细分。证监会于2018年9月正式公布实施《证券期货业数据分类分级指引》（JR/T0158—2018）。该指引第6.4条要求："本标准推荐的分类分级方法，从业务条线出发，首先对业务细分，其次对数据细分，形成从总到分的树形逻辑体系结构。"具体来说，要依据自身业务特点对产生、采集、加工、使用及管理的数据进行分类。

6.1.3　工业数据分类方法依据

2020年3月，工业和信息化部正式印发《工业数据分类分级指南（试行）》（以下简称《指南》），其中第二章"数据分类"（第五至第七条）中提出了对工业数据的分类标准。

（1）分类原则：工业企业结合生产制造模式、工业互联网平台企业（以下简称平台企业）结合服务运营模式，分析梳理业务流程和系统设备，考虑行业要求、业务规模、数据复杂程度等实际情况，对工业数据进行分类梳理和标识，形成企业工业数据分类清单。

为实现数据差异化管理，需要从数据产生和应用环节对数据进行详细的分类梳理和标识，如研发数据、生产数据、运维数据等。分类过程中应综合考虑时序数据与非时序数据、流动数据与静止数据、结构数据与非结构数据，这些数据在价值密度、安全需求、保护方式等方面存在较大差异，不宜归为一类。从试验验证结果来看，企业最终的分类数量为30~60类，与企业规模、业务种类、数据复杂程度等有关。

（2）工业企业分类维度：工业企业的工业数据分类维度包括但不限于研发数据域（研发设计数据、开发测试数据等）、生产数据域（控制信息、工况状态、工艺参数、系统日志等）、运维数据域（物流数据、产品售后服务数据等）、管理数据域（系统设备资产信息、客户与产品信息、产品供应链数据、业务统计数据等）、外部数据域（与其他主体共享的数据等）。

从工业企业业务流程的角度将数据域划分为研发域、生产域、运维域、管理域和外部域。分类参考也已根据专家及企业意见修改完善，符合企业的习惯用法。企业可根据实际情况继续细分数据类型。例如，烟草行业生产域工况状态数据还分为制丝车间过程控制数据、卷包过程控制数据等。

（3）平台企业分类维度：平台企业的工业数据分类维度包括但不限于平台运营数据域（物联采集数据、知识库模型库数据、研发数据等）和企业管理数据域（客户数据、业务合作数据、人事财务数据等）。

从工业数据分类试验验证结果来看，平台企业在实际应用过程中，普遍将数据域划分为平台运营域和企业管理域。企业可根据实际情况继续细分数据类型。平台运营域中物联采集数据包括位置数据、故障数据、状态监测数据、环境数据、图像视频数据等。

6.2 工业数据分类原则

为确保工业数据分类的科学性、合规性和适用性，便于工业领域各行业参考实施，在实施工作中应当遵循以下原则：

（1）实用性原则：结合实际情况，从利于数据管理与应用的角度对数据进行分类，全面厘清企业涉及的数据类型，为工业企业后续开展数据管理、挖掘数据应用场景、充分释放数据价值等奠定基础。

（2）稳定性原则：数据类型设置应在一段时期内保持相对稳定，并且对企业各类数据涵盖广、包容性强。

（3）可执行原则：为保障数据分类后的可操作性，数据分类应贴近企业实际运营情况，不应过于复杂或过于简单。

（4）时效性原则：当企业信息系统发生重大变化、业务方向或组织结构明显调整后，应及时更新数据分类结果。

（5）完整性原则：关于对数据状态描述的全面程度，完整的数据应基于业务全流程进行全面划分。

因此，数据分类过程中，更多的是从企业实际工作或业务角度出发，通过企业内部涉及的数据类型，梳理哪些元数据属于哪个业务范畴，也就是类别。这个业务范畴囊括的范围可大可小，完全依托于企业前期基于业务的梳理结果。数据分类并不是业务分得越细越好，大部分细分之后的数据均具有多重属性，会导致数据多重划分，这是典型分类失败的体现。反之，如果数据分类分得过于粗犷，那么对企业的指导意义也会明显下降，因此找到分类颗粒度的平衡点非常重要。

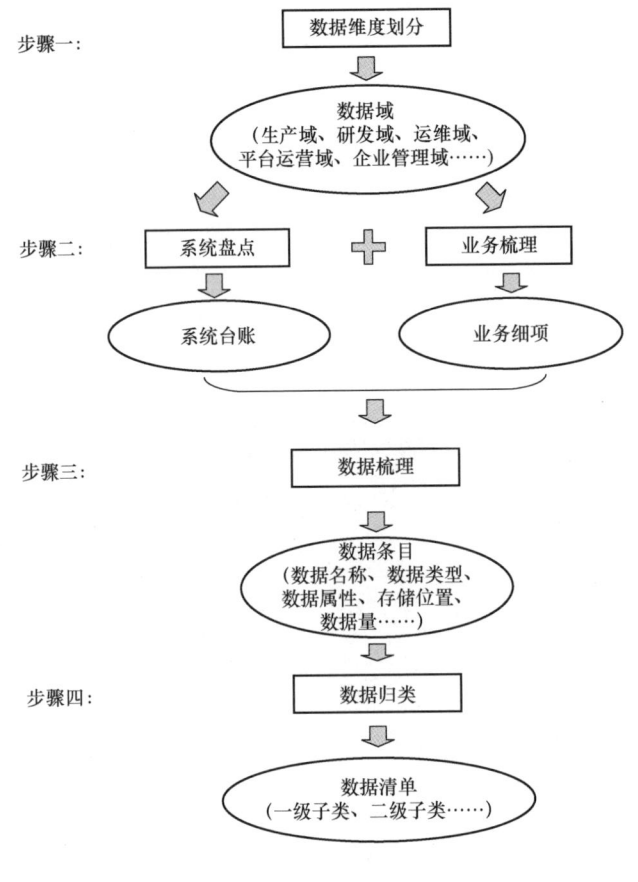

6.3 工业数据分类实施

工业数据分类工作流程如图 6-1 所示。数据分类阶段主要要求企业结合自身生产制造或服务运营模式，从数据维度入手分析梳理业务流程和系统设备，考虑行业要求、业务规模、数据复杂程度等实际情况，对工业数据进行分类梳理和标识，形成企业工业数据分类清单。工业数据分类工作可分为数据维度划分、系统盘点与业务梳理、数据梳理、数据归类四个步骤，分别形成数据域、系统台账、业务细项、数据条目和数据清单等材料，最终完成对工业数据的分类工作。

步骤一：数据维度划分

数据域
（生产域、研发域、运维域、平台运营域、企业管理域……）

步骤二：系统盘点 ＋ 业务梳理

系统台账　业务细项

步骤三：数据梳理

数据条目
（数据名称、数据类型、数据属性、存储位置、数据量……）

步骤四：数据归类

数据清单
（一级子类、二级子类……）

图 6-1　工业数据分类工作流程

步骤一：数据维度划分。

企业应根据自身生产运营状况及属性特点，按照《指南》第二章数据分类中的数据维度的划分方法，从企业集团组织架构、生产运营情况、产线业务等方面进行分析，明确企业数据域。企业数据域的划分结果应当尽量与《指南》保持一致。

步骤二：系统盘点与业务梳理。

企业可根据步骤一划分出的数据域结果，从系统资产及业务活动工序两方面全面梳理工业数据的可能来源。首先，企业应该根据自身情况及前期工作基础，从系统资产及业务活动工序两方面选定其一着手开展工作；其次，依次梳理每个数据域下的系统资产或业务活动工序，形成系统台账或业务细项。最后，通过进一步整理业务活动工序或系统资产（着手工作未选择的另一方面），对刚形成的系统台账或业务细项进行查漏补缺，覆盖全企业工业数据来源。

在系统设备方面，企业可通过全面资产盘点详细整理相关系统，明确各系统的责任部门或负责人，形成企业系统台账。在业务活动工序方面，企业可通过细分业务线条详细描述企业涉及的所有业务活动和工序，形成业务细项。

步骤三：数据梳理。

从步骤二形成的系统台账或业务细项中提取出系统资产或业务工序中涉及的工业数据，按序梳理每个系统或每道业务活动工序涉及的数据，并详细记录数据名称、数据类型、数据属性、存储位置、数据量等关键信息，进而形成数据条目。

步骤四：数据归类。

根据前期分析整理的数据条目，进一步综合所有系统或业务活动中的数据类型，通过归并整合、细分子类等方式，形成企业工业数据清单。

6.3.1 数据维度划分

根据《指南》的要求,企业应按照自身生产运营状况及属性特点划分数据域。工业企业的工业数据分类维度包括但不限于研发数据域、生产数据域、运维数据域、管理数据域、外部数据域。平台企业的工业数据分类维度包括但不限于平台运营数据域和企业管理数据域(见表6-2)。

表6-2 数据域划分结果

企业类型	数据域划分
工业企业	研发数据域
	生产数据域
	运维数据域
	管理数据域
	外部数据域
平台企业	平台运营数据域
	企业管理数据域

6.3.2 系统盘点与业务梳理

系统盘点与业务梳理是指工业企业根据数据域的划分结果,从系统资产及业务活动工序两方面全面梳理工业数据的可能来源。在系统盘点方面,企业应对照资产台账梳理相关系统清单,确定各个系统和设备的责任部门或负责人(见表6-3)。

表6-3 工业企业系统盘点参考

数据域	系统或设备	具体清单	责任部门/人
研发数据域	研发设计系统或设备	设计仿真系统	
		软件开发系统和测试工具	

在业务梳理方面,企业在数据域结果的基础上,根据企业业务线条,详细描述企业涉及的所有业务活动和工序,并确认具体业务的管理主体及对应管理范围。例如,在某钢铁公司生产域中,铸钢的生产流程包括造型、冶炼、浇铸、开箱、一次热处理、毛坯入库、粗加工、二次热处理、精加

工、镗磨、成品等。

系统盘点和业务梳理两方面应当相互配合使用。当企业初步形成系统清单或业务细项后,企业应该继续通过另一方面的方法手段对形成的清单或细项进行查漏补缺,完全覆盖企业工业数据来源。

6.3.3 数据梳理

在数据梳理步骤中,要求企业从上一步形成的系统台账或业务细项中依次提取系统或业务中所包含的各项数据,并详细记录(见表6-4和表6-5)。

表6-4 从系统台账中梳理工业数据示例

数据域	系统	系统包含数据	数据量	存储位置	…
生产数据域	制造执行系统(MES)	物料编码			
		产品BOM			
		图纸			
		生产计划			
		生产进度			
		质检结论			
…	…	…	…	…	…

表6-5 从业务细项中梳理工业数据示例

数据域	业务细项	业务包含数据	数据量	存储位置	…
研发数据域	某产品研发环节	产品配方研发数据			
		测试数据			
		仿真数据			
…	…	…	…	…	…

6.3.4 数据归类

数据归类是指企业综合所有系统或业务活动中的数据类型,通过归并整合、细分一级子类等方式,形成企业工业数据清单。参考归类如表6-6和表6-7所示。除此之外,企业可根据自身特点继续细分数据二级子类。

表 6-6　工业企业数据分类参考目录

数据域	分类参考（一级子类）	数据来源
研发数据域	研发设计数据	计算机辅助设计（CAD）系统、工程仿真分析（CAE）系统、工业软件开发系统、工业系统测试工具等
研发数据域	开发测试数据	计算机辅助设计（CAD）系统、工程仿真分析（CAE）系统、工业软件开发系统、工业系统测试工具等
研发数据域	其他	计算机辅助设计（CAD）系统、工程仿真分析（CAE）系统、工业软件开发系统、工业系统测试工具等
生产数据域	控制信息	制造执行系统（MES）、可编程逻辑控制器（PLC）、数据采集与监视控制（SCADA）系统、分布式控制系统（DCS）、工况状态数据库等
生产数据域	工况状态	制造执行系统（MES）、可编程逻辑控制器（PLC）、数据采集与监视控制（SCADA）系统、分布式控制系统（DCS）、工况状态数据库等
生产数据域	工艺参数	制造执行系统（MES）、可编程逻辑控制器（PLC）、数据采集与监视控制（SCADA）系统、分布式控制系统（DCS）、工况状态数据库等
生产数据域	系统日志	制造执行系统（MES）、可编程逻辑控制器（PLC）、数据采集与监视控制（SCADA）系统、分布式控制系统（DCS）、工况状态数据库等
生产数据域	其他	制造执行系统（MES）、可编程逻辑控制器（PLC）、数据采集与监视控制（SCADA）系统、分布式控制系统（DCS）、工况状态数据库等
运维数据域	物流数据	产品物流系统、产品售后状态跟踪系统、售后服务管理系统等
运维数据域	售后维护数据	产品物流系统、产品售后状态跟踪系统、售后服务管理系统等
运维数据域	其他	产品物流系统、产品售后状态跟踪系统、售后服务管理系统等
管理数据域	系统设备资产信息	产品生命周期管理（PLM）系统、供应链管理（SCM）系统、质量管理系统（QMS）、企业资源计划（ERP）系统、客户关系管理（CRM）系统、仓库管理系统（WMS）等
管理数据域	客户与产品信息	产品生命周期管理（PLM）系统、供应链管理（SCM）系统、质量管理系统（QMS）、企业资源计划（ERP）系统、客户关系管理（CRM）系统、仓库管理系统（WMS）等
管理数据域	产品供应链数据	产品生命周期管理（PLM）系统、供应链管理（SCM）系统、质量管理系统（QMS）、企业资源计划（ERP）系统、客户关系管理（CRM）系统、仓库管理系统（WMS）等
管理数据域	业务统计数据	产品生命周期管理（PLM）系统、供应链管理（SCM）系统、质量管理系统（QMS）、企业资源计划（ERP）系统、客户关系管理（CRM）系统、仓库管理系统（WMS）等
管理数据域	其他	产品生命周期管理（PLM）系统、供应链管理（SCM）系统、质量管理系统（QMS）、企业资源计划（ERP）系统、客户关系管理（CRM）系统、仓库管理系统（WMS）等
外部数据域	与其他主体共享的数据	接入其他企业的供应链系统、协同研发系统
外部数据域	其他	接入其他企业的供应链系统、协同研发系统

表 6-7　平台企业数据分类参考目录

数据域	分类参考（一级子类）	数据来源
平台运营数据域	物联采集数据	平台从客户工控系统中获取的生产数据，以及通过外围传感器采取的监控数据
平台运营数据域	客户应用系统数据	客户租用平台计算、存储等资源独立运行的各类系统产生的数据
平台运营数据域	知识库、模型库数据	PaaS 层提供的知识库与机理模型库
平台运营数据域	分析数据	平台通过大数据分析产生的结果、报告等数据

续表

数据域	分类参考（一级子类）	数据来源
平台运营数据域	平台配置数据	平台用户、设备、应用服务、PaaS 能力等方面的配置数据
	工业应用数据	承载工业 App 产生和应用的数据
	开发数据	平台在开发过程中积累的开发源代码、开源工具、商业工具、测试用例
	技术与管理数据	平台架构设计、软件开发、接口设计等流程的技术说明书，安全软件管理、配置和补丁管理、物理和环境安全管理、身份认证管理、访问安全管理、人员管理、监测与应急管理、资产管理等制度文件
	其他	其他
企业管理数据域	客户与解决方案数据	平台客户与产品管理系统中的各项数据，包括客户的基本资料、行为特征、使用记录、客户服务和维修记录等，以及平台为客户定制、可交付的整套解决方案
	业务合作数据	平台企业业务管理系统中的各项数据，包括与客户签订的战略协议、产品购销合同等
	人事财务数据	平台企业人事管理系统中的各项数据，包括基本员工信息、薪资信息、资产台账、财务报表、审计信息等
	其他	其他

第 7 章

评价之法：工业数据如何"分级"

7.1 数据分级方法依据

通常，数据分级是指按照一定的分级原则，采用规范、明确的方法，对分类后的数据进行定级，从而达到区分数据重要性和敏感度等目的。数据分级有助于工业企业根据数据的不同级别及数据在其生命周期所处的环节来确定应采取的数据安全防护策略和管控措施，实施差异化分级保护，进而提高企业的数据管理和安全防护水平，确保数据的完整性、保密性和可用性。

7.1.1 工业数据分级方法依据

1.《工业和信息化领域数据安全管理办法（试行）》

2021年9月1日，我国数据安全领域的基础性法律——《数据安全法》正式施行。为贯彻落实《数据安全法》等法律、法规，加快推动工业和信息化领域数据安全管理工作制度化、规范化，工业和信息化部研究起草了《工业和信息化领域数据安全管理办法（试行）（征求意见稿）》（以下简称《数据安全管理办法》），并于2021年9月30日和2022年2月10日两次面向社会公众征求意见。

《数据安全管理办法》根据数据遭到篡改、破坏、泄露或者非法获取、非法利用，对国家安全、公共利益或者个人、组织合法权益等造成的危害程度，将工业和电信数据分为一般数据、重要数据和核心数据三级。三个级别的数据判定条件如表7-1所示。

表 7-1 《数据安全管理办法》三个级别的数据判定条件

数据级别	数据遭到篡改、破坏、泄露或非法获取、非法利用造成的危害程度
核心数据	① 对政治、国土、军事、经济、文化、社会、科技、电磁、网络、生态、资源、核安全等构成严重威胁，严重影响海外利益、生物、太空、极地、深海、人工智能等与国家安全相关的重点领域。 ② 对工业和信息化领域及其重要骨干企业、关键信息基础设施、重要资源等造成重大影响。 ③ 对工业生产运营、电信网络（含互联网）运行和服务、无线电业务开展等造成重大损害，导致大范围停工停产、大面积无线电业务中断、大规模网络与服务瘫痪、大量业务处理能力丧失等。 ④ 经工业和信息化部评估确定的其他核心数据
重要数据	① 对政治、国土、军事、经济、文化、社会、科技、电磁、网络、生态、资源、核安全等构成威胁，影响海外利益、生物、太空、极地、深海、人工智能等与国家安全相关的重点领域。 ② 对工业和信息化领域发展、生产、运行和经济利益等造成严重影响。 ③ 造成重大数据安全事件或生产安全事故，对公共利益或者个人、组织合法权益造成严重影响，社会负面影响大。 ④ 引发的级联效应明显，影响范围涉及多个行业、区域或者行业内多个企业，或者影响持续时间长，对行业发展、技术进步和产业生态等造成严重影响。 ⑤ 经工业和信息化部评估确定的其他重要数据
一般数据	① 对公共利益或者个人、组织合法权益造成较小影响，社会负面影响小。 ② 受影响的用户和企业数量较少、生产生活区域范围较小、持续时间较短，对企业经营、行业发展、技术进步和产业生态等影响较小。 ③ 其他未纳入重要数据、核心数据目录的数据

2. 《工业数据分类分级指南（试行）》

《促进大数据发展行动纲要》将"稳步推动公共数据资源开放"作为主要任务之一，《大数据产业发展规划（2016—2020 年）》将分类分级作为数据管理要点，《数据管理能力成熟度评估模型》（GB/T 36073—2018）明确将数据分类分级作为数据管理能力第二级（受管理级）至第五级（优化级）的基本要求，《工业控制系统信息安全防护指南》提出对数据进行分级分类管理。为贯彻《促进大数据发展行动纲要》《大数据产业发展规划（2016—2020 年）》有关要求，更好地推动《数据管理能力成熟度评估模型》贯标和《工业控制系统信息安全防护指南》落实，指导企业提升工业数据管理能力，促进工业数据的使用、流动与共享，释放数据潜在价值，赋能制造业高质量发展，工业和信息化部于 2020 年 2 月 27 日正式发布了《工业数据分类分级指南（试行）》（以下简称《指南》）。《指南》适用于工业和信息化主管部门、工业企业、平台企业等开展工业数据分类分级工作。

《指南》所指工业数据是工业领域产品和服务全生命周期产生和应用的数据，包括但不限于工业企业在研发设计、生产制造、经营管理、运维服务等环节中生成和使用的数据，以及平台企业在设备接入、平台运行、工业 App 应用等过程中生成和使用的数据。《指南》根据不同类别工业数据遭篡改、破坏、泄露或非法利用后，可能对工业生产、经济效益等带来潜在影响，将工业数据分为三个级别：一级、二级、三级（三级为最高级别）。

具体来看，三个级别的数据判定条件如表 7-2 所示。

表 7-2　三个级别的数据判定条件

数据级别	潜在影响
一级数据	① 易引发特别重大生产安全事故或突发环境事件，或造成直接经济损失特别巨大。 ② 对国民经济、行业发展、公众利益、社会秩序乃至国家安全造成严重影响
二级数据	① 易引发较大或重大生产安全事故或突发环境事件，给企业造成较大负面影响，或直接经济损失较大。 ② 引发的级联效应明显，影响范围涉及多个行业、区域或者行业内多个企业，或影响持续时间长，或可导致大量供应商、客户资源被非法获取或大量个人信息泄露。 ③ 恢复工业数据或消除负面影响所需付出的代价较大
三级数据	① 对工业控制系统及设备、工业互联网平台等的正常生产运行影响较小。 ② 给企业造成负面影响较小，或直接经济损失较小。 ③ 受影响的用户和企业数量较少、生产生活区域范围较小、持续时间较短。 ④ 恢复工业数据或消除负面影响所需付出的代价较小

7.1.2　其他行业领域数据分级方法参考

1. 政府数据

1）贵州省发布《政府数据　数据分类分级指南》

2016 年 9 月，贵州省发布《政府数据　数据分类分级指南》（DB52/T

1123—2016）省级地方标准。作为贵州省政府数据分类分级的顶层标准，该标准定义了贵州省全省范围内政府数据资源的分类分级原则和方法。提出自主定级的分级原则，指出政府数据分级应充分考虑政府数据对国家安全、社会稳定和公民安全的重要程度，以及数据是否涉及国家秘密、用户隐私等敏感信息，并应根据不同敏感级别的政府数据在遭到破坏后对国家安全、社会秩序、公共利益，以及公民、法人和其他组织的合法权益（受侵害客体）的危害程度来确定政府数据的级别。贵州省《政府数据 数据分类分级指南》中的政府数据分级方式如表7-3所示。

表7-3 贵州省《政府数据 数据分类分级指南》中的政府数据分级方式

	政府数据敏感程度		
	非敏感数据	涉及用户隐私数据	涉及国家秘密数据
等级划分	公开数据	内部数据	涉密数据

2）北京市发布《政府数据分级与安全保护规范（征求意见稿）》

2021年4月，北京市经济和信息化局发布《政府数据分级与安全保护规范（征求意见稿）》地方标准。规范给出了北京市政府数据分级的原则、方法、流程和安全保护规范，提出分级管控、自主定级和综合判定原则。该规范将政府数据分为四个级别，并对数据分级对象、分级因素、影响对象、影响程度、影响范围、分级描述、分级因素与安全级别的关系等进行了详细描述，使数据分级的操作性和落地性有了较大提升。表7-4所示为该规范分级因素与安全级别的关系。

表7-4 北京市《政府数据分级与安全保护规范（征求意见稿）》中的分级因素与安全级别的关系

影响程度	影响范围		影响对象		
	影响规模	可控程度	党政机关、公共服务机构	自然人	其他机构
一般影响	较小范围	强可控	一级	一级	一级
		弱可控	二级	一级	一级
	较大范围	强可控	二级	二级	一级
		弱可控	三级	二级	二级

续表

影响程度	影响范围		影响对象		
	影响规模	可控程度	党政机关、公共服务机构	自然人	其他机构
严重影响	较小范围	强可控	三级	二级	二级
		弱可控	三级	三级	三级
	较大范围	强可控	三级	三级	三级
		弱可控	四级	三级	三级
特别严重影响	较小范围	强可控	四级	四级	三级
		弱可控	四级	四级	四级
	较大范围	—	四级	四级	四级

3）浙江省发布《数字化改革 公共数据分类分级指南》

2021年7月，浙江省发布《数字化改革 公共数据分类分级指南》(DB33/T 2351—2021)省级地方标准。该标准规定了公共数据分类分级的一般要求、维度与方法。

在分级维度方面，该标准明确规定，根据公共数据破坏后对国家安全、社会秩序、公共利益，以及对公民、法人和其他组织的合法权益（受侵害客体）的危害程度来确定数据的安全级别，共分为四级，由高至低分别为：敏感数据（L4级）、较敏感数据（L3级）、低敏感数据（L2级）、不敏感数据（L1级）。浙江省《数字化改革 公共数据分类分级指南》中的数据级别与判断标准如表7-5所示。

表7-5 浙江省《数字化改革 公共数据分类分级指南》中的数据级别与判断标准

数据级别	级别标识	判断标准
L4级	敏感	有下列情形之一： ① 对全社会、多个行业、行业内多个组织造成严重影响； ② 对单个组织的正常运作造成极其严重影响； ③ 对人身和财产安全、个人名誉造成严重损害
L3级	较敏感	有下列情形之一： ① 对全社会、多个行业、行业内多个组织造成中等程度影响； ② 对单个组织的正常运作造成严重影响； ③ 对个人名誉造成中等程度的损害

续表

数据级别	级别标识	判断标准
L2 级	低敏感	有下列情形之一： ① 对全社会、多个行业、行业内多个组织造成轻微影响； ② 对单个组织的正常运作造成中等程度或轻微影响； ③ 对个人的合法权益造成轻微损害
L1 级	不敏感	对社会秩序、公共利益、行业发展、信息主体均无影响

在分级方法方面，该标准规定应根据公共数据遭篡改、破坏、泄露或非法利用后，可能带来的潜在影响的范围和程度进行安全分级。其中，影响范围包括：国家安全，全社会、多个行业、行业内多个组织，单个组织或个人。影响程度包括：极其严重、严重、中等、轻微、无。

2. 金融数据

1）中国证券监督管理委员会发布《证券期货业数据分类分级指引》

针对证券期货行业业务种类繁多、数据复杂性高和多样性强的特点，为了指导和帮助行业机构厘清数据资产、确定数据重要性或敏感度，2018 年 9 月，中国证券监督管理委员会正式发布实施金融行业标准《证券期货业数据分类分级指引》（JR/T 0158—2018）。该标准对证券期货行业的数据分类分级，以及相应的前提条件、方法概述和关键问题处理等内容做了详细规定。

关于数据分级，按照该标准给出的整个数据分类分级的基本流程，应在数据分类基础上进行数据定级。采用的定级方法是基于影响的判定方法，即根据影响对象、影响范围、影响程度三要素，按照表 7-6 给出的数据定级规则进行判定。

表 7-6 《证券期货业数据分类分级指引》中的数据定级规则

影响对象	影响范围	影响程度	数据一般特征	数据重要程度标识	数据级别标识
行业	多个行业	严重	数据主要用于行业内大型或特大型机构中的重要业务，一般针对特定人员公开，且仅为必须知悉的对象访问或使用	极高	4
机构	行业内多机构	严重		极高	4
客户	行业内多机构	严重		极高	4

续表

影响对象	影响范围	影响程度	数据一般特征	数据重要程度标识	数据级别标识
机构	本机构	严重	数据用于重要业务，针对特定人员公开，且仅为必须知悉的对象访问或使用	高	3
客户	本机构	严重		高	3
机构	本机构	中等、轻微	数据用于一般业务，针对受限对象公开；一般指内部管理、办公类且不宜广泛公开的数据	中	2
客户	本机构	中等		中	2
机构	本机构	无	数据可被公开或可被公众获知、使用	低	1
客户	本机构	轻微		低	1

2）中国人民银行发布《金融数据安全 数据安全分级指南》

为指导金融业机构进一步明确数据保护对象，合理开展定级与利用多样化的金融数据，2020年9月，中国人民银行正式发布实施金融行业标准《金融数据安全 数据安全分级指南》（JR/T 0197—2020）。该标准规定了金融数据安全分级的目标、原则和范围，以及数据安全定级的要素、规则和定级过程等内容。

该标准指出，数据安全性（完整性、保密性、可用性）遭到破坏后可能造成的影响（如可能造成的危害、损失或潜在风险等）是确定数据安全级别的重要判断依据，应主要考虑影响对象与影响程度两个要素。其中，影响对象包括：国家安全、公众权益、个人隐私、企业合法权益等。影响程度从高到低划分为：严重损害、一般损害、轻微损害和无损害。《金融数据安全 数据安全分级指南》中的数据定级规则参考如表7-7所示。

表7-7 《金融数据安全 数据安全分级指南》中的数据定级规则参考

最低安全级别参考	数据定级要素		数据一般特征
	影响对象	影响程度	
5	国家安全	严重损害/一般损害/轻微损害	① 重要数据通常主要用于金融业大型或特大型机构、金融交易过程中重要核心节点类机构的关键业务，一般针对特定人员公开，且仅为必须知悉的对象访问或使用。 ② 数据安全性遭到破坏后，对国家安全造成影响，或对公众权益造成严重影响
	公众权益	严重损害	

续表

最低安全级别参考	数据定级要素		数据一般特征
	影响对象	影响程度	
4	公众权益	一般损害	① 数据通常主要用于金融业大型或特大型机构、金融交易过程中重要核心节点类机构的重要业务,一般针对特定人员公开,且仅为必须知悉的对象访问或使用。 ② 个人金融信息中的 C3 类信息。 ③ 数据安全性遭到破坏后,对公众权益造成一般影响,或对个人隐私或企业合法权益造成严重影响,但不影响国家安全
	个人隐私	严重损害	
	企业合法权益	严重损害	
3	公众权益	轻微损害	① 数据用于金融业机构关键或重要业务,一般针对特定人员公开,且仅为必须知悉的对象访问或使用。 ② 个人金融信息中的 C2 类信息。 ③ 数据的安全性遭到破坏后,对公众权益造成轻微影响,或对个人隐私或企业合法权益造成一般影响,但不影响国家安全
	个人隐私	一般损害	
	企业合法权益	一般损害	
2	个人隐私	轻微损害	① 数据用于金融业机构一般业务,一般针对受限对象公开,通常为内部管理且不宜广泛公开的数据。 ② 个人金融信息中的 C1 类信息。 ③ 数据的安全性遭到破坏后,对个人隐私或企业合法权益造成轻微影响,但不影响国家安全、公众权益
	企业合法权益	轻微损害	
1	国家安全	无损害	① 数据一般可被公开或可公众获知、使用。 ② 个人金融信息主体主动公开的信息。 ③ 数据的安全性遭到破坏后,可能对个人隐私或企业合法权益不造成影响,或仅造成微弱影响,但不影响国家安全、公众权益
	公众权益	无损害	
	个人隐私	无损害	
	企业合法权益	无损害	

3. 电信数据

2020 年 12 月,工业和信息化部发布《基础电信企业数据分类分级方法》(YD/T 3813—2020)行业标准。该标准将基础电信企业网络数据资源按照重要程度,以及泄露后对国家安全、社会秩序、企业经营管理和对公众利益造成的影响和危害程度分为四个安全级别:第四级、第三级、第二级和第一级,其对应的安全要求逐级递减。该标准对数据分级的流程进行了详细描述,见图 7-1。

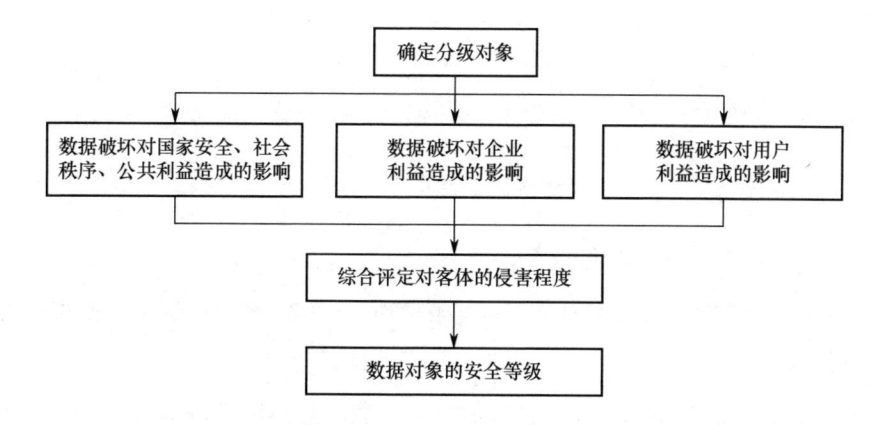

图 7-1 《基础电信企业数据分类分级方法》中的数据分级流程

（1）确定数据分级对象。

（2）确定数据安全受到破坏时造成影响的客体。根据通信行业数据特点，该标准将客体分为三类，即国家安全和社会公共利益、企业利益和用户利益。

（3）评定对客体的影响程度。将需要定级的数据分别对照每种客体，判断数据在发生丢失、泄露、被篡改等安全事件时对客体的侵害程度。对所有客体而言，侵害程度都可以分为严重、高、中、低四个级别。

（4）确定数据分级对象的安全等级。在对照每种客体进行潜在侵害程度评定后，取最高级别作为该类数据的最终级别。

7.2 数据分级考虑因素

7.2.1 工业数据受损对生产安全的影响

1. 引发生产安全事故的可能性及严重性

数据分级考虑因素主要是工业数据是否和生产控制相关。与生产控制过程相关的工业数据是指会影响工业生产现场设备和控制设备正常运行的数据，一般不包括业务数据和供应链数据。对于与生产控制过程相关的工业数据所归属作业单元的安全生产隐患，主要考虑以下几个方面。

（1）该作业单元是否从事化工、危险化学品及烟花爆竹等危化品生产。

（2）该作业单元是否存在高温高危环境、装置和工序等。

（3）该作业单元发生异常状态是否导致过或容易导致人身伤害。

2．造成直接经济损失的大小

数据分级考虑因素主要是工业数据受损引发生产安全事故造成的直接经济损失，主要涉及以下几个方面。

（1）人身伤亡相关费用，包括医疗费、经济补偿费、后事处理费、其他费用等。

（2）固定资产损失费用，包括报废的固定资产的净残值、其他部分损坏的固定资产的实际修复费用等。

（3）流动资产损失费用，包括造成原料、燃料、辅助材料、成品、半成品、在制品损失的费用等。

7.2.2 工业数据受损所侵害的对象及程度

1．受侵害的对象

工业数据受损所侵害的对象能达到的最高级别，主要包括：

（1）工业控制系统及设备、工业互联网平台等；

（2）国民经济、公众利益、社会秩序、生态环境等；

（3）政权稳固、民族团结、国防安全等。

2．对受侵害对象造成损害的严重程度

满足下列条件之一的为特别严重损害。

（1）对国民经济发展和经济实力造成非常严重的破坏。

（2）对社会成员使用公共设施、获取公开信息资源、接受公共服务等公共利益产生大范围的社会不良影响，对重要公共财产造成极大的损失。

（3）根据环境保护部令第 17 号《突发环境事件信息报告办法》中规定的条件，触发重大（Ⅲ级）及以上的突发环境事件。

不满足以上任何一个条件的为较大损害，表现在以下几个方面。

（1）对国民经济发展和经济实力造成影响较小的破坏。

（2）对社会成员使用公共设施、获取公开信息资源、接受公共服务等公共利益产生有限的社会不良影响，对重要公共财产造成较小的损失。

（3）根据环境保护部令第 17 号《突发环境事件信息报告办法》中规定的条件，触发较大（Ⅱ级）及以下突发环境事件。

3. 对供应链相关方的影响程度

判断工业数据受损对供应链相关方造成影响的程度可考虑以下因素。

（1）受影响的用户和企业数量。

（2）涉及生产生活范围。

（3）负面影响持续时间。

（4）是否可能引发明显的级联效应（如核心工艺泄露、企业生产线停滞、用户资源丢失、企业形象受损、企业安全评级调低等）。

7.2.3　工业数据受损后恢复或消除负面影响的代价

工业数据受损后，判定恢复工业数据或消除负面影响付出代价大小的条件如下。

符合下列条件之一的被认定为代价较大。

（1）导致生产过程全部或关键部位丧失完整性或可用性，严重地干扰了生产过程的准确顺序或协调性。

（2）设备功能受到损害或丧失且资产更新产生的成本较高。

（3）导致停工且不能在短时间内恢复工业过程控制，甚至需要重新加工、重新设计。

（4）对上游或下游生产过程产生严重影响。

（5）由于泄露了知识产权而丧失竞争优势（如泄露生产过程的技术秘密）。

不符合下列任何一项条件的被认定为代价较小。

（1）仅生产过程局部或非关键部位丧失完整性或可用性，对生产过程的准确顺序或协调性的干扰较轻。

（2）设备功能未受损害或受到损害较轻，资产更新产生的成本不高。

（3）没有导致停工、重新加工、重新设计。

（4）对上游或下游生产过程没有产生影响。

7.3 数据分级评定实施

本章前两节已经为我们提供了工业数据分级的方法依据及所需考虑的因素等内容。那么，是不是只要依据这些内容，就能做好工业数据的分级工作呢？答案显然是否定的。数据分级本来就是一项非常具有挑战性、复杂性和系统性的工作，而工业数据又呈现出多样态、大容量、强关联等特性，因此，要做好工业数据分级工作，就必须做好相关的保障工作。

7.3.1 组织制度保障

数据分级项目涉及范围广，数据处理的整个生命周期将牵扯到不同的应用系统和业务部门。确立工业数据安全管理的最高决策机构，建立健全明确的责任部门和职责分工是规范有序开展数据分级的有力保证。具体包括：要明确数据分级的管理部门和主要责任人；要确立数据分级相关工作中的角色分工和具体职能；要建立数据分级涉及各业务部门之间的协同机制。

俗话说"没有规矩，不成方圆"。符合实际的规章制度对于工业数据分级同样重要，是确保数据分级各环节有效执行落实的基础保障。具体包括：要规定数据分级的总体原则、基本方法和具体要求；要明确数据分级的日常管理流程和操作规程；要建立数据分级结果的确定、审核、批准、发布和变更等工作机制，以及数据分级管理相关的绩效考评和评价机制；要明确数据分级保护的总体目标和措施要求。

7.3.2 数据定级流程

根据目前已发布实施的涉及数据分级的标准、指南等规范性文件，以及主流的研究报告等，我们可以将工业数据分级的执行流程划分为五个重要的程序步骤。

步骤一：数据定级准备。在数据分类的基础上，明确数据定级的粒度（行列、字段等）和关键要素（影响客体、影响程度等），并制定数据定级规则（定级规则参考表等）。

步骤二：数据级别判定。涉及数据处理的各相关责任部门，根据上一步所确定的数据定级规则，结合国家及行业领域有关法律、法规和相关制度标准，对数据级别进行初步判定。

步骤三：数据级别审核。按照数据分级管理的具体职责，综合考虑数据的时效性、匿名化、聚合程度等要素，对数据级别初步判定结果进行复核，必要时重复步骤二的工作，确保数据级别与本组织的数据安全保护总体目标一致。

步骤四：形成结果目录。由本组织工业数据安全管理的最高决策机构对数据分级结果进行批准和公布。

步骤五：动态升降数据级别。数据只有流动起来，价值才能达到最大化。基于数据资源的流动性和动态化特征，以及信息数据共享的需要，数据内容因汇聚融合或拆分流转等发生变化，或因时效性、使用场景、处理方式等导致原定级别不再匹配的情况将会越来越频繁地发生。目前，还很难做到完全以自动化的方式进行数据定级，人工重新判定的标准也难以在各数据处理者之间达到统一。

7.3.3 数据定级方法

企业应按照《工业数据分类分级指南》相关要求，针对每类工业数据，遵循定级工作流程，考虑工业数据遭篡改、破坏、泄露或非法利用的潜在风险，对每项要素进行评价（见表7-8），确定每类工业数据的级别。需要注意的是，除数据间存在物理隔离等强去耦合措施外，应按照该类数据整体受损的情况考虑最严重的潜在影响。

表7-8 工业数据定级调查问卷

第一部分：对经济发展、社会稳定、国家安全的影响
1. 工业数据受损是否可能对国家安全构成严重威胁？
A. 是，为三级数据
B. 否，转至下一条
2. 工业数据受损是否可能对国民经济、行业发展、公共利益、社会秩序等造成严重影响？
A. 是，为三级数据
B. 否，转至下一条
第二部分：对工业生产造成的影响
3. 工业数据是否与工业生产现场设备和控制设备的正常运行相关？
A. 是，转至下一条
B. 否，转至下一部分
4. 工业数据受损可能引发的生产安全事故级别？（参考《生产安全事故报告和调查处理条例》）
A. 特别重大事故（30人及以上死亡、100人及以上重伤、1亿元及以上直接经济损失），为三级数据
B. 较大或重大事故（3人以上30人以下死亡、10人以上100人以下重伤、1000万元以上1亿元以下直接经济损失），为二级数据
C. 一般事故或不造成事故，转至下一条
5. 工业数据受损对生态环境的影响程度？（参考环境保护部令第17号《突发环境事件信息报告办法》）
A. 可能触发特别重大（Ⅰ级）的突发环境事件，为三级数据
B. 可能触发重大（Ⅱ级）或较大（Ⅲ级）的突发环境事件，为二级数据
C. 对环境造成一定影响或基本无影响，尚未达到较大（Ⅲ级）突发环境事件，转至下一条
第三部分：对企业经济利益造成的影响
6. 工业数据受损可能造成多大的直接经济损失？
A. 1亿元以上的特别巨大经济损失，为三级数据
B. 1000万元以上的较大经济损失，为二级数据

续表

> C. 1000 万元以下的经济损失，转至下一条
>
> 7. 在工业数据受损未造成特别巨大直接经济损失的情况下，恢复工业数据或消除负面影响所需付出代价是否满足以下条件之一：（1）恢复生产过程全部或关键部分的完整性或可用性，或者恢复生产过程的准确顺序极其困难。（2）由于泄露了知识产权（如生产过程的技术秘密）、商业机密等信息，难以恢复竞争优势。（3）给企业形象造成严重负面影响，难以恢复企业声誉、社会公信力等。
>
> A. 是，为二级数据
>
> B. 否，转至下一条
>
> **第四部分：产生的级联效应**
>
> 8. 工业数据受损后是否可能影响多个行业或区域，或者行业内多个企业？（考虑工业企业的供应链开放程度、平台企业跨行业跨领域属性等）
>
> A. 是，为二级数据
>
> B. 否，转至下一条
>
> 9. 工业数据受损后引发级联效应的持续时间如何？
>
> A. 持续时间长，为二级数据
>
> B. 持续时间较短，转至下一条
>
> 10. 工业数据受损是否会导致大量供应商、客户资源被非法获取或个人信息泄露？
>
> A. 是，为二级数据
>
> B. 否，转至下一条
>
> 11. 企业是否认为工业数据受损后会带来其他较为严重的影响？
>
> A. 是，为二级数据
>
> B. 否，为一级数据

7.3.4 数据分级清单参考

企业按照上述方法完成各类数据级别判定后，初步形成企业工业数据分类分级清单（见表7-9）。企业可在此基础上，结合自身业务需求进一步细化数据等级，同时明确与《工业数据分类分级指南》中数据级别的对应关系。

表7-9 工业数据分类分级结果示例

数据域	数据分类	定级结果	定级原因
研发数据域	研发设计数据	二级	泄露企业核心知识产权，难以恢复竞争优势，或对企业声誉等造成严重影响
	产品测试数据	一级	数据受损造成直接经济损失较少
	...	...	...

第 8 章

实践案例：试点企业"现身说法"

8.1 工业企业分类分级案例

8.1.1 背景简介

本案例选取某离散型制造企业详述工业企业的数据分类分级工作。该企业是我国大型国有制造企业，公司资产总额近 200 亿元人民币，下设 4 个分工厂。企业经营范围多元化，其生产销售的多个系列品牌被评为"中国驰名商标"。企业共有内设机构 16 个，员工 5000 多人。

开展工业数据分类分级工作流程如下。

（1）召开工作启动会议，工作人员确定工作范围，并通过人员访谈及资料查询完成数据域划分。

（2）工作人员依次完成生产域、研发域、管理域、运维域及外部域的数据分类工作，并通过发放调查问卷、人员访谈等方式初步确定管理域、研发域、运维域、外部域数据分类的定级结果。

（3）工作人员将初步完成工作范围内的数据分类分级工作，形成数据清单初稿，并与相关负责人员进一步沟通交流后对清单进行调整。

（4）工作人员完成数据分类分级清单整理，并召开末次会议，总结分类分级情况。

8.1.2 工作准备事项

1. 人员配合

（1）安排至少两名专职人员，分别来自信息化管理部门和生产管理部门，统筹工业数据分类分级工作的总体沟通和协调工作。

（2）召集相关系统负责人，或者相关业务、工序的管理和运维人员配合访谈，相关人员按照访谈需要予以机动配合。

2. 场地环境

（1）提供专用办公场地。

（2）提供打印机。

（3）提供互联网接入。

3. 资料准备

（1）准备企业集团架构、分工厂情况、产线业务等资料。

（2）准备企业网络拓扑图、信息化建设总体架构图（特别是数据中心建设情况）等文档。

（3）准备企业重要资产设备台账。

（4）准备企业主营业务活动流程、主要产品工序的详细描述。

（5）准备企业数据管理基本情况介绍，包括已有数据资产分类目录、管理制度、上云情况、存储方式、防护措施等。

（6）准备企业营业执照、安全生产标准化建设等数据分级所需要参考的其他资料。

4. 实施过程准备事项

（1）工业数据分类分级工作需要企业负责人协调相关资源完成。

（2）工业数据分类分级工作需要进行人员访谈，企业需要按计划协调相关人员接受访谈，包括但不限于企业负责人、相关业务主管、财务或行政部门主管、相关系统管理或运维人员、安全生产负责人、生产管理人员、生产操作人员等。

（3）工作期间做好各项应急措施。

8.1.3 工作流程

步骤一：数据维度划分。工作人员通过查阅企业集团架构、产线业务、数据管理基本情况等资料，并与企业信息化、生产管理部门配合人员沟通交流后，按照《工业数据分类分级指南》数据分类维度，将该工业企业数据域划分为研发数据域、生产数据域、运维数据域、管理数据域和外部数据域五个部分（见表8-1）。

表8-1 工业企业数据域划分表

数据域	数据域可能包含的工业数据类型
研发数据域	研发设计数据、开发测试数据等
生产数据域	控制信息、工况状态、工艺参数、系统日志等
运维数据域	物流数据、产品售后服务数据等
管理数据域	系统设备资产信息、客户与产品信息、产品供应链数据、业务统计数据等
外部数据域	与其他主体共享的数据等

步骤二：系统盘点与业务梳理。工作人员根据企业实际情况，决定从系统盘点入手梳理工业数据来源。通过整理企业重要资产设备清单，结合上一步划分的五个数据域，从清单中依次筛选出属于各个数据域的系统设备，部分系统台账如表8-2所示。随后，工作人员继续查阅企业主营业务活动流程、主要产品工序的详细描述，保障系统台账基本覆盖全部工业数据来源，并无遗漏。

步骤三：数据梳理。根据步骤二形成的系统台账，工作人员通过系统登录查阅、人员访谈等形式，确定各个系统中涉及的各类工业数据，并记录各条数据信息，形成数据条目。部分数据条目如表8-3所示。

表8-2　企业部分系统台账

数据域	系统名称	责任部门
研发数据域	产品研发ERP系统1	产品研发部门1
	配方信息管理系统	配料研发部门
	…	…
生产数据域	能源管理系统	能源调度部门
	生产指挥系统1	A生产车间
	…	…
运维数据域	物流管理系统	供应链管理部门
	…	…
管理数据域	销售ERP系统A	销售部门
	人力资源管理系统	人力资源部门
	…	…
外部数据域	综合项目管理系统	项目管理部门
	…	…

表8-3　部分数据条目

数据域	系统名称	数据条目	数据属性
研发数据域	产品研发ERP系统1	A产品配方数据	100MB，未上云，有备份
		B部件研发图纸	1GB，未上云，有备份
	配方信息管理系统	A产品原料配比参数	10MB，未上云，有备份
	…	…	…

步骤四：数据归类。工作人员通过综合所有数据条目的类型，结合数据来源、用途及责任部门，通过归并整合、细分子类等方式，形成企业工业数据清单。企业部分工业数据分类清单如表8-4所示。

在完成数据分类的基础上，工作人员将按照数据域的顺序依次约谈各类数据涉及的管理部门相关人员，并发放调查问卷，确定各类数据的级别并标明原因。企业部分数据定级结果如表8-5所示。

表 8-4　企业部分工业数据分类清单

数据域	系统名称	数据分类	数据条目
研发数据域	产品研发 ERP 系统 1	产品研发数据	A 产品配方数据
			B 部件研发图纸
			C 产品研发进度
	产品研发 ERP 系统 2		...
	配方信息管理系统	核心配方数据	A 产品原料配比参数
			...
	...	...	...

表 8-5　企业部分数据定级结果

数据域	数据分类	定级结果	定级原因
研发数据域	产品研发数据	一级	数据受损造成直接经济损失较少
	核心配方数据	二级	泄露企业核心知识产权，难以恢复竞争优势，或对企业声誉等造成严重影响
	...	...	...

工作人员在初步完成对试点企业的工业数据分类分级工作后，将继续与企业相关配合人员就分类分级初步结果做进一步的交流讨论，双方无异议后形成最终的分类分级清单。

在末次会议上，工作人员将对试点企业的分类分级工作成果进行展示说明，帮助企业了解自身工业数据整体状况，为企业下一步开展数据管理和数据防护工作提供相关建议。

8.1.4　案例结果

在本案例中，工业数据分类结果共约 25 个数据大类和 60 个一级子类。数据定级方面该企业一级数据占比 75%左右，二级数据占比 25%左右，未发现三级数据，分类分级管理目录如表 8-6 所示。

表 8-6　工业企业工业数据分类分级管理目录

序号	数据域	业务/系统名称	数据类别	级别	定级依据	存储位置	数据量	防护情况	上云/共享潜在价值	访问人员
1	生产数据域	MES系统	产品研发数据—加工设备参数	二级	如某机台，数据受损可导致1000片主板报废，连带影响下游产品2000台（5000元/台），每台生产线产能损失超1000万元	某数据中心	100GB左右	采用热备份、访问控制等策略	不建议上云或共享	…
…	…	…	…	…	…	…	…	…	…	…

8.2 平台企业分类分级案例

8.2.1 背景简介

本案例选取某跨行业大型平台企业详述工业互联网平台企业的数据分类分级工作。该企业是一家混合所有制的国家高新技术企业和"双软"企业。企业基于深厚的制造业背景和 IT 技术积累，在工业互联网、智能制造等业务领域深耕力拓，打造了全国领先的工业互联网产品与解决方案。该企业现有员工 500 余人，博士、硕士研究生占比较高，并设立多个研发中心。企业重视技术创新和知识产权体系建设，已获发明专利、软件著作权、软件产品证书数十项。该企业的工业互联网平台已为 1000 余家企业提供服务，涵盖工程机械、新能源、军工、风电、光缆、核心零部件制造等数十个行业领域。

开展工业数据分类分级工作流程如下。

（1）召开工作启动会议，工作人员确定工作范围，在企业前期数据管理基础上完成数据域划分。

（2）工作人员依次完成管理域、平台运营域的数据分类工作，并通过发放调查问卷、人员访谈等方式确定数据分类的定级结果。

（3）工作人员完成数据清单初稿，并与企业相关配合人员进一步沟通交流后对清单进行调整。

（4）工作人员完成数据分类分级清单整理，并召开末次会议，总结企业试点情况。

8.2.2 工作准备事项

1. 人员配合

（1）安排至少 1 名专职人员，负责本次试验验证工作的总体沟通和协调，要求熟悉企业信息化建设、业务模块和数据管理情况。

（2）在试验验证工作组与企业沟通确定分类分级试验验证的具体范围（如某子公司、数据中心等）后，召集试验验证范围内相关系统负责人或相关业务或工序的管理和运维人员配合调研。

（3）分类分级试验验证范围内相关人员按照调研需要予以机动配合。

2. 场地环境

（1）提供专用办公场地。

（2）提供打印机。

（3）提供互联网接入。

3. 资料准备

（1）准备企业组织架构、业务模块等资料。

（2）准备企业运营工业互联网平台业务的详细介绍，包括接入行业领域（地域）、用户规模、采集处理数据体量、是否实现生产控制等。

（3）准备企业网络拓扑图、信息化建设总体架构图（尤其是数据中心建设情况）等文档。

(4）准备企业重要资产设备台账。

(5）准备企业数据管理基本情况介绍，包括已有数据资产分类目录、管理制度、上云情况、存储方式、防护措施等。

(6）根据情况提供企业营业执照、国家级双跨平台资质等数据分级所需参考的其他资料。

4. 详细实施配合事项

(1）数据分类分级工作需要企业负责人协调相关资源按调研计划完成。

(2）数据分类分级工作需要进行人员访谈，企业需要按计划抽取范围内的相关人员配合接受访谈，包括但不限于企业负责人、信息化主管、相关业务主管（特别是工业大数据分析业务负责人、数据平台管理人员）、相关系统管理或运维人员、财务或行政部门主管等。

(3）数据分类分级工作期间做好各项应急措施。

8.2.3 试点验证工作流程

该平台企业前期对数据管理有一定基础，已经初步梳理出了基于企业平台业务和企业内部管理的数据条目。工作人员结合工业数据分类分级流程，按照《工业数据分类分级指南》中平台企业的分类维度，在与企业配合人员充分沟通的情况下，直接在企业数据管理的基础上综合运用归并整合、细分子类的方式形成工业数据分类清单，如表 8-7 所示。

表 8-7 企业部分工业数据分类结果

数据域	数据分类（一级）	数据分类（二级）	数据条目
平台运营数据域	物联采集数据	位置数据	A 类设备位置数据
			B 类设备位置数据
			...
		图像视频信息	A 地区摄像头数据
			B 地区摄像头数据
			...

续表

数据域	数据分类（一级）	数据分类（二级）	数据条目
平台运营数据域	知识库/模型库	工艺数据	A产品工艺参数
			...
	...	...	...

在完成数据分类的基础上，工作人员按照数据域的顺序依次约谈各类数据涉及的管理部门相关人员，并发放调查问卷，确定各类数据的级别，并标明原因。企业部分数据定级结果，如表8-8所示。

表8-8 部分数据定级结果

数据域	数据分类（一级）	数据分类（二级）	分级结果	分级原因
平台运营数据域	物联采集数据	位置数据	二级	可造成较大直接与间接经济损失、资产丢失
		图像视频信息	一级	数据受损造成直接经济损失较小
		...	...	...
	知识库/模型库	工艺数据	一级	数据受损造成直接经济损失较小
	...	...	...	...

工作人员在初步完成对试点企业的工业数据分类分级工作后，将继续与企业相关配合人员就分类分级初步结果做进一步的交流讨论，双方无异议后形成最终的分类分级清单。

在末次会议上，工作人员将对试点企业的分类分级工作成果进行展示说明，帮助企业了解自身工业数据整体状况，为企业下一步开展数据管理和数据防护工作提供相关建议。

8.2.4 案例结果

在本次试点工作中，工业数据分类结果共约11个数据大类，23个一级子类和60余个二级子类。在数据定级方面，该企业一级数据占比65%左右，二级数据占比55%左右,未发现三级数据,分类分级管理目录如表8-9所示。

表8-9 工业互联网平台企业工业数据分类分级管理目录

序号	数据域	业务/系统名称	数据类别	级别	定级依据	存储位置	数据量	防护情况	上云/共享潜在价值	访问人员
1	平台运营数据域	工业应用使能平台	模型库—机理模型	一级	数据受损对工业App开发过程影响较小,对平台造成直接经济损失较小	某工业云数据中心	10GB左右	采取数据备份,支持自动切换,API接口采取规范化的开发标准,对第三方开发的App进行审核	建议通过数据共享优化机理模型	…
…	…	…	…	…	…	…	…	…	…	…

| 下 篇 |

防患未然：践行工业数据安全保护措施

第 9 章

以制度标准立规矩：建立工业数据安全之基

建立工业数据安全保护基础制度和标准规范，推动工业数据安全管理工作制度化、规范化，是保障工业数据安全的基石。当前，因企业内部安全管理制度不完善导致的网络安全事件层出不穷。工业企业、工业互联网平台企业对工业数据安全负主体责任，应积极加强工业数据安全管理，明确数据管理、数据安全评估、应急处置等要求，规范工业数据的使用和管理，不断提升工业数据安全保护水平。

9.1 数据管理要求

9.1.1 组织机构

建立工业数据管理组织机构，组建专门负责工业数据安全管理工作的团队是推进工业数据安全保护的重要保障。

工业数据管理组织架构如图 9-1 所示，由决策层、管理层、支持层、监督层等角色组成。

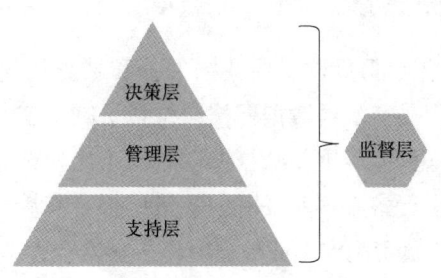

图 9-1 工业数据管理组织架构

1. 决策层

决策层负责领导工业数据安全管理工作，包括明确工业数据管理的目标、范围、策略，明确工业数据安全管理相关岗位和职责，决策工业数据安全管理的重大工作内容和方向等。决策层一般由企业党委（党组）或领导班子，以及各业务部门领导组成。

2. 管理层

管理层在决策层的领导下，负责工业数据安全管理的日常工作，包括牵头制定工业数据安全管理相关政策、标准、规则、流程，牵头开展工业数据安全管理体系建设、工业数据安全培训等工作。管理层一般由数据安全部门或信息安全部门或信息化部门的人员组成。若企业的工业数据处理活动涉及重要数据与核心数据的，则必须设置专门的数据安全管理责任部门，不能由信息化部门等兼任。

管理层需要牵头对企业工业数据资产进行梳理，实施工业数据分类分级管理，识别认定重要数据；应充分调研各部门工业数据使用、工业数据安全等相关业务需求，分析评估工业数据安全风险隐患；同时还应详尽调研我国数据安全相关战略规划、法律、法规、标准规范，分析数据安全合规要求；结合企业面临的工业数据安全风险、数据安全合规需求、企业的风险承受能力和财务预算等，制定符合企业实际情况的工业数据安全管理制度；在制度文件得到决策层认可后，管理层要及时在全企业范围内公布制度文件，并组织相关培训，推动工业数据安全管理制度的全面落地实施。此外，管理层应结合工业数据安全风险变化情况、相关政策文件出台情况、企业自身业务发展情况等，及时更新、调整和优化工业数据安全管理制度。

管理层需要设立专职负责重要数据保护和数据出境安全评估等方面的安全合规的岗位和人员。重要数据保护岗位负责制定工业领域重要数据安全管理规范要求，执行具体的重要数据安全管理工作，按照规定对工业领域重要数据和核心数据进行备案，并及时向决策层报告和反馈工作执行情况。数据出境安全评估岗位负责制定工业数据跨境传输安全管理规范要求，执行具体的工业数据出境安全评估工作，并及时向决策层报告和反馈工作的执行情况。

3. 支持层

支持层是工业数据安全策略、规范和流程的重要执行者和管理对象，负责严格落实工业数据安全管理制度，支持决策层、管理层要求的各项工业数据安全管理工作，并基于日常工作实践，积极建言献策，促进管理层及时优化相关制度文件。支持层一般由来自业务部门、管理部门、技术部门、运维部门的人员组成，包括工业数据的提供者、开发者、使用者、管理者、维护者、消费者等。

支持层需要协助管理层系统全面地了解企业在业务开展过程中的各种工业数据安全管理需求。针对管理层制定的工业数据安全操作规范等制度和方案，支持层应对其可行性和易用性进行细致的分析评估，并及时将结果反馈给管理层，以支撑管理层做出明智、正确的决策。

4. 监督层

监督层负责对工业数据安全管理相关制度文件的落实和执行情况进行考察与审核，并将结果汇报给决策层。监督层一般由审计部门的人员组成。监督层必须要具有独立性，确保其监督检查工作不会受到来自其他层，特别是管理层和支持层的影响和干扰，从而保证企业能够及时发现其工业数据安全制度在落地执行层面的问题和风险。

9.1.2 制度流程

工业数据安全管理体系可分为四层架构（见图9-2），每层都作为上一层的支撑。

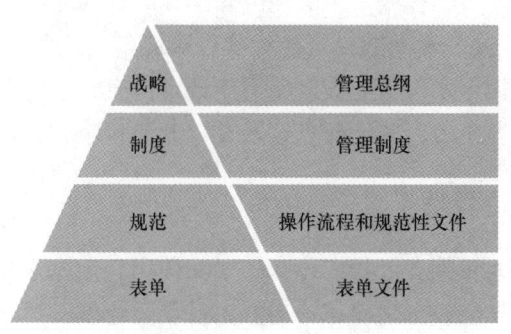

战略	管理总纲
制度	管理制度
规范	操作流程和规范性文件
表单	表单文件

图 9-2　工业数据安全管理体系架构

（1）第一层是管理总纲，是企业工业数据安全管理体系的战略方针，如制定"企业工业数据安全管理指南"，明确企业工业数据安全管理的重点目标，明确工业数据安全保护应遵循"以分类分级为基础，以权限控制为措施，安全管理与技术防护并重"的战略方针。

（2）第二层是管理制度，是企业工业数据安全管理总纲在各个方面的目标规范和基本要求，如制定工业数据安全管理相关人员岗位职责制度、工业数据资产管理制度、工业数据资产权限管理制度、工业数据分级分类管理制度、工业领域重要数据保护制度、工业数据安全评估制度、工业数据安全应急管理制度、工业数据安全监测预警制度、工业数据安全审查制度、工业数据安全合规管理制度、工业数据安全教育培训制度、工业数据安全审计管理制度、工业数据安全管理奖惩制度，以及贯穿工业数据整个生命周期的安全管理制度等。

（3）第三层是操作流程和规范性文件，是企业具体实施工业数据安全管理制度的规程文件，指导开展工业数据安全管理业务工作、实现对特定工业数据安全风险点的控制。例如，制定企业工业数据资产备案操作规范、工业数据资产备案维护操作流程、工业数据分级分类指南、工业数据分级分类清单维护规范、用户访问权限配置规范、工业数据安全合规性操作规范、工业数据安全合规性评估规范、工业数据安全审计规范，以及贯穿工业数据整个生命周期的安全操作规范等。

（4）第四层是表单文件，是企业在工业数据安全管理过程中产生的各类记录和报告，用于体现各项工作能够按照操作流程和规范性文件的具体要求有效开展。例如，建立工业数据资产管理台账清单、工业数据分级分类台账、工业领域重要数据台账、工业数据使用申请审批表、出境工业数据台账、工业数据安全审计记录表、工业数据资产管理账号权限配置记录表等。

9.1.3 人员管理

为有效防范人员管理过程中存在的工业数据安全风险，应围绕内部人员安全管理、数据安全教育培训、第三方人员安全管理三个方面，加强相关人员的管理。

1. 内部人员安全管理

（1）建立固定的员工入职、转岗、离职的人力资源流程，若涉及工业数据处理活动的人员发生岗位变动，应及时通知相关部门。

（2）遵循最小权限原则，合理确定相关人员的操作权限，严格实施权限管理，对于发生岗位变动的人员，及时调整人员变化所涉及的账号权限的更改、回收。

（3）确定工业数据处理关键岗位及人员，应与相关人员签署数据安全责任书，要求记录开展的工业数据处理活动，有效管理关键业务环节工业数据安全风险。

（4）建立离任审计机制，对工业数据处理关键人员离任进行审查，及时回收相关资源与授权，并对其在任期间的数据处理活动进行评估，分析是否存在滥用职权等情况。

2. 数据安全教育培训

（1）制订数据安全教育培训计划，并按计划定期对从事工业数据处理活动的相关人员进行数据安全教育和培训。

（2）数据安全教育培训内容应涵盖以下内容。

① 数据安全相关政策标准的解读，确保相关人员知悉数据安全合规规范要求。

② 企业内部制定的工业数据安全管理制度培训，确保相关人员知悉应遵循的数据安全制度及操作规程、数据安全违规的纪律处理制度等。

③ 工业数据分类分级管理培训，确保相关人员了解开展数据分类分级工作的必要操作及流程。

④ 校验技术、密码技术、数据备份和恢复技术、数据安全风险评估等数据安全技能培训。

（3）确定承担工业数据安全管理工作的岗位人员所必需的能力要求，制定员工技能考核制度,结合员工技能需求制订培训方案,并在培训结束后对员工数据安全技能进行考核,确保相关人员具备与岗位要求相符的数据安全保护能力。

3. 第三方人员安全管理

针对第三方人员应实施数据安全闭环管理：合作前审查、合作中管控、合作后评审。

（1）在第三方单位（人员）与企业合作前,应对第三方单位进行调查,包括单位资质、单位安全管理制度、人员背景等。确认合作后,应制定与第三方单位相关人员的标准合同协议,明确保密的相关要求,约束相关单位与人员的数据安全责任。

（2）在第三方单位（人员）与企业合作过程中,第三方单位需提供服务人员的姓名、技术能力评定、联系方式等信息,第三方人员需持有效身份证明进入指定工作现场。对于需要接触重要数据的第三方人员实行严格的审批和登记制度。企业对接部门将现有的数据安全管理规定要求及时全面地告知第三方人员,并对后果和责任进行充分说明。如需接触非公开信息,必须签订第三方人员保密协议。企业对接部门应全程负责监督、管理和检查第三方交付的服务质量。

（3）在第三方单位（人员）与企业合作结束后,应立即清除第三方人员对应的账户、密码及数据等。同时,定期组织对第三方单位进行评审,评审第三方在合同执行期间产品或服务交付质量,评审结果作为后续合作的重要依据。

9.2 数据安全评估

9.2.1 制订数据安全评估计划

为落实《数据安全法》《数据出境安全评估办法（征求意见稿）》《云计算服务安全评估办法》《云服务用户数据保护能力评估方法第 2 部分：私有

云》等法律、法规及标准规范的要求，企业应开展数据处理安全评估、数据出境安全评估、数据环境安全评估、云服务提供商数据保护能力评估等，并制订工业数据安全评估计划。

制订工业数据安全评估计划，需要从企业的业务战略、业务流程、安全需求、系统规模和结构等方面出发，具体工作包括：确定数据安全评估目标、数据安全评估范围、组建评估管理与实施团队、确定评估方法、制定数据安全评估方案等。

1．确定评估目标

明确工业数据安全评估依据，根据工业数据安全合规需求和企业自身业务发展需求等，企业应充分调研工业数据处理活动中的数据安全需求，分析企业现有工业数据安全管理工作的不足、面临的潜在工业数据安全风险，确定开展工业数据安全评估的目标。

2．确定评估范围

根据工业数据安全评估目标，确定待评估的工业数据资产范围及工业数据资产的级别与分类。例如，待评估的数据可能是企业全部的工业数据，也可能是企业某个信息系统包含的工业数据。

3．组建评估团队

工业数据安全评估实施团队一般由管理层、相关业务骨干、信息技术等人员组成。在必要情况下，可以聘请相关专业的技术专家和技术骨干组成专家小组。

评估实施团队应提前准备好评估前所需的各类表格、文档、检测工具等，对参与评估的人员进行评估技术培训和保密教育培训，确保相关人员知悉评估过程应遵循的安全管理规定。若聘请第三方单位实施安全评估，应与第三方签署保密合同，必要时签署个人保密协议。

4．确定评估方法

1) 人员访谈

评估实施团队需要提前确定访谈目的、访谈问题、访谈对象、访谈效果等，提前了解访谈的相关技巧及工业数据安全的相关知识体系，在访谈过程中针对相关的问题进行记录，访谈后及时输出相关访谈记录表格。

2）文档查阅

评估实施团队通过文档查阅可以确认相关人员是否遵循了工业数据安全管理制度、记录了工业数据安全管理工作表单等。在文档查阅过程中，应根据相关内容缩小文档范围，精准地查询要获取的信息，同时针对想要进一步了解的问题做好记录。

3）工具检查

不同的检查工具作用不同，要了解工业数据的相关状态，需要提前确定、了解安全风险范围，根据不同的数据安全风险确定对应的检查工具，以便工具检查后的内容满足预期。检查后，输出工具检查文档，并记录在案，便于针对工业数据安全风险进一步整改。

5. 制订评估方案

制订评估方案的目的是为后面的工业数据安全评估实施活动提供一个总体计划，用于指导评估实施团队开展后续工作。

工业数据安全评估方案内容一般包括以下几点。

（1）团队组织，评估实施团队人员、组织结构、角色、责任等内容。

（2）工作计划，评估各阶段的工作计划，包括工作内容、工作形式、工作成果等内容。

（3）时间进度安排，评估项目实施时间进度安排。

9.2.2 规范数据安全评估流程

在制订好工业数据安全评估计划后，工业数据安全评估的具体过程（见图9-3）分为五个步骤：工业数据资产识别、工业数据安全风险识别、工业数据安全风险评估、风险管理计划制订与实施、工业数据安全评估报告提交。

```
工业数据资产识别
       ↓
工业数据安全风险识别
       ↓
工业数据安全风险评估
       ↓
风险管理计划制订与实施
       ↓
工业数据安全评估报告提交
```

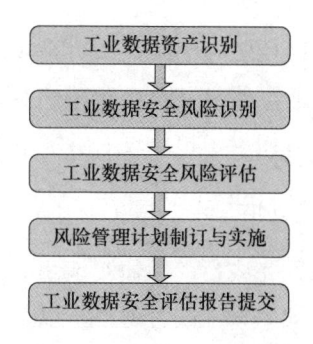

图 9-3　工业数据安全评估流程

1. 工业数据资产识别

基于工业数据资产清单及数据相关业务活动，确定工业数据安全评估对象，并对工业数据资产的重要程度赋值，识别出有价值的工业数据资产。对于重要的工业数据资产，需要了解所有这些数据如何在工业网络中流动，并确定存储这些数据的计算机和服务器包括哪些。

2. 工业数据安全风险识别

1）威胁识别

工业数据威胁是指任何有可能对企业的工业数据资产造成损害的行为。面临的威胁包括自然灾害、电源故障、系统故障、意外的内部人员行为（如意外删除重要文件）、恶意内部人员行为（如越权获取管理权限）和恶意外部网络攻击行为（如勒索软件攻击、网络钓鱼攻击、拒绝服务攻击等）。面对各种威胁，需要预先制订相应的应急处置计划。

2）脆弱性识别

企业运行的系统和设备中可能存在大量的安全漏洞，如旧的和过时的设备未更新安全补丁、薄弱的系统配置（如未修补系统或不遵循最低特权原则）等。漏洞一旦被攻击者利用，极可能造成未经授权访问文件、敏感数据泄露、控制指令遭篡改造成经济损失，甚至人员伤亡等严重后果。评估实施团队可以采用不同的漏洞扫描工具对企业信息系统和工业控制系统等开展漏洞分析，识别各类漏洞。

除识别安全漏洞外，评估实施团队还应对企业的工业数据安全管理脆弱性进行分析，可采取的评估方法包括对企业内部参与工业数据处理活动的相关员工进行访谈、发放调查问卷、核查现有数据安全管理制度的有效性等。

3. 工业数据安全风险评估

工业数据安全风险识别完成后，评估实施团队应评估各类风险的严重程度，研判风险发展为数据安全事件的可能性，以及对企业可能造成的损害或损失等负面影响。损失除涵盖经济损失外，还包括无形成本，如因企业发生数据安全事件造成声誉损失或因泄露客户数据造成法律后果等。在开展工业数据安全风险影响评估时，评估实施团队应采取统一、合理的风险评估标准，综合考虑风险发生的可能性、潜在影响程度、潜在影响范围等，确保能够有效衡量各类风险的严重性等级。

4. 风险管理计划制订与实施

针对各类工业数据安全风险，评估实施团队应结合风险严重程度等级、风险解决方案成本、预计投资回报、企业业务实际情况等因素，确定消减各类风险的优先级，即优先考虑消减潜在危害度更高、成本可接受、投资回报高、消减过程不影响企业正常业务的风险。

对于严重性等级高但因其他原因暂不考虑采取消减措施的风险，企业应做好风险控制措施，并定期评估风险发展情况。对于确认需要处置的风险，企业应制订风险管理计划，按照风险消减优先级，确定处置各类风险的时间、应采取的管理和技术措施等。具体而言，风险处置的措施包括：制定相应的信息安全管理策略或制度文件进行控制；通过实施必要的技术措施或技术方案进行控制；作为将来持续改善的方向，列入长期改善计划等。

5. 工业数据安全评估报告提交

在评估工作完成后，评估实施团队应及时提交工业数据安全评估报告。报告应详细记录此次评估开展的时间、评估的工业数据资产范围（数据种类、数量）、开展数据处理活动的情况、识别的各类数据安全风险、风险管理计划、相关风险消减措施等内容。

对于涉及重要数据处理的企业，应按照规定对其数据处理活动定期开展风险评估，并向有关主管部门（行业主管部门、地方工业和信息化主管部门等）报送风险评估报告。

9.2.3 确定数据安全评估内容

1. 数据处理安全评估

企业在工业数据收集、传输、存储、使用加工、交换、销毁等数据生命周期的各个环节都可能面临数据安全风险。在不同的工业数据应用场景下，数据安全风险也各不相同。因此，企业应重点围绕工业数据生命周期和数据应用场景两个方面，定期开展工业数据处理安全评估，及时发现数据安全风险。数据处理安全评估框架如图 9-4 所示，企业可以采用调研（调查问卷、人员访谈）和技术测评等方式开展评估。

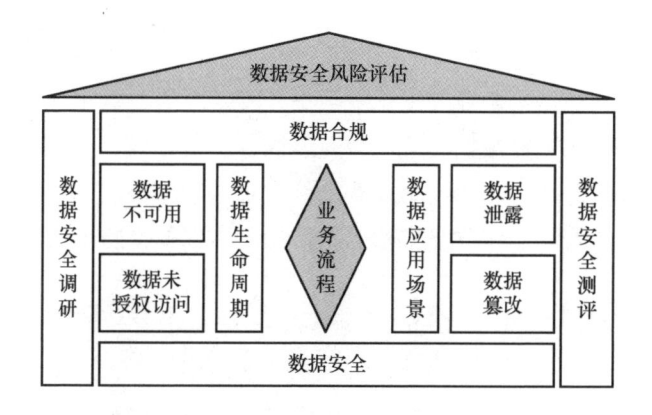

图 9-4 数据处理安全评估框架

工业数据处理安全评估按照上节介绍的流程开展，具体的评估内容主要包括基于工业数据生命周期、工业数据应用场景等开展数据安全风险分析。

1）基于工业数据生命周期的安全评估

工业数据安全风险主要包括数据合规、数据泄露、数据篡改、数据不可用、数据未授权访问五类。但在数据处理各环节面临的具体风险存在差异（见

表 9-1)。企业需要识别工业数据生命周期的不同阶段存在的数据安全风险。在开展安全评估时,应重点针对常见安全风险进行分析。

表 9-1 基于工业数据生命周期的安全风险识别

生命周期 \ 安全风险	数据合规	数据泄露	数据篡改	数据不可用	数据未授权访问
工业数据收集	√				
工业数据传输	√	√			
工业数据存储	√	√	√	√	√
工业数据使用加工	√	√			√
工业数据交换	√	√			
工业数据销毁	√	√			

(1) 常见数据安全风险。

① 数据合规。

数据合规主要是指企业开展工业数据处理活动应符合国家法律、法规及行业标准要求,如工业数据收集过程应遵循合法、正当、必要的原则,应开展工业数据分类分级管理等。企业若未能做到遵守相关法律、法规标准,将面临数据合规风险,如过度采集数据、数据安全保护不符合要求等。

② 数据泄露。

数据泄露风险可能源于企业内部人员的恶意/无意泄露、离职人员的数据转移、外部网络攻击活动等。例如,企业系统存在可以被远程控制利用的漏洞、数据未加密传输、开发测试数据未进行脱敏处理、未使用数据防泄露工具、允许第三方人员进行批量的数据查询与导出操作等。

③ 数据篡改。

数据泄露风险可能源于恶意行为者利用特权用户、应用系统漏洞、操作系统漏洞等发起网络攻击,运维人员恶意修改配置文件、恶意修改数据库文件等。

④ 数据不可用。

数据不可用风险可能源于工业网络环境的数据库被破坏、网络中断等，进而造成服务中断。例如，无离线备份数据、备份介质损坏导致数据丢失、备份数据异常丢失、勒索软件攻击加密数据、数据遭恶意删除等。

⑤ 数据未授权访问。

数据未授权访问也可能导致数据泄露，两者的区别在于恶意人员只是"访问"了数据，但是并没有"拿走"数据。

（2）基于工业数据生命周期的安全评估。

① 工业数据收集评估。

评估内容重点考察：企业数据收集活动应遵循"合法正当、权责一致、目的明确、最小够用"的原则；根据企业数据收集需求，确认企业明确收集的目的、方式、数量、用途、获取源、接收方、范围、频率和周期等内容；确认收集数据的安全可用；确认数据收集时标记数据的相应法律、法规要求等，避免产生数据合规风险。

② 工业数据传输评估。

评估内容重点考察：确认企业数据传输的密码技术、数据脱敏、校验技术、数字签名等技术应用情况，确认数据在传输阶段的保密性、完整性、可用性；根据业务需要，确认隔离技术等手段在单向数据传输时的应用情况，如是否采用 SSL、TLS 等安全协议，是否采用 VPN 或物理专网等，避免产生数据合规、数据泄露等风险。

③ 工业数据存储评估。

评估内容重点考察：确认数据存储的物理安全，如是否启动备份机制，是否根据业务需要采用热备份；确认数据存储状态的检测技术；确认对数据存储访问控制的安全性，避免产生数据合规、数据泄露、数据篡改、数据不可用、数据未授权访问等风险。

④ 工业数据使用加工评估。

评估内容重点考察：确认建立数据使用过程的责任机制；确认数据资源不被用于非正当目的；确认依据国家合规要求建立响应强度或粒度的访问控制机制，限定用户可访问的数据范围，避免产生数据合规、数据泄露、数据未授权访问等风险。

⑤ 工业数据交换评估。

评估内容重点考察：确认数据交换共享与公开披露的必要性，确认需要交换共享与公开披露的数据知悉范围，确认需要交换的数据是否满足相应法律、法规的数据交换共享与公开披露安全防护要求，避免产生数据合规、数据泄露等风险。

⑥ 工业数据销毁评估。

评估内容重点考察：确认数据销毁的方式，如粉碎、拆解等方式；确认存储数据的物理介质，是否在数据完全删除后，再销毁废弃存储介质，确保以不可逆的方式销毁数据，避免产生数据合规、数据泄露等风险。

2）基于工业数据应用场景的安全评估

企业还应注重结合工业数据应用场景开展安全评估，围绕实际业务做好工业数据安全保护。下面针对开发测试、数据运维等常见场景举例说明。

在工业系统开发测试场景下，应重点关注开发测试数据的数据合规、数据泄露等风险。评估内容重点考察：确认制定明确的开发测试数据提取流程，数据提取申请严格遵守提取流程；开发测试数据脱敏操作过程采取必要的监控审计措施；确保数据加密传输；确保测试环境具备安全控制措施；及时删除超过申请日期的开发测试数据等。

在工业数据运维场景下，应重点关注工况状态数据库等数据库运维人员可能造成的数据不可用、数据篡改、数据泄露等风险。评估内容重点考察：确认实现职责分离、数据库管理员与系统管理员权限分离；确认部署堡垒机、数据库防火墙等安全产品，以阻断数据库管理员执行的高危命令；确认运维区域与生产区域之间进行了严格的隔离；根据业务情况限制批量数据查询；对数据库进行分区，防止聚合分析等导致的敏感信息泄露等。

在工业数据修复场景下，应重点关注对异常工业数据进行修复时，可能面临的数据合规、数据泄露、数据篡改等风险。评估内容重点考察：确认企业制定了明确的工业数据修复流程，明确各环节责任人；确认对数据操作过程进行全程记录；确认部署数据防泄露工具；确认对修复数据的 SQL 语句进行审核等。

在确认存在的各类数据安全风险及风险严重性等级后，企业应将风险等级与企业的风险容忍度进行比较，根据不同的风险容忍度可以采取不同的策略，如接受风险、规避风险或降低风险。根据不同的策略，企业可以制定不同的整改措施，或者可以调整当前企业的数据安全建设路线。

2. 数据出境安全评估

《数据安全法》《数据出境安全评估办法（征求意见稿）》《工业和信息化领域数据安全管理办法（试行）（征求意见稿）》等法律、法规均对数据出境安全提出了明确要求，核心数据不得出境，企业出境数据中只要包含重要数据就必须按照规定进行评估。

《工业和信息化领域数据安全管理办法（试行）（征求意见稿）》根据数据遭到篡改、破坏、泄露或者非法获取、非法利用对国家安全、公共利益或者个人、组织合法权益等造成的危害程度，将工业领域的数据分为一般数据、重要数据和核心数据三级，并对各级数据提出了定性判定准则，同时还明确提出工业和信息化部组织制定工业和信息化领域重要数据和核心数据识别认定及数据分级防护等制度规范。目前，国家标准《信息安全技术 重要数据识别指南》也正在制定中。企业应按照这些法规标准文件的规定识别在中华人民共和国境内收集和产生的重要数据。

同时，企业必须考量数据出境的必要性。对于确需向境外提供的，涉及重要数据出境或国家有关部门规定的其他需要申报数据出境安全评估的，应依法依规进行数据出境安全评估，防范工业数据出境安全风险。其中，《数据出境安全评估办法（征求意见稿）》规定了数据出境安全评估的流程和主要内容。数据出境安全评估主要分为自评估和安全评估两个步骤：企业在向境外提供工业数据前，应事先开展数据出境风险自评估；在国家网信部门受理后，将组织有关部门、专业机构等进行安全评估。

企业若出现重要数据出境的情况，应按照要求将重要数据出境情况向地方工业和信息化主管部门进行备案。

1）自评估

（1）建立自评估实施团队。

企业应建立数据出境安全自评估实施团队。自评估实施团队主要包括从事法务、政策研究、数据安全、管理等工作的相关专业人员。自评估实施团队负责审查业务部门提交的工业数据出境计划，并定期对工业数据出境情况开展检查、抽查。

（2）明确自评估具体内容。

自评估实施团队应依据《数据出境安全评估办法（征求意见稿）》《信息安全技术 数据出境安全评估指南（征求意见稿）》等法规标准开展数据出境安全自评估。首先应评估数据出境活动的合法性和正当性，不满足要求的必须禁止出境。在确认合法正当的基础上，再评估是否能保证风险可控。

《数据出境安全评估办法（征求意见稿）》第五条规定的重点评估内容包括：数据出境及境外接收方处理数据的目的、范围、方式等的合法性、正当性、必要性；出境数据的数量、范围、种类、敏感程度，数据出境可能对国家安全、公共利益、个人或者组织合法权益带来的风险；数据处理者在数据转移环节的管理和技术措施、能力等能否防范数据泄露、毁损等风险；境外接收方承诺承担的责任义务，以及履行责任义务的管理和技术措施、能力等能否保障出境数据的安全；数据出境和再转移后泄露、毁损、篡改、滥用等的风险，个人维护个人信息权益的渠道是否通畅等；与境外接收方订立的数据出境相关合同是否充分约定了数据安全保护责任义务。数据出境安全自评估流程如图9-5所示。

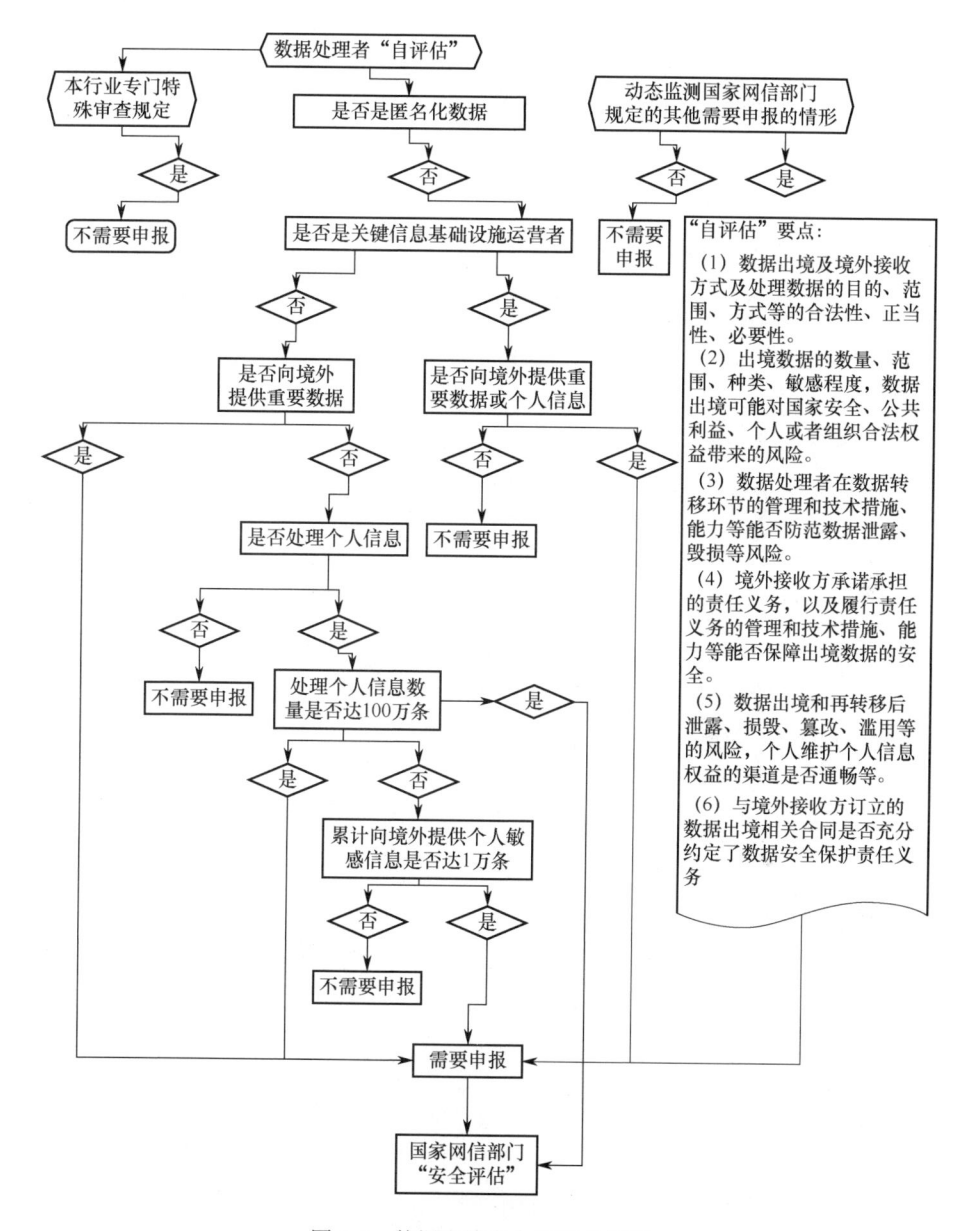

第 9 章 以制度标准立规矩：建立工业数据安全之基

图 9-5 数据出境安全自评估流程

```
                    数据处理者"自评估"
                           │
   ┌───────────────────────┼───────────────────────┐
本行业专门特              是否是匿名化数据           动态监测国家网信部门
殊审查规定                                        规定的其他需要申报的情形
   │                        │                         │
   是                       否                   否    是
   │                        │                    │    │
不需要申报            是否是关键信息基础设施运营者   不需要申报
                          ┌──┴──┐
                         否     是
                          │      │
                   是否向境外          是否向境外提供重
                   提供重要数据        要数据或个人信息
                     ┌─┴─┐              ┌─┴─┐
                    是   否             否   是
                     │    │              │    │
              是否处理个人信息      不需要申报
                  ┌─┴─┐
                 否   是
                  │    │
           不需要申报  处理个人信息数
                     量是否达100万条 ─是─┐
                       ┌─┴─┐            │
                      是   否            │
                       │    │            │
                       │  累计向境外提供个人敏
                       │  感信息是否达1万条
                       │    ┌─┴─┐
                       │   否   是
                       │    │    │
                       │  不需要申报
                       │         │
                       └────┬────┘
                          需要申报
                             │
                        国家网信部门
                        "安全评估"
```

"自评估"要点：
(1) 数据出境及境外接收方式及处理数据的目的、范围、方式等的合法性、正当性、必要性。
(2) 出境数据的数量、范围、种类、敏感程度，数据出境可能对国家安全、公共利益、个人或者组织合法权益带来的风险。
(3) 数据处理者在数据转移环节的管理和技术措施、能力等能否防范数据泄露、毁损等风险。
(4) 境外接收方承诺承担的责任义务，以及履行责任义务的管理和技术措施、能力等能否保障出境数据的安全。
(5) 数据出境和再转移后泄露、损毁、篡改、滥用等的风险，个人维护个人信息权益的渠道是否通畅等。
(6) 与境外接收方订立的数据出境相关合同是否充分约定了数据安全保护责任义务。

其中，在数据转移环节的管理措施可以包括制定工业数据安全管理制度、数据共享管理制度、取数操作指引、数据安全传输技术标准、数据脱敏管理办法、数据去标识化管理规范、数据加密管理规范等；技术措施可以包括采用工业数据加密、数据脱敏、数据防泄露、堡垒机、运维人员安全保护系统、云安全代理、数据完整性校验等技术工具。

（3）确认自评估风险等级。

通过自评估，自评估实施团队可以确认工业数据出境安全风险等级。

① 若自评估结果表明安全风险等级为高或极高时，重要数据不得出境。在此情况下，企业应采用相关措施降低工业数据出境安全风险，如精简出境数据内容、采取技术手段保证数据脱敏达到要求、提高企业数据出境的技术和管理能力、限定境外接收方的数据处理活动、更换数据安全保护水平更高的境外接收方等。进行相应调整后，企业可重新开展数据出境安全自评估。

② 若自评估结果表明工业数据出境安全风险可控，则企业应当先向所在地省级网信部门提交申报，再由所在地省级网信部门向国家网信部门申报数据出境安全评估。企业提交的材料应至少包括申报书、数据出境风险自评估报告、企业与境外接收方拟订立的合同或者其他具有法律效力的文件等。其中，数据出境风险自评估报告由自评估实施团队在评估结束后形成，报告内容应包含但不限于自评估对象基本情况、自评估实施情况、自评估结果、工业数据出境安全风险点、拟采取的风险消减措施及建议等。

2）安全评估

企业通过所在地省级网信部门向国家网信部门申报数据出境安全评估后，国家网信部门将组织行业主管部门、国务院有关部门、省级网信部门、专门机构等进行安全评估。

《数据出境安全评估办法（征求意见稿）》第八条明确规定，"数据出境安全评估重点评估数据出境活动可能对国家安全、公共利益、个人或者组织合法权益带来的风险。"其中重点评估事项包括：数据出境的目的、范围、方式等的合法性、正当性、必要性；境外接收方所在国家或者地区的数据安全保护政策法规及网络安全环境对出境数据安全的影响；境外接收方的数据保护水平是否达到中华人民共和国法律、行政法规规定和强制性国家标准的要求；出境数据的数量、范围、种类、敏感程度，出境中和出境后泄露、篡改、丢失、破

第 9 章 以制度标准立规矩：建立工业数据安全之基

坏、转移或者被非法获取、非法利用等风险；数据安全和个人信息权益是否能够得到充分有效保障；数据处理者与境外接收方订立的合同中是否充分约定了数据安全保护责任义务；遵守中国法律、行政法规、部门规章情况；国家网信部门认为需要评估的其他事项。数据出境安全评估流程如图 9-6 所示。

数据出境合同：
(1) 数据出境的目的、方式和范围，境外接收方式，处理数据的用途、方式等。
(2) 数据在境外保存地点、期限，以及达到保存期限、完成约定目的或者合同终止后出境数据的处理措施。
(3) 限制境外接收方将出境数据再转移给其他组织、个人的约束条款。
(4) 境外接收方在实际控制权或者经营发生实质性变化，或者所在国家、地区法律环境发生变化导致难以保障数据安全时，应当采取的安全措施。
(5) 违反数据安全保护义务的违约责任和具有约束力且可执行的争议解决条款。
(6) 发生数据泄露等风险时，妥善开展应急处置，并保障个人维护个人信息权益的通畅渠道。

数据出境评估申报材料：
(1) 申报书。
(2) 数据出境风险自评估报告。
(3) 数据处理者与境外接收方拟订立的合同或者其他具有法律效力的文件等（以下统称合同）。
(4) 安全评估工作需要的其他材料。

国家网信部门"安全评估"要点：
(1) 数据出境的目的、范围、方式等的合法性、正当性、必要性。
(2) 境外接收方所在国家或者地区的数据安全保护政策法规及网络安全环境对出境数据安全的影响；境外接收方的数据保护水平是否达到中华人民共和国法律、行政法规规定和强制性国家标准的要求。
(3) 出境数据的数量、范围、种类、敏感程度，出境中和出境后泄露、篡改、丢失、破坏、转移或被非法获取、非法利用等风险。
(4) 数据安全和个人信息权益是否能够得到充分有效保障。
(5) 数据处理者与境外接收方订立的合同中是否充分约定了数据安全保护责任义务。
(6) 遵守中国法律、行政法规、部门规章情况。
(7) 国家网信部门认为需要评估的其他事项。

流程：国家网信部门"安全评估" → 材料准备 → 省网信部门 → 国家网信部门 → 受理（不受理：7个工作日书面通知）→ 国家网信部门评估（45~60个工作日）→ 书面通知评估结果 → 通过/不通过 → 向境外提供数据 → 2年 → 提前60个工作日重新申报 → 重新申报评估

(1) 国家网信部门受理申报后，组织行业主管部门、国务院有关部门、省级网信部门、专门机构等进行安全评估。
(2) 涉及重要数据出境的，国家网信部门征求相关行业主管部门意见。

国家网信部门发现已经通过评估的数据出境活动在实际处理过程中不再符合数据出境安全管理要求的，应当撤销评估结果并书面通知数据出境活动处理者。需要继续开展数据出境活动的，数据处理者应当按照要求进行整改，并在整改完成后重新申报评估。

投诉、举报

(1) 向境外提供数据的目的、方法、范围、类型和境外接收方处理数据的用途、方式或发生变化，或者延长个人信息和重要数据境外保存期限。
(2) 境外接收方所在国家或者地区法律环境发生变化。数据处理者或者境外接收方实际控制权发生变化。数据处理者与境外接收方合同变更等可能影响出境数据安全的。
(3) 出现影响出境数据安全的其他情形。

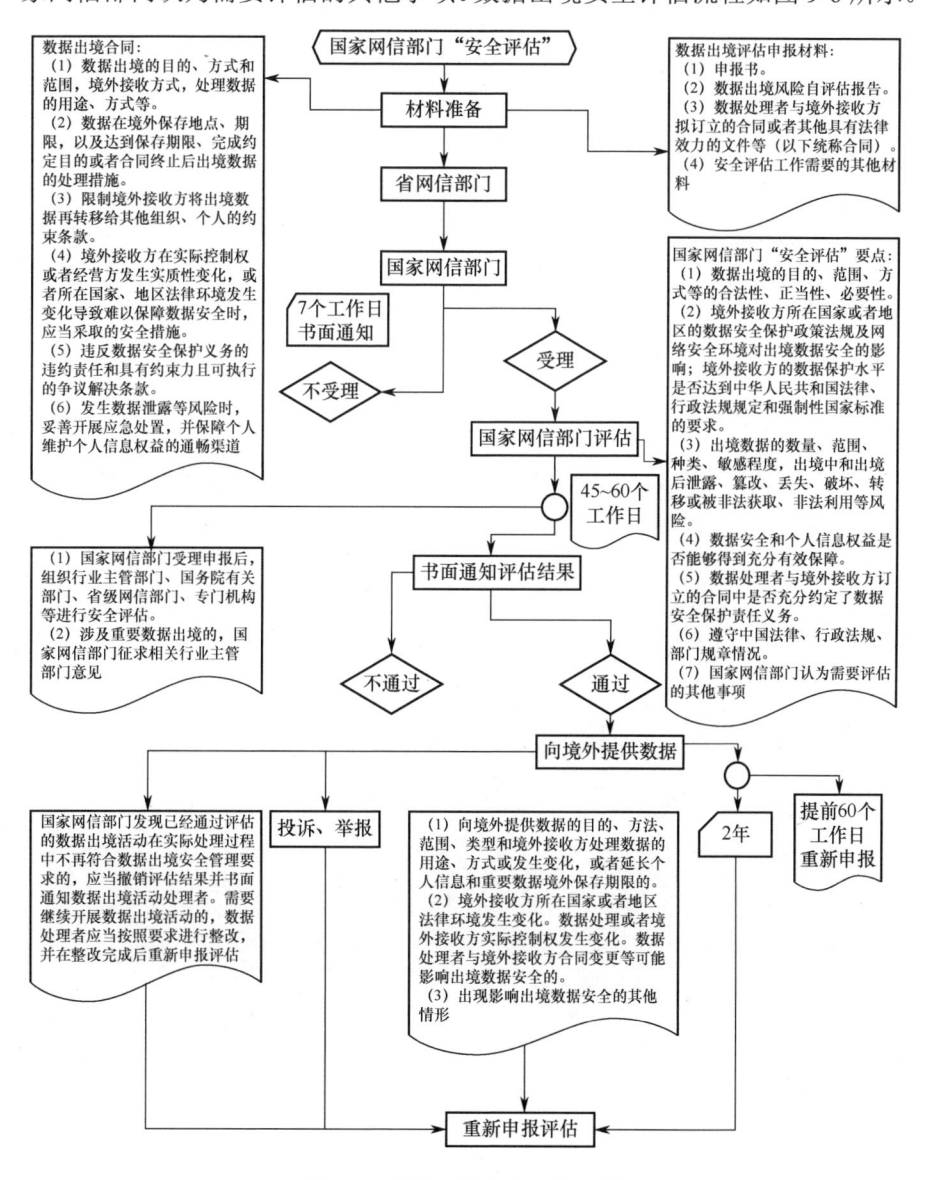

图 9-6 数据出境安全评估流程

企业只有在获得国家网信部门以书面形式出具的允许数据出境的评估结果后，才能开展数据出境活动。

若数据出境评估结果两年有效期届满，或者企业在有效期向境外提供工业数据的活动发生变化，可能影响出境数据安全时，企业应当重新申报评估，否则应当停止数据出境活动。

3. 数据环境安全评估

工业数据环境安全评估围绕工业数据全生命周期安全的支撑环境开展，包含通信环境安全、存储环境安全、计算环境安全、供应链安全等方面的评估。

1）通信环境安全

通信环境安全评估主要是针对网络架构、通信传输等的安全评估。评估内容包括但不限于以下几点。

（1）确认关键业务的网络架构是否考虑了网络的可用性建设需求，如网络冗余建设、网络服务宕机替代方案建立等。

（2）确认关键网络链路、网络设备的业务处理能力是否满足业务高峰需求。

（3）确认是否部署了负载均衡、数据防泄露检测、防入侵攻击等设备，以防范网络不可用、工业数据泄露等风险。

（4）确认通信传输是否应用密码技术确保工业数据的完整性等。

2）存储环境安全

存储环境安全评估主要是针对存储介质、数据备份等的安全评估。评估内容包括但不限于以下几点。

（1）确认针对存储工业数据的设备及基础设施是否做好了安全防护，包括设置工业数据存储设备的操作终端安全管控措施、访问控制策略及接入鉴权机制等。

（2）确认针对工业数据是否按等级差异化备份，对不同级别的工业数据采用差异化安全存储，如差异化脱敏存储、加密存储、加密算法、脱敏方法的保密。

（3）确认是否建立了完备的工业数据存储容灾备份和恢复机制，提供完整性校验机制，保障数据的可用性和完整性。

（4）确认是否做好了工业数据备份介质的管理，对各类介质进行控制和保护。

（5）确认存储环境是否为专人管理，根据所承载的工业数据的重要程度对介质实行分类和标识。

3）计算环境安全

计算环境安全评估主要是针对身份鉴别、访问控制、入侵防范、恶意代码防范、数据完整性和保密性等方面的安全评估。评估内容包括但不限于以下几点。

（1）确认核心业务的工业数据计算环境是否实现了身份鉴别，防止攻击者假冒合法用户获得资源的访问权限，保证系统和工业数据的安全。

（2）确认核心业务的工业数据计算环境是否实现了访问控制，包括超级管理员账号重命名及默认口令修改，及时删除多余、无效、长期不用的账户，避免存在共享用户，遵守最小权限原则进行权限管理等。

（3）确认是否实现了主机入侵防范。

（4）确认是否实现了恶意代码防范，如采用防恶意代码产品、技术或通过可信验证机制等及时识别、并有效阻断入侵和病毒行为。

（5）确认是否采用了适合工业数据计算环境的技术和管理措施，如数据加解密技术、密钥管理机制等，保护工业数据完整性和保密性。

4）供应链安全

供应链安全评估是为了防范企业上下游在工业数据供应过程中的安全

风险。评估内容包括但不限于以下几点。

（1）确认企业是否实际存在业务团队和人员负责数据供应链的管理工作。

（2）确认在核心业务中，与数据上下游的供应方针对具体的工业数据供应场景签署了合作协议，且协议内容明确了工业数据的使用目的、供应方式、保密约定、安全责任义务等。

（3）确认负责数据供应链管理工作的相关人员是否具备对具体工业数据供应场景的风险评估能力。

（4）确认数据供应商的选择是否符合国家的有关规定，确认供应商是否具备必要的数据安全能力，确认是否定期监督、评审和审核供应商等。

4. 云服务用户数据保护能力评估

随着企业数字化转型步伐加速，不少企业使用云服务来提高工作生产效率、降低运营成本。企业在选择云服务商时，也应该考虑工业数据安全问题，要选择较高水平数据保护能力的云服务提供商。

《云计算服务安全评估办法》对于云服务商面向党政机关、关键信息基础设施提供云计算服务的云平台明确提出了云计算服务安全评估的要求。《云服务用户数据保护能力评估方法第 2 部分：私有云》对私有云服务商提供的私有云产品应具备的用户数据保护能力要求和评估方法进行了规范。

企业可参照上述法规标准文件，评估云服务商及其所提供的云产品的数据安全保护能力，科学选择云服务。

1）云服务商评估

对云服务商的评估，应重点考察云服务商的征信、经营状况等基本情况；云服务商人员背景及稳定性，特别是能够访问客户数据、能够收集相关元数据的人员；云平台技术、产品和服务供应链安全情况；云服务商安全管理能力及云平台安全防护情况；客户迁移数据的可行性和便捷性；云服务商的业务连续性等内容。

2)数据保护能力评估

针对事前防范阶段,重点围绕数据持久性、数据私密性、数据知情权、数据防窃取、数据可用性、数据隐私性、数据访问安全性、数据传输安全性、数据迁移安全性、数据销毁安全性、数据返还安全性、内部人员管控等方面,评估云产品的数据安全保护能力。

针对事中保护阶段,重点围绕入侵防范、恶意代码防范等方面,评估云产品的数据安全保护能力。

针对事后追溯阶段,重点围绕安全审计、售后服务与技术支持、服务可审查性等方面,评估云产品的数据安全保护能力。

9.3 应急处置要求

9.3.1 制定完善应急预案

《网络安全法》《数据安全法》《工业和信息化领域数据安全管理办法(试行)(征求意见稿)》等法律、法规文件均明确提出了建立健全应急预案的要求。其中《工业和信息化领域数据安全管理办法(试行)(征求意见稿)》明确要求工业和电信数据处理者制定数据安全事件应急预案,并定期进行演练。

因此企业应严格按照相关规定,结合工业领域的数据安全风险发展趋势、企业自身可能发生的数据安全事件、企业内部的组织架构、企业具备的数据安全应急资源等,制定适合本企业的工业数据安全事件应急预案。在制定应急预案时,企业应重点明确应急工作的组织机构、应急处置工作流程和方法,同时注重应急预案的适时修订。

1. 组织机构

在工业数据安全事件应急处置工作中,具有组织良好、职责明确、密切协同的应急队伍是高效开展事件处置的关键。因此,应首先确定工业数据安全应急工作的组织机构及职责。一般情况下,企业应设置工业数据安全应急领导小组、应急领导小组办公室、应急处置小组、专家组等。

1）工业数据安全应急领导小组

应急领导小组是工业数据安全事件应急响应工作的领导机构，负责领导和决策工业数据安全事件应急响应工作的重大事宜，并为应急响应工作提供相关支持。应急领导小组一般由企业的党委（党组）或领导班子组成，具体职责如下。

（1）负责统筹协调组织工业数据安全事件应对工作，如协调必要的人、财、物等资源。

（2）负责审核并批准工业数据安全事件应急预案。

（3）负责下达工业数据安全事件应急预案的启动和结束指令。

（4）负责指挥工业数据安全事件应急预案的定期评审和修订等。

2）工业数据安全应急领导小组办公室

应急领导小组办公室在应急领导小组的领导下，负责跨部门协调，组织指导做好应急处置技术支撑等具体的事务性工作。应急领导小组办公室一般由数据安全部门、信息安全部门、信息化部门等的部门领导组成，具体职责如下。

（1）负责建立维护应急响应内部和外部联络清单，并定期更新联络清单。

（2）负责接收应急处置小组、应急保障小组、专家组等关于风险监测、事件处置等情况的报告及建议，并组织研判工作会议。

（3）负责提出具体的工业数据安全事件应急响应工作要求，如风险监测、风险研判、技术处置、安全加固等。

（4）负责向主管部门报告工业数据安全风险和事件等相关信息。

（5）负责监督检查应急响应工作的落实情况。

（6）事件应急响应结束后，负责牵头撰写应急处置总结报告。

（7）负责组建专家组。

（8）负责编制和修订应急预案，以及应急预案的宣传培训、演练等工作。

3）工业数据安全应急处置小组

应急处置小组负责应急响应的具体技术实施工作。应急处置小组一般由数据安全部门、信息安全部门、信息化部门等的技术人员组成，具体职责如下。

（1）负责开展工业数据安全风险监测工作，将发现的风险及时向应急领导小组办公室报告。

（2）负责开展工业数据安全事件的应急处置工作，采取技术措施控制事件恶化，必要情况下可以协调软硬件产品供应商、网络安全企业、数据安全企业等，协同开展应急处置。

（3）负责及时将应急处置情况、事件发展态势、拟请求的协助等情况向应急领导小组办公室报告。

（4）负责工业数据和系统的恢复，如数据恢复措施有效性的验证与测试，应急网络设备、应急主机、应急应用系统故障的恢复工作等。

（5）事件应急响应结束后，负责企业整个厂区系统的安全加固工作。

4）工业数据安全专家组

专家组负责为工业数据安全事件的预防和处置提供技术咨询和决策建议。企业可结合实际情况，组建包含企业内部数据安全专家和外部数据安全专家等的专家组。

（1）负责对工业数据安全事件进行分析评估，研判事件级别，对响应级别提出建议。

（2）负责分析工业数据安全事件原因及造成的危害，提供缓解事件危害的数据安全解决方案。

（3）负责研判工业数据安全事件的发展趋势，为应急响应提供咨询和决策建议。

（4）事件处置完成后，负责研判企业的工业数据安全风险是否已经消除，为应急领导小组结束应急响应提供建议。

在制定工业数据安全事件应急预案时，除了明确上述主要应急响应角色的工作职责，还应明确要求其他人员必须配合开展应急响应工作。

2. 工作流程

企业在制定应急预案时，还应当明确针对不同级别工业数据发生安全事件时的应急处置工作流程。主要的应急工作包括监测预警、应急处置、调查评估等。

1）监测预警

企业应利用相关技术手段开展工业数据安全风险监测，及时排查数据安全隐患。相关人员在日常工作中，一旦发现数据安全隐患应及时采取必要的措施防范数据安全风险，若发现疑似攻击行为的事件，应及时向应急处置小组或应急领导小组办公室报告。

2）应急处置

（1）先期处置：企业在确认工业数据安全事件发生后，应立即开展先期处置，控制事态，消除隐患。例如，因服务器遭遇网络攻击造成数据泄露时，企业应判断该服务器是否为单点设备，在不影响业务的情况下立即下线该服务器，或立即采取网络隔离措施阻断外网访问。

（2）事件报告：在开展先期处置的同时，需要立即向应急领导小组办公室报告事件信息。此外，还应及时向所在地工业和信息化主管部门报告工业数据安全风险和事件等相关信息。对于涉及重要数据和核心数据的安全事件，应第一时间向所在地工业和信息化主管部门报告。对于可能损害用户合法权益的工业数据安全事件，企业应及时告知用户，并提供有效的缓解措施。

（3）应急响应：在应急领导小组启动应急响应后，相关人员应结合各自职责，在应急领导小组办公室的协调安排下，持续开展应急处置，跟踪事态发展，检查影响范围，并及时报告事件信息，直至事件处置完毕，安全隐患全部消除，应急领导小组宣布应急结束。

3）调查评估

应急结束后，企业需开展事件调查评估，调查评估内容至少应包括工业数据安全事件发生的原因、产生的影响和获得教训等方面，制定并执行相关的检查措施及今后的改进措施。

（1）应协同各相关方，根据事件的影响程度对事件责任人进行相应的处罚，如触犯法律，依法移交司法机关处理。

（2）及时整理事件相关的所有记录，总结事件处置情况，形成总结报告。

（3）及时梳理事件应急处置经验和教训，识别企业数据安全保护体系存在的不足，优化完善安全保护体系架构，并进行必要的培训。及时将事件信息加入历史事件应急响应案例库，完善威胁预防措施，根据需要修订应急预案等。

此外，企业还应按要求每年向所在地工业和信息化主管部门报告工业数据安全事件处置情况。

3．预案修订

工业数据安全事件应急预案原则上应每年评估一次，根据实际情况适时修订。

此外，当企业开展工业数据安全应急工作的内外部条件发生变化时，也应该及时修订应急预案。具体情况包括但不限于：企业内部工业数据安全组织机构发生重大调整；应急预案涉及对象（如关键业务系统）或其所在的网络环境发生大规模变化；外部数据安全风险环境发生较大变化；由监管部门强制要求的应急预案修编工作等。

9.3.2 建立应急演练制度

企业应按照相关规定，定期开展工业数据安全事件应急演练，以达到检验应急预案、完善应急准备、锻炼人员能力、加强教育培训等效果，从而提高应对突发事件的能力。

企业开展应急演练主要包括演练准备、演练实施、总结评估、成果运用四个步骤。

1. 演练准备

应急演练需要对企业开展系统调研，分析企业面临的工业数据安全风险，并结合实际风险设计对应的应急演练科目及场景。演练准备工作还包括确定适合企业的演练方式，设计参与应急演练的人员角色等。

1）系统调研

对企业工业数据资产进行系统全面的调研梳理，并按照风险评估的方法，分析企业面临的工业数据安全风险包括哪些。

2）科目及场景设计

基于企业工业数据调研和安全风险分析结果，对可能存在高风险的内容进行应急演练科目及场景设计。针对不同的数据安全风险可以设计不同的科目，对各个科目也可以细化设计多个场景。

3）演练方式设计

从演练的组织形式来看，应急演练可分为桌面演练和实战演练，也可以采用桌面与实战相结合的方式开展演练。

从演练的操作透明度来看，应急演练可以分为白盒演练和黑盒演练两种。对于已经实施过类似演练的事件，可以以黑盒为主，主要检验已有应急措施的可操作性和有效性，检验各相关人员对应急响应的熟悉程度。对于未开展演练的事件，可以以白盒为主，提高各相关人员对应急响应的认识和能力，并积极促进应急响应体系的持续完善，也可以采用白盒演练和黑盒演练相结合的方式开展。

企业应结合自身的业务情况，选择具体的演练方式。

4）演练角色设计

演练角色主要按照应急预案规定来设计，如应急领导小组、应急领导小组办公室、应急处置小组、专家组等。此外,为确保演练过程顺利进行,还应设计控制员、解说员、展示员和评价员等角色。

其中,控制员负责控制演练科目各个阶段的时间,控制演练时异常情况的发生等。解说员负责主持整个应急演练过程,具体包括介绍企业各演练系统情况,讲解演练小组在各个应急阶段的工作等。展示员负责通过投影仪、摄像机、手机等设备展示应急演练中的演练效果。评价员负责评估演练实施情况,应记录演练过程中预案申请、批准的时间及相关活动描述等。

2. 演练实施

应急演练实施主要有演练执行、监测预警、应急处置、意外结束与终止、系统恢复五个环节。

1)演练执行

模拟工业数据安全事件的发生。

2)监测预警

基于企业已有的风险监测工具,模拟监测到攻击行为的情况。相关人员及时将发现的风险事件信息上报。

3)应急处置

根据制定的应急预案开展应急处置,包括先期处置、事件抑制、故障根除等。在实际演练过程中,由各参与方根据演练场景协同配合,进行响应和处置。具体可能涉及技术处置、沟通汇报、资源协调等方面的工作。

4)意外结束与终止

演练完毕,由应急领导小组发出结束信号,宣布演练结束。演练结束后所有人员停止演练活动,按预定方案集合,并进行现场总结讲评或者组织疏散。

在演练实施过程中如果出现下列情况,经演练领导小组决定,由控制员按照事先规定的程序和指令终止演练:

（1）出现真实突发事件，需要参演人员参与应急处置时，要终止演练，参演人员应迅速回归其工作岗位，履行应急处置职责；

（2）出现特殊或意外情况，短时间内不能妥善处置或解决时，可提前终止演练。

5）系统恢复

演练结束后，应及时对演练各系统进行认真恢复，直至系统恢复正常状态。

3．总结评估

应急演练完成后，应组织相关人员进行总结评估，及时总结好的经验，分析应急演练过程中暴露出的管理、协调和技术等问题，并形成总结评估报告。

4．成果运用

演练成果运用是在演练评估总结的基础上对问题和经验的运用。对于暴露出来的问题要及时采取措施予以改进。对演练中积累的经验，企业也要积极加以运用。演练成果运用主要包括修改完善应急预案、对应急设施有计划地更新、持续跟进督查整改情况、有针对性地加强应急人员的教育和培训等。

9.3.3 加强应急资源保障

企业应加强应急资源保障，为应急状态下数据安全相关处置措施的有效落实提供支撑。具体而言，企业应做好人力、物资、经费等方面的保障。包括但不限于以下几个方面。

（1）建立负责工业数据安全保障的技术力量，包括企业内部技术人员和内外部的数据安全专家等。

（2）确保支撑工业数据安全风险监测和应急处置等需要的软件和硬件等物资设备。建立系统备份机制，保证重要数据在受到破坏后可紧急恢复。

（3）为工业数据安全事件应急处置提供必要的资金保障，支持开展队伍建设、技术设备采购、应急演练、物资保障等工作。

第10章

以监测预警为入口：打造工业数据安全之眼

工业互联网应用越来越广泛，其规模越来越庞大，多层面的威胁和风险在不断增加，带来的损失也越来越大。如今，风险行为正向着分布化、规模化、复杂化等方向发展，仅仅依靠工业防火墙、工业入侵检测、工业访问控制等单一的传统安全防护技术已不能满足工业信息安全的整体需求，因而迫切需要应用新技术，及时发现工业数据使用中的异常行为，实时掌握工业数据安全状况，将之前很多只能亡羊补牢的事中、事后处理，转向事前自动评估预测，从而降低工业数据安全风险，提高工业数据安全防护能力。

在此背景下，工业数据安全监测技术应运而生，面对传统安全防御体系失效的风险，工业数据安全监测技术能够全面感知安全威胁态势，洞悉应用运行健康状态，并通过全流量分析技术实现完整的外部攻击溯源取证，帮助安全人员采取具有针对性的响应处置措施。工业数据安全监测系统也为工业数据安全监测打开了入口，为工业数据安全打造了工业数据安全之眼。

10.1 数据资产监测

10.1.1 基本概述

工业数据安全监测系统以"资产"为核心，通过可视化技术对资产分布、使用情况及已知风险、未知威胁等信息进行可视化呈现，为安全管理者提供可靠的工业数据信息。

工业数据安全监测系统以海量日志为基础，采用模块化工作组件设计和大工业数据分布式系统架构，基于异构工业数据源整合，可以轻松接入企业各个业务系统，彻底打破工业数据孤岛局面。同时，通过实时的工业数据展现，帮助企业第一时间了解业务情况并及时做出决策。工业数据安全监测系统通过采集工业数据中心的工业数据，利用机器学习、工业数据建模、行为识别、关联分析等方法对工业数据资产的使用情况进行统一分析，实现对攻击行为、安全事件、未知威胁的发现和告警，并提供对日志信息工业数据的存储、全文检索、关联分析、可视化展现等功能。

10.1.2 手段建设

数据资产监测手段建设主要内容如图 10-1 所示。

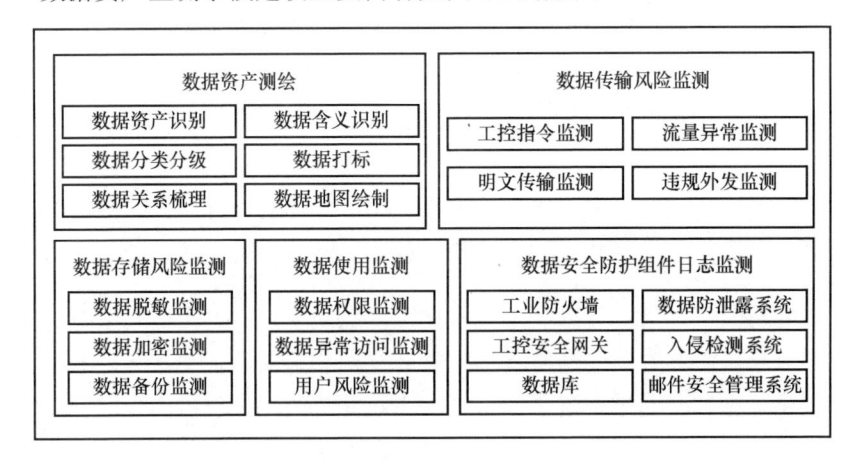

数据资产测绘		数据传输风险监测	
数据资产识别	数据含义识别	工控指令监测	流量异常监测
数据分类分级	数据打标	明文传输监测	违规外发监测
数据关系梳理	数据地图绘制		

数据存储风险监测	数据使用监测	数据安全防护组件日志监测	
数据脱敏监测	数据权限监测	工业防火墙	数据防泄露系统
数据加密监测	数据异常访问监测	工控安全网关	入侵检测系统
数据备份监测	用户风险监测	数据库	邮件安全管理系统

图 10-1 数据资产监测手段建设主要内容

1. 数据资产测绘

随着 IT 与 OT 融合、数据集中汇聚分析、海量数据上云等进程的加快，工业数据在数量不断增多的同时，也分散遍布于各类系统，数据安全风险越来越大。数据资产测绘可以帮助企业有效掌握数据资产全景视图，是对数据实施持续安全监测和后续防护的前提和基础。

工业数据进行资产测绘首先要解决数据存储不明和分布不清的问题，对网络中存在的各类数据，以及业务系统、数据接口、数据库等服务进行主动探测，利用数据分析引擎，对数据源、采集数据、识别结果等进行全面分析，包括统计分析、价值分析、关联分析等，实现企业数据资产的全面测绘，形成企业数据资产地图、多维统计分析视图、资产分析报告、资产清单等,帮助企业全面认知数据存储情况、数据分布情况、资产价值情况,便于后续根据数据资产分布情况针对性部署安全监测方案。

工业企业数据主要分布在研发数据域、生产数据域、运维数据域、管理数据域、外部数据域等。自动化的数据资产识别通常需要对不同域中的信息系统进行全面扫描,形成企业数据资产清单。由于工业环境的特殊性,数据资产识别过程要特别注意无扰性。

在资产清单的基础上,对数据进行含义识别和分类分级打标,梳理不同工业数据资产与信息系统、业务流程、物理设备等的对应关系,并制定差异化数据监测机制。其中,核心业务系统的重要数据和敏感数据是企业需要重点监测的对象,如产品设计图纸、关键配方、核心工艺、客户隐私信息等。统计敏感数据库、敏感表、敏感字段、数据分布位置和所在流程,并持续开展重点安全监测,是保障生产过程稳定运行、企业和客户秘密不被泄露、社会和国家稳定的重要过程。

2. 数据传输风险监测

工业资产清单只解决了工业数据的静态分布问题,对于数据信息如何流转需要进行进一步监测,通过梳理数据的流动方向、流经业务节点、接口协议等信息,可实现对数据流转过程的针对性监测。

工控指令是直接对工业生产过程产生影响的内容。作为阻止攻击或异常行为产生破坏性影响的最后一道防线,工控指令异常检测对工业安全具有重要作用。工控指令异常检测包括规则过滤(规则通常根据已知攻击模式总结而来)、正向模型检验、攻击模型检测等方法。其中,正向模型根据以往正常生产过程数据构建,一旦有指令不符合正向模型,则认为该指令异常。

在正常工业运营过程中,周期内同时段的数据流入流出量具有一定的稳定性。与数据相关的异常或攻击事件发生时,往往会伴随数据流动的波动,如数据库异常拖取、DDoS 攻击等会造成流量突增。对数据各出入口的流量进行监控,利用时序异常检测等风险分析模型发现流量异常波动是实现数据异常检测的重要手段。

对发现的异常流量进行深入分析，可以进一步发现数据泄露等恶意事件。除此之外，数据泄露还可以表现为敏感数据明文传输、数据违规外发等。其中，敏感数据明文传输检测需要在网络出口或安全域边界对数据流量内容进行实时监控，侦测未加密数据和敏感数据。数据违规外发涉及U盘拷录、邮件外发、聊天工具外发、截屏传输等，需要着重在工业主机、邮件服务器、PC终端等部署监测工具，对疑似违规外发事件进行阻拦。

3. 数据存储风险监测

存储在数据库、文件中的工业数据是数据泄露的重点目标，网络攻击、内部员工盗取可能造成敏感数据外泄。此外，系统或设备故障也可能造成数据遗失。数据存储风险监测需要对指定数据资产进行扫描，通过对比数据的脱敏、加密、备份管理规则，周期统计系统不符合脱敏、加密、备份规则的数据情况，并进行可视化展现。

4. 数据使用监测

工业数据的不合理使用、非法违规使用极易引发数据泄露、数据损坏等问题，因此需要对数据的异常访问、违规操作等行为进行监测。

数据使用监测过程通常以信息系统用户为核心，构建用户行为画像，综合分析用户各类涉及重要数据、敏感数据的操作序列，实现数据违规修改、大量下载等异常行为识别。

5. 数据安全防护组件日志监测

除了针对数据安全的监测方案，工业环境中的其他安全防护组件对于数据安全事件进行的事前侦察和事后追溯也具有重要作用。其中，工业防火墙和入侵检测系统（IDS）对于勒索软件等已造成数据泄露事件的识别至关重要。

工业领域一直是黑客的重要目标，由于勒索软件使用门槛持续降低，数据面临越来越大的勒索风险。对勒索攻击进行识别，一方面需要拦截已知威胁，通过部署勒索软件监测工具，阻止所有攻击媒介中已知的勒索软件威胁。另一方面也需要监测新型威胁，现有勒索软件持续演进，新型勒索软件不断发布，必须部署沙箱及其他先进的监测工具以应对变种软件的威胁。除专门针对数据的爬虫爬取和勒索软件外，木马、窃听、注入、网络钓鱼等传统攻击也是帮助黑客潜入网络、在 IT 与 OT 网络之间横向移动、造成数据篡改和失窃的重要方式。因此，需要加强企业对于攻击事件的识别。在各应用和网络的出入口部署流量监控设备，综合各安全设备进行智能分析，识别攻击事件。

此外，数据防泄露系统（DLP）、数据库、邮件安全管理系统的告警信息也从不同角度补充了数据安全监测体系。

10.1.3 关键技术

1. 工业数据库自动嗅探技术

资产测绘需要具备自动搜索网内工业数据库的能力，以及对指定 IP 段和端口范围进行搜索的能力，通过网络嗅探技术自动抓取访问工业数据库流量包，对流量包信息进行解析，自动发现工业数据库的端口号、工业数据库类型、工业数据库实例名、工业数据库服务器 IP 地址等基本信息。基于特征匹配的敏感数据探测技术，可自动梳理数据库中敏感数据分布。基于数据库的扫描技术，可自动发现数据库中账户权限分布情况。

2. 敏感工业数据自动识别技术

敏感工业数据自动识别技术通过对旁路链路的动态流量包进行解析，获取访问对象信息，按照指定的一部分敏感工业数据或预定义的敏感工业数据特征，在执行任务过程中对抽取的工业数据进行自动识别，发现敏感工业数据，并可以根据规则对发现的敏感工业数据导出清单。通过自动识别敏感工业数据，可以回避按照字段定义敏感工业数据元的烦琐工作，同时能够持续发现新的敏感工业数据。

3. 异常数据流量检测技术

虽然工业网络是稳定的、可靠的、可度量的，但网络中的流量稳定在什么范围内，许多工业现场实际操作员可能并不清楚，所以需要通过自学建立安全基线的方法，对采集到的现场流量进行智能化学习，辅助生成数据流量运行基线。

智能学习引擎辅助生成异常流量基线的方法。学习引擎根据如下要素生成流量模型：工业现场业务类型、被监测对象、监测开始时间、上行流量、下行流量、特殊波峰、特殊波谷；在以上这些要素中，根据业务类型不同，采用的流量基础训练数据集也不同，而监测对象主要是工业网络中所有能够发出或接收数据的设备，包括管理机、接口机、工程师站、操作员站、实时数据服务器、历史数据服务器、各 RTU、PLC 等；对采集到的流量进行分析，以智能学习的运行基线为基准，通过合理判别流量是否异常的算法进行异常流量监测。监测方法包括概率统计模型、机器学习方法、业务经验形成的逻辑规则等。

10.1.4　发展趋势

1. 敏感工业数据分布情况：定位精度提升

随着企业工业数据应用环境越来越复杂，工业数据安全隐患逐渐曝光，核心工业数据的安全变得越来越重要。在工业数据资产的梳理中，需要明确如何存储敏感工业数据，需要明确工业数据被哪些部门、系统、人员使用，如何使用工业数据。工业数据的存储和系统的使用往往需要通过自动化工具进行。工业数据资产监测系统能够帮助企业快速、准确进行资产梳理，能够从海量工业数据中快速发现敏感工业数据，定位敏感工业数据的存储与分布，统计敏感工业数据量级，追踪敏感工业数据的使用情况，并根据选择的安全管理规则，呈现系统化的工业数据总览图，以确保用户能实时了解资产工业数据的安全状态。当前，工业数据的自动测绘技术仍受限于准确度不高的问题，其中利用智能语义识别进行数据资产自动测绘成为提升其精度的重要途径之一。

2. 敏感工业数据使用情况：动态监听技术不断发展

目前，很多企业缺乏对业务系统中的大量敏感信息使用情况的监控，尤其是内部工业数据库维护人员、第三方厂商维护人员都有可能被他人利用，借助职权，通过窃取敏感工业数据卖给第三方，获得经济利益，这些行为都将直接影响企业的信誉度，所以动态监控敏感工业数据访问源、访问路径、访问行为成为企业的一个重大难题。

敏感工业数据的使用监控是指针对应用系统运行、开发测试、对外工业数据传输和前后台操作等使用环节，根据定义的敏感工业数据使用规则对工业数据的流转、存储与使用进行监控，及时发现违规行为并进行下一步处理。

通过访问流量 SQL 解析技术，工业数据资产监测系统动态监控应用侧、内部运维侧及开发测试的访问行为，对访问敏感工业数据的频次进行热度分析，尤其是个人信息、企业信息、信誉信息等敏感工业数据的访问情况，帮助企业对管理资产的访问源、访问路径、访问行为进行动态监控，这有助于安全部门更清晰地了解内部人员日常如何使用工业数据，被谁管理和维护。根据动态梳理的结果可针对性地采取适当、合理的管理措施和安全防护措施，形成一套科学、规范的工业数据资产管理与保护机制。

3．敏感工业数据滥用情况：发现能力进一步增强

安全管控敏感工业数据在工业数据库中的分布是实现核心工业数据管控的关键。只有梳理清楚敏感工业数据在工业数据库中的分布，才能针对工业数据库实现安全管控策略；对该工业数据库的运维人员实现安全管控措施；对工业数据的导出实现具体的去标识化策略；对工业数据的存储实现加密安全方案。

工业数据资产监测系统能够全盘梳理敏感工业数据在工业数据库中的分布，对敏感工业数据类型进行统计分析、敏感特征工业数据模型管理、敏感工业数据量级统计、敏感工业数据所属业务系统及部门备案核实管理，帮助用户有针对性地对工业数据库实现安全管控策略。例如，对内部运维人员访问敏感工业数据实现安全管控，在工业数据共享中实现敏感信息去标识化策略管理，辅助用户准确定位敏感工业数据，对工业数据的存储实施加密安全方案。

10.2 数据产权溯源

10.2.1 基本概述

2020 年 4 月，中共中央、国务院在《关于构建更加完善的要素市场化配置体制机制的意见》中明确提出"加快培育数据要素市场"，强调数据作为要素的重要意义。2021 年 6 月，《数据安全法》发布，指出要"鼓励数据依法合理有效利用，保障数据依法有序自由流动，促进以数据为关键要素的数字经济发展"。随着工业企业数字化转型持续深入，工业数据已经成为重要的资源，数据流通已成为发挥数据价值的关键途径。

当然，这些重要数据不是"天生"的，而是在特定工业设备中经过特定程序筛选出来的，任何来源不明的数据都是没有价值的，也不应该被运用到重要场景中。我们通常所使用的数据并非原生数据，而是经过数据要素流通市场，并依照相应规则和标准进行加工、计算、聚合、交易后的派生数据。原生数据历经被"深加工"和各种操作，在交易后已变得"面目全非"，为重现原生数据的真实状态和操作历史，就必须采用特定的方法或路径去回溯，即为数据溯源。

数据流通指将某些信息系统中存储的数据作为流通对象，按照一定规则从供应方传递到需求方的过程，主要以一对一许可、互为许可和一对多（众）许可方式进行流通。基于数据演算分析的一对一许可数据流通过程如图10-2所示。

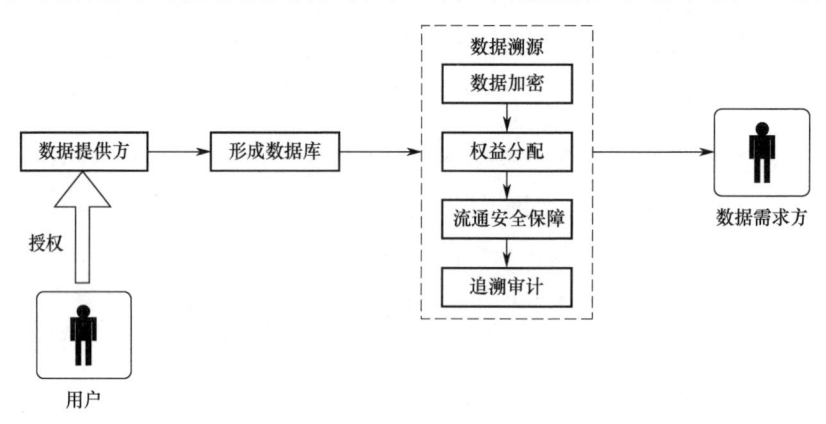

图 10-2　一对一许可数据流通过程

确权是数据资产化过程中最重要的也是最核心的部分。工业数据产权的完整构成非常复杂。在实践中，很难逐项对这些工业数据权利进行准确确权。很多研究指出，工业数据产权是一种特殊的产权，建议拟定数权法来规制工业数据产权，以激励相容为原则，促进数据资产的流通、交易。在没有出台数权法之前，折中的办法是根据现有法律和市场的情况，有选择地对一些权利进行确权。

工业数据产权的追溯按照多种权利的复合模式进行分项追溯和结果整合，且每项权利的追溯都须具备全量追溯、高效和高性能的处理能力；须支持在海量工业数据中识别敏感和非敏感工业数据，以工业数据为核心，与其他多个维度进行关联，为每个敏感工业数据提供 5W1H 的画像（What：针对活动的工业数据对象；When：什么时候发生；Who：谁做的；Where：从哪里发起，在哪里做的；Which：什么设备；How：怎么样做的），目的是将复杂的工业数据安全追溯过程尽最大可能简单化，并且能够快速追溯到源头，提供翔实和完整的证据链，明确安全事故的相关人，追责和去责。

10.2.2 相关模型

数据溯源通用模型的目标是通过建立一套完整的技术规范，使数据溯源管理全过程遵循通用的表达方式和共性的描述标准，并提供模型的扩展方法，从而适用于各类溯源管理应用场景。目前，数据溯源模型主要有：开放数据溯源模型（Open Provenance Model，OPM）、Provenir 数据溯源模型、PROV 溯源标准、数据溯源安全模型、ProVOC 标准模型等。

1. 开放数据溯源模型

开放数据溯源模型在首届 International Provenance and Annotation Workshop（IPAW）会议中，与会者对数据溯源的描述产生了一些共同观念，并提出了一种原始的数据模型，目前已成为数据溯源信息交换的标准。但开放数据溯源模型在实践应用中存在着一些问题，如其在语义规则上容易导致推理发生冲突。开放数据溯源模型结构如图 10-3 所示。

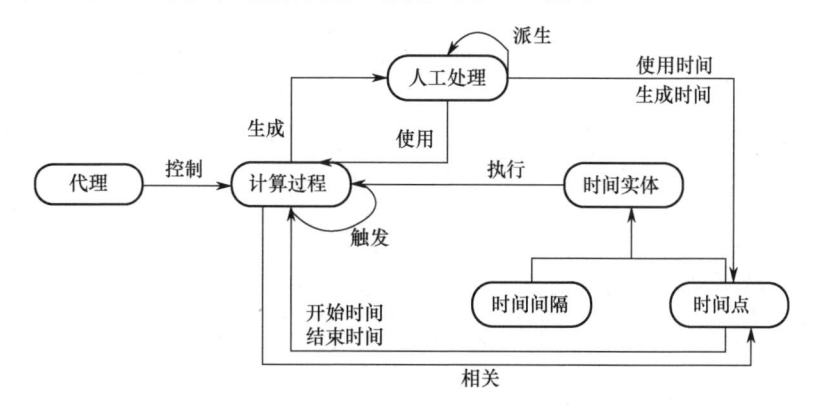

图 10-3 开放数据溯源模型结构

2. Prorenir 数据溯源模型

Provenir 数据溯源模型在 2008 年第二届 IPAW 会议中被提出。该模型使用 W3C 标准对模型加以逻辑描述，考虑数据库和工作流两个领域的具体细节，从模型、存储到应用等方面形成一个完整的体系，成为首个完整的数据溯源管理系统。Provenir 将 Data、Process、Agent 作为主要组件。其中，Data 代表用于科学实验的材料、产品及相关参数，而 Process、Agent 与开放溯源模型中所指含义具有相似之处，但与之具有明显不同。在 Provenir 数据溯源模型中，Process 被认为具有随外在因素变化而发生变化的特性，属于 Occurrent；Data 和 Agent 则不具有随外在因素变化而发生变化的特性，属于 Continuant。

3. PROV 溯源标准

2013 年，万维网联盟（World Wide Web Consortium，W3C）在 OPM 的基础上发布了 PROV 溯源标准，并出台了面向用户、开发人员和高级开发人员的一系列数据溯源相关的文档。但是 PROV 模型在对数据语义关系加强描述的同时，也使构造的数据模型过于复杂，每个实体间的关系都关联了模型中全部定义的关系类型。因此，在应用时要注意控制数据表的数据。PROV 溯源标准核心结构如图 10-4 所示。

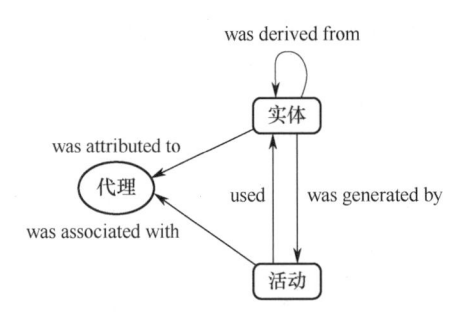

图 10-4 PROV 溯源标准核心结构

4. 数据溯源安全模型

数据溯源技术能够溯本追源，通过其起源链的记录信息实现追源的目的，但是记录信息本身也是数据，因此，同样存在安全隐患。在通常情况下，为了防止有人恶意篡改数据溯源中起源链的相关信息，可以重新构建数据溯源模型，或改进优化原有数据溯源模型，建立新的信任机制或采用安全方法。

2010年，李秀美等研究了数据溯源的安全模型，利用密钥树再生成的方法，引入时间戳参数，有效地防止溯源链中溯源记录的恶意篡改，对数据对象在生命周期内修改行为的记录按时间先后组成溯源链，用文档来记载数据的修改行为。当进行各种操作时，文档随着数据的演变而更新其内容，通过对文档添加一些无法修改的参数（如时间戳、加密密钥、校验和等）来限制操作权限，保护溯源链的安全。

5. ProVOC标准模型

2017年11月1日，国家标准化管理委员会公布《中华人民共和国国家标准公告（2017年第29号）》，《数据溯源描述模型》（GB/T 34945—2017）正式发布，并于2018年5月1日起正式实施，该标准定义了数据溯源描述模型（Provenance Vocabulary Model，ProVOC）。该模型由数据、活动和执行实体三个一级类构件组成。数据包括"参数"和"数据集"两个二级子类构件，"活动"是由执行实体发起或受执行实体控制、影响的具体动作，包括人类执行实体（如人、组织和公司）和非人类执行实体（如数据提供之类的服务）等二级子类构件。目前的ProVOC标准模型还只是一个轻量级溯源模型，所制定的标准主要为各类构件描述信息，如图10-5所示。该模型可以支持在特定领域中的灵活扩展，但现阶段并没有大规模的应用，其通用性和管理效果也有待进一步验证和评价，未来需要在标准的实施推广过程中不断完善。

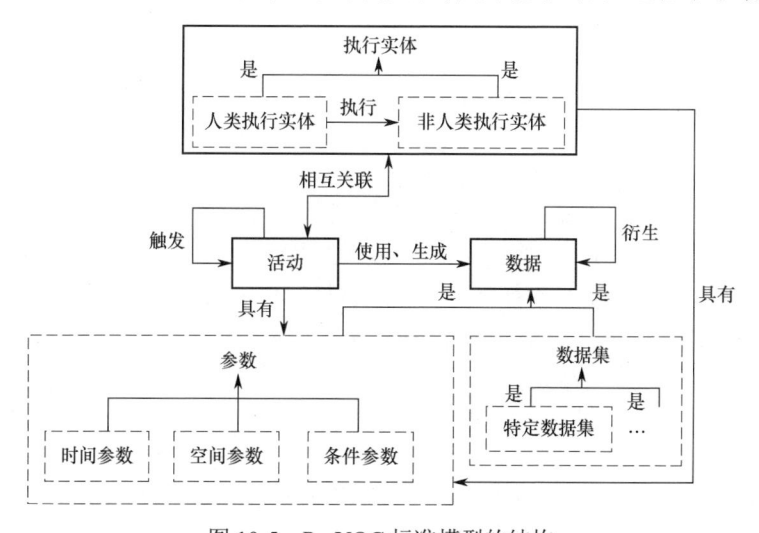

图10-5 ProVOC标准模型的结构

10.2.3 关键技术

1. 数据水印

1) 数据水印的定义

数据库水印（简称数据水印）是一种将标识信息（如版权信息、机构/员工 ID）通过一定的规则与算法隐藏在结构化数据中的技术。隐藏后数据库的使用价值几乎不变，主要用于版权保护或信息泄露后的追踪溯源。

2) 数据水印溯源流程

通过对原数据进行水印处理，保证分发数据正常使用。水印数据具有高可用性、高透明无感、高隐蔽性，不易被外部发现破解。一旦信息泄露，可以第一时间从泄露的工业数据中提取水印标识，通过读取水印标识，追溯工业数据流转过程，精准定位泄露单位及责任人，实现工业数据溯源追责。图 10-6 所示为数据水印溯源流程。

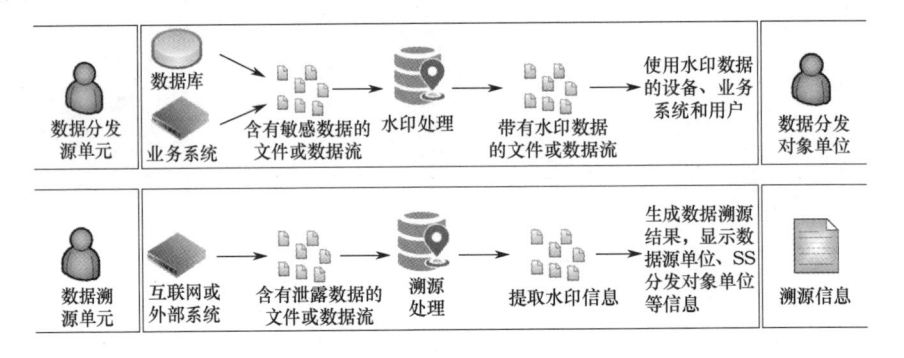

图 10-6 数据水印溯源流程

3) 伪行水印与伪列水印

图 10-7 所示为伪行水印，基于元组各项属性的数据类型、数据格式、取值范围的约束条件生成多个伪造的行，然后将水印按前面所述的数值属性或类别属性嵌入规则，嵌入水印比特。

图 10-8 所示为伪列水印，伪造新的属性列，包括数值属性列或类别属性列，生成的伪列应尽可能与该关系表的其他属性相关，不容易被攻击者察觉，然后将水印比特嵌入伪造的新列中。

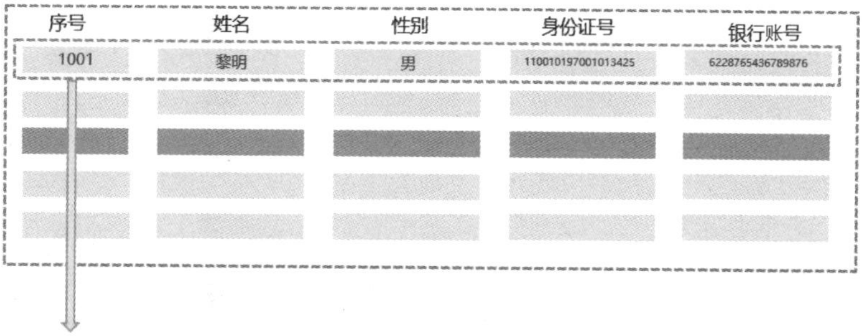

图 10-7 伪行水印

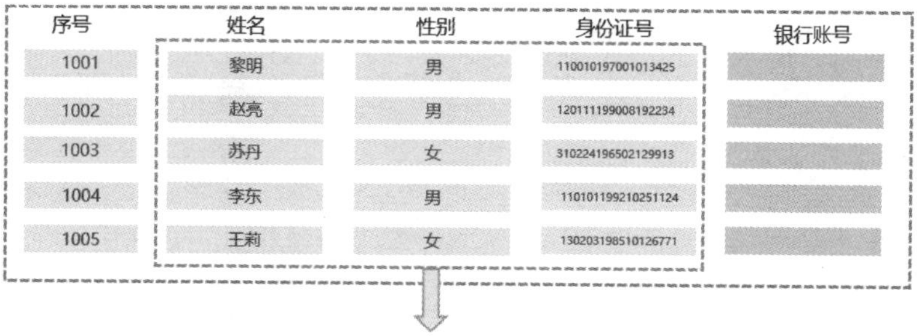

图 10-8 伪列水印

4）流程化管理实现路径

系统对外发工业数据行为进行流程化管理，在事前，梳理工业数据、申请审批；在事中，添加工业数据标记、自动生成水印；在事后，加密文件、审计外发行为、追溯工业数据源等。这一流程可以很好地避免因内部人员外发工业数据导致泄露且无法追溯的状况，提高了工业数据传递的安全性和可追溯能力。

实现路径如下。

（1）水印系统可通过交换机接入用户的内网系统。

（2）在内网中选择数据源，确定数据子集，生成数据副本，对数据副本进行水印处理，或者将数据导出为指定格式的数据文件，然后对数据文件进行水印处理。

（3）经过水印处理的数据，可将数据生成到数据库中或文件中，然后进行数据分发处理。

（4）分发到目标对象的数据，可导入用户指定的数据库中或文件系统中。

2. 区块链技术

区块链技术可理解为一种由多个独立节点参与的分布式记账系统，其可以作为一种信任机器，在不可信的环境中，以低成本的方式建立起信任。区块链的不易篡改、难以伪造、可追溯、去中心化等特性使其可以保证数据的可信性和完整性，非常适合用于构建数据溯源机制。基于区块链的数据溯源机制，将数据溯源信息保存在不同节点上，并使用智能合约记录数据的操作记录，以确保溯源数据的高可用性和容错性。

参与方的身份真实性验证和溯源数据的可信存储是两个需要解决的关键问题。

其中可信的身份真实性验证基于密码学中的哈希算法和数字签名等，涉及数据传递的各方首先在区块链中注册，并获得一个公钥私钥对，允许数据的接收者确认数据来源，防止被人伪造。身份验证基于 secp256k 椭圆曲线数学的数字签名算法（ECDSA），数据是否被篡改的问题利用 keccak 256 哈希算法解决。当用户甲需要将数据传递给用户乙，首先采用 keccak 256 哈希算法计算出数据哈希值，使用私钥签名后发送给用户乙，用户乙使用用户甲的公钥进行解密，并使用重新计算的哈希值进行比较。若两个值一致，则证明数据内容未被篡改。

溯源数据的可信存储即将用于跟踪数据变化的溯源记录存储到区块链上的过程。溯源记录包括要溯源的数据的哈希值、时间戳、所有者签名、溯源对象的类别、格式和属性等信息。此外，其他参与方还可以用数据进行编辑等操作，但相关操作需要进行记录以供验证。上述示例的溯源关系如图 10-9 所示。数据实体、活动及数据，创建者分别用圆角矩形、矩形和椭圆形表示。

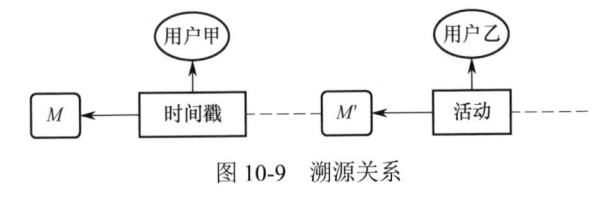

图 10-9 溯源关系

区块链技术与数据溯源安全密切相关,是实现数据溯源安全模型的重要选择。一种策略是将区块链技术与射频识别技术有机结合,构建起多个主体参与、多个部门协同、信息公开透明、数据真实共享的溯源链条,以及涵盖溯源物品生产、销售、流通、加工、消费等溯源路径,做到 RFID(Radio Frequency Identification)数据溯源安全管理。另外一种策略是将区块链技术与智能合约协议有机结合,构建合约模型,探讨溯源模型在不同条件下实现的可能性和可扩展性,在可信任平台中,只有诚信的参与者才能安全收集和验证溯源信息。还有一种可能的策略是将区块链技术与云技术有机结合,不仅可以实时溯源云端数据信息,而且隐私保护能力和安全性能系数更高。

10.2.4 发展趋势

当前,国内外的数据要素市场尚未完全成熟,研究成果不够丰富、研究体系尚未形成、研究重点偏向实证,基于区块链等技术开展的数据溯源还处于探索阶段,较多数集中在概念层,少量集中在特定领域和应用行业。相比起来,国外的数据溯源研究起步相对较早,研究成果比较丰富,研究体系已经形成,理论研究比较成熟,国内发展要借鉴国外研究体系,在现有研究的基础上自成体系,培育出具有中国特色的数据产权溯源方法和数据要素市场。

1. 数据溯源与市场活动相结合,工业数据交易常态化

数据要素市场能实现数据流动的价值或使数据在流动中产生价值,采用数据溯源技术可以大大降低因数据的可复制性给交易供给方带来的风险,因此将数据溯源与数据要素市场相结合,能够在数据要素市场培育初期培养市场数据溯源习惯,在促进数据交付使用常态化的同时,推动数据要素市场体系向更成熟的方向发展。

2. 标准化工作加快推进,工业数据使用制度化

不同的数据溯源模型都有相对独立、相对固定的应用情景,要解决数据在多种溯源模型间转换的问题就需要执行标准规范。不同溯源系统之间形成标准接口,方便不同的数据操作方从不同数据溯源模型中快速获取和精准收集有效的数据信息。此外,建立和完善数据溯源标准规范,还要充分考虑数据溯源信息记录的实用性和操作性,以及溯源模型后续的可扩展性和可适用性，更要加强溯源系统访问接口和数据转换技术的标准化研究。

3. 多种数据溯源技术融合发展，不同模型优势互补

综合运用数据水印、区块链、人工智能、大数据等数据确权和溯源技术解决数字产权行业"确权难、授权难、维权难"三大痛点问题。例如，数据水印技术是数据产权保护的底层技术，数据产权保护是区块链应用的一个方向，二者不是排他的，而是互相补充的。利用数据水印对知识内容进行产权确权，并通过区块链技术进行留痕，是一种双重保护措施，即区块链解决了无法篡改登记时间和内容的问题，数据水印技术则解决了提供证据的问题。如何将区块链、数据水印及其他先进技术结合起来，是解决工业数据产权溯源问题的重要方向。

4. 高度重视数据溯源信息安全，数据信息使用规范化

推进数据溯源信息记录、采集、存储、共享等全过程全生命周期标准化安全管理，使安全管理规范化、标准化，降低数据溯源信息泄露风险。强化高等学校、科研院所与高新技术企业之间的产学研合作，联合申报国家科技部、工业和信息化部重大课题，对数据溯源共性关键技术在数据确权及数据交易中的安全应用、公众隐私数据保护策略进行协同攻关。

5. 搭建数据溯源平台，数据要素市场健康化发展

当前，基于数据交易创新溯源技术和搭建溯源平台的研究较为缺乏。采用区块链、智能合约、人工智能等安全算法，将数据溯源嵌入数据采集、数据确权、数据流通、数据交易、数据监管等全生命周期节点，高起点谋划，高标准建设互联、互通、开放、共享的数据溯源平台。明确数据溯源平台市场定位，制定数据溯源平台运行机制，将有力保障数据要素安全流动，在提高安全监管效率的同时促进数据交易有序进行。

10.3 数据跨境监测

10.3.1 基本概述

随着世界多极化、经济全球化、社会信息化的大潮，工业数据跨境流动

的价值与风险越发凸显。其风险源于技术漏洞、管理缺位和政策法规尚不完善，并渗透于工业数据全生命周期，已经成为进一步推进工业数据治理、护航数字经济亟待解决的问题。这些问题具体表现在：海量跨境数据难以梳理分类，不当应用引发风险隐患；跨境数据攻击升级，黑灰产加剧数据风险；各国高度重视跨境数据流动规制、角力升温。为此，需要统筹"内"与"外"两个大局、数据"出"与"入"两个流向及"发展"与"安全"两个方面，在法规制度、责任体系、安全保障上，做好工业数据跨境监测和数据流动安全管理等工作。

数据跨境监测指对在不同国家的计算机服务器间的数据跨越边境转移和流动等行为进行监测，其中，跨境数据包括出境和入境两个方向。数据跨境监测主要从以下四方面开展。

1. 数据出境自评监测

在数据出境自评监测过程中，企业和组织对数据出境的判定需要围绕出境方式监测、数据数量监测、数据属性监测（重要数据）等方面开展综合监测，并形成数据出境自评估报告。

2. 数据出境计划监测

数据出境计划监测主要包括：对数据出境目的、范围、类型、规模等进行监测；对涉及的信息系统监测；对中转国家和地区（如存在）监测；对数据接收方及其所在的国家或地区的基本情况监测；对安全控制措施等进行详略得当的计划制订与监测等。同时形成书面报告并提交上级监管部门。

3. 数据出境计划的合法正当和风险可控程度监测

1）合法正当监测

数据出境计划的合法正当监测主要针对数据出境的内容和形式、行为本身、法定前置条件进行总体监测，并对业务正当性和合理性等展开监测。

2）风险可控监测

数据出境计划的风险可控程度监测主要针对出境数据的属性和数据出

境发生安全事件的可能性进行监测评估，即敏感信息和重要数据的属性，包括对数量、范围、类型、敏感程度和技术处理情况等进行监测；对发送方数据出境的技术和管理能力进行监测；对数据接收方的安全保护能力、采取的措施进行监测；对数据接收方所在国家或区域的政治法律环境的调查情况进行监测等。

当数据出境计划不满足合法正当和风险可控的条件时，企业和组织应根据监测情况进行反复修正改善，同时持续进行监测，直至其完全满足。

4．数据出境自评估报告和执行出境计划监测

数据出境自评估报告和执行出境计划监测主要包括以下内容。

（1）针对工业跨境数据出境及境外接收方处理工业跨境数据的目的、范围、方式等的合法性、正当性、必要性进行监测，并进行多方流程联动。

（2）针对工业数据出境的数量、范围、种类、敏感程度，以及工业数据出境可能对国家安全、公共利益、个人或组织合法权益带来的风险等进行监测，并将相关风险提交给国家相关部门和企业相关负责人，得到指令后再进行后续流程和步骤。

（3）针对工业跨境数据处理者在工业跨境数据转移环节的管理和技术措施、能力等能否防范工业跨境数据泄露、毁损等的风险进行实时监测告警，并记录相关过程以备追溯。

（4）针对境外接收方承诺承担的责任义务，以及履行责任义务的管理和技术措施、能力等能否保障出境工业数据安全及其存在的风险进行实时监测告警，并记录相关过程以备追溯。

（5）针对工业跨境数据出境和再转移后泄露、毁损、篡改、滥用等安全风险，企业和组织维护敏感数据权益的渠道是否通畅等方面进行实时监测告警，并记录相关过程以备追溯。

（6）设定与境外接收方订立的工业跨境数据出境相关合同，充分约定工业跨境数据安全保护责任义务，并记录调用过程以备追溯使用。

10.3.2 手段建设

针对工业数据的跨境监测手段建设主要以工业数据库安全预防为主,并部署实施防治结合的纵深防御方案。在资产清单相对完善的情况下,制定针对性主动检查预警、运维过程中工业数据跨境的合规访问、开发测试过程中合规使用生产型工业数据及事后追溯在内的由前到后的纵深防御体系。数据跨境监测手段建设如图 10-10 所示。

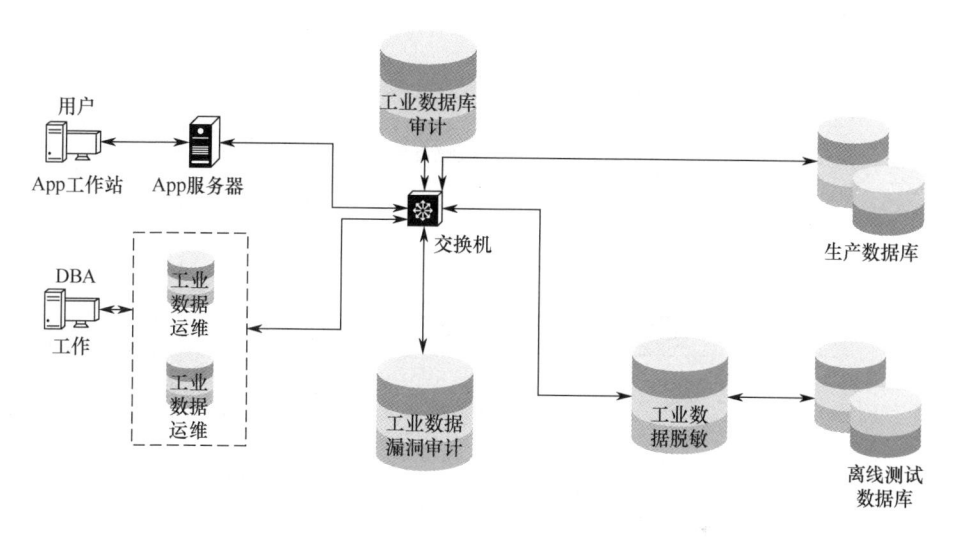

图 10-10 数据跨境监测手段建设

1. 多样化数据库流量采集

早期,IT 系统多以物理机为主,随着虚拟化平台的普及,后期的业务系统逐步向虚拟化平台迁移,为需要出入境的数据库审计的流量获取带来挑战,即单一的物理交换机镜像和探针采集都不能完整覆盖所有的数据库业务流量。经过全面的环境调研和分析,并在实验室环境模拟了现场几类部署场景,研究人员创造性地使用了物理交换机镜像、虚拟化平台 vDS+GRE 隧道、Agent 探针三种方式混合采集流量的多样化数据库流量采集手段。多样化数据库流量采集如图 10-11 所示。

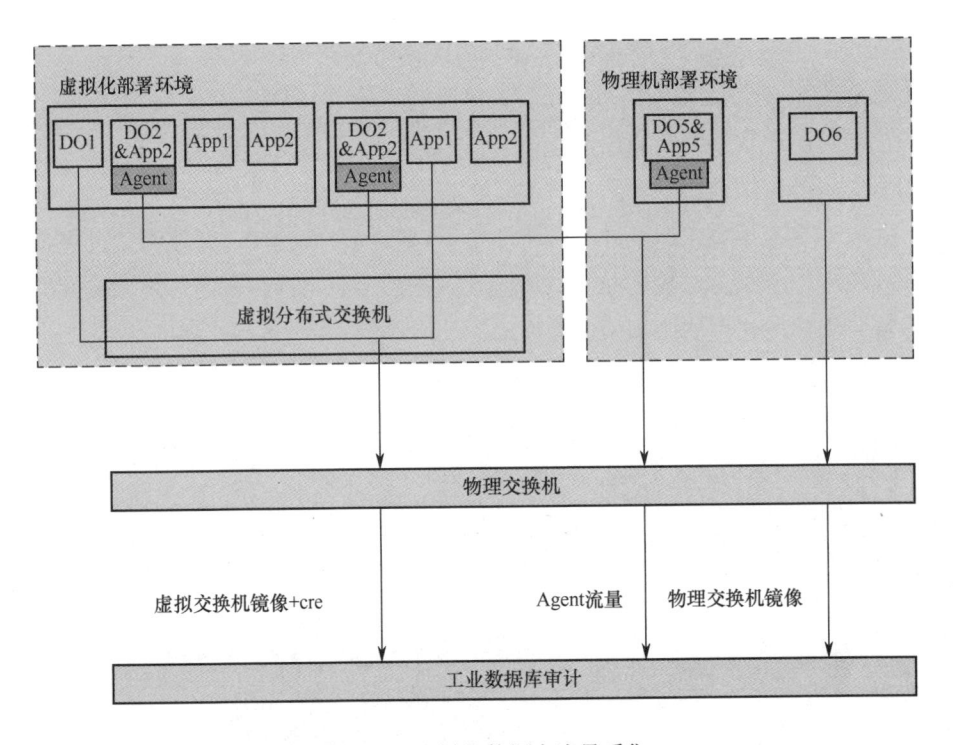

```
┌─────────────────────────────────────────┐  ┌──────────────────────────┐
│ 虚拟化部署环境                           │  │ 物理机部署环境            │
│  ┌───┐ ┌────┐ ┌───┐ ┌───┐ ┌────┐ ┌───┐ ┌───┐  │  ┌────┐        ┌───┐   │
│  │DO1│ │DO2 │ │App1│ │App2│ │DO2 │ │App1│ │App2│  │  │DO5&│        │DO6│   │
│  │   │ │&App2│                │&App2│              │  │App5│                │
│  │   │ │Agent│                │Agent│              │  │Agent│               │
│  └───┘ └────┘ └───┘ └───┘ └────┘ └───┘ └───┘  │  └────┘        └───┘   │
│            │       │                             │
│            └─┬─────┘                             │
│     ┌────────────────────────┐                   │
│     │   虚拟分布式交换机        │                   │
│     └────────────────────────┘                   │
└─────────────────────────────────────────┘  └──────────────────────────┘
                    │                                      │
        ┌───────────────────────────────────────────────────────┐
        │                   物理交换机                            │
        └───────────────────────────────────────────────────────┘
         虚拟交换机镜像+cre         Agent 流量         物理交换机镜像
        ┌───────────────────────────────────────────────────────┐
        │                   工业数据库审计                        │
        └───────────────────────────────────────────────────────┘
```

图 10-11　多样化数据库流量采集

（1）针对早期部署的数据库物理机，采用物理交换机镜像方式将流量聚合后，导入数据库审计系统的镜像接收网口，一次部署后期无须网络维护。

（2）部署在虚拟化平台的数据库主机，且虚拟化平台具备虚拟交换机 vDS 功能，则在网络层通过 vDS 将流量聚合，并在外层打上一层 GRE 隧道，封装后，定向到数据库审计系统的指定 IP 上，一次部署后期无须网络维护。

（3）对于业务系统和数据库集成部署在物理机上，以及虚拟化平台不具备 vDS 和 GRE 隧道封装能力的数据库主机，在数据库主机上部署轻量级探针方式采集数据库访问流量。

2. 安全管理业务体系无缝集成

为尽可能多地将数据库安全系统应用到日常业务使用中，并最大限度减少成本，需要将其与企业安全管理业务体系无缝集成，使企业安全管理日常化，如与企业 SSO 单点登录系统进行适配，使用日常办公的域账户可以无缝登录到数据库安全系统。同时，数据库运维管理系统强调多角色人员协作完成运维动作的申请和流程审批，以及日常的安全访问控制规则。通过与域账户的打通，将 AD 域上的账户权限与本地数据库运维管理系统进行绑定。此外，如使用一账通登录系统，可在用户无感知的情况下自动分配用户可见的操作权限和数据库管理权限，将系统强大的账号管理体系与业务深度融合，使其真正应用于日常业务。

3．全链条审计工业数据库访问管理

通过多种流量采集方式，将应用服务器、运维人员对工业数据库需要出入境的日常访问流量进行解析、归类、入库，并对工业数据分类统计汇总，提供工业数据使用情况分析，同时预设的非合规行为一旦命中规则即生成实时告警，并通知到专门的安全管理人员。在对违规事件的事后追溯方面，从风险维度开始使用"一钻到底"的操作方式，提供从风险到风险语句详情、风险到语句模板（风险行为的抽象化）、风险到访问源、风险到会话再到语句流水等多种追溯路径。此外，丰富的统计和报表功能为工业数据审计系统针对工业数据库、业务人员针对应用系统的优化提供参考，如工业数据库语句和会话执行压力情况、语句执行频度 Top 分析、高耗时语句 Top 分析等，旨在满足需要出入境政策合规的同时，进一步为工业数据库管理提供实用价值。

4．高仿真生产工业数据管理

将需要出入境的生产环境真实业务数据导出到本地，进行离线的二次工业数据分析，为企业经营战略调整提供参考。虽然有线上和线下系统的逻辑层隔离，但从线上生产环境导出的工业数据不经过变形直接交付给线下环境使用，很可能直接成为敏感工业数据泄露给第三方的通道。而传统的脚本式脱敏不够智能化和产品化，甚至脱敏后的工业数据无法保证其原有的格式和特征，失去了工业数据间的关联关系，即使脱敏后也无法在开发测试或统计中实现正常的二次使用。此外，越多的人工介入越可能增大过程中工业数据的安全风险，对风险高度敏感的企业应尤其重视识别与规避过程中存在的工业数据安全风险。

因此，需要出入境的工业数据脱敏系统可为企业提供一套自动化的工业

数据脱敏方式。在对从线上获取的工业数据源进行敏感工业数据识别后，经过灵活的脱敏算法变形，既可保留工业数据原有的格式和特征，也可保留工业数据间的关联关系，令脱敏后的工业数据可以安心用于开发环境或 BI 分析，而不必担心生产库敏感泄露工业数据。同时，用定时任务进行全自动脱敏，来替代原有烦琐且容易出错的人工手动脱敏，可以极大地规避工业数据在离线使用过程中的跨境传输与使用风险。

10.3.3 关键技术

1. 工业数据库漏洞审计技术

目前，企业的 IT 过程管理相对规范，有完善的工业数据库资产登记信息和日常管理制度；同时，业务系统以外购或现场定制开发居多，存在不同的供应商、多年不同阶段的建设及工业数据库版本跨度较大等情况。而运维人员日常更多关注的是对业务系统的持续服务能力，主机安全人员更多关注的是工业数据库主机安全，且两组安全人员对工业数据库漏洞情况的关注都相对较少，使这些漏洞极有可能成为工业数据泄露或安全攻击的突破点。因此，可通过工业数据库漏洞审计技术对工业数据库进行逐一扫描，采用数据库自动化检查技术和网络数据库发现技术等手段主动发现当前版本存在的工业数据库漏洞，评估漏洞可能影响的范围，并提出修复建议。

2. 跨境工业数据审计技术

通常情况下，大型工业企业在全球设有多个分公司，业务数据遍布南非、北美、英国、德国及中国等国家和地区，其围绕业务开展情况的相关运维工作也由分散在这些分公司的员工分别完成，实行 24 小时不间断的多团队协作。在线上生产库的日常运维及工业数据分析过程中，几乎难以避免运维人员有意或无意接触工业生产数据的情况，而此类工业数据含有大量敏感信息，使其成为工业数据跨境背景下最有可能的潜在泄露通道。

因此，通过跨境工业数据审计技术可对境外运维人员访问存储在境内的工业数据等行为进行审核与管理。其中，对工业数据库系统级的运维全部放行，由企业现有的操作制度进行规范；对业务表的任何操作都需提交运维操作申请，并由业务主管及 IT 安全主管交叉审批通过后方可执行；对未经审核通过的业务运维操作，以及已审核通过但在非授权时间、非授权终端、非授权范围的操作进行阻断，从根本上杜绝运维侧敏感工业数据泄露的可能。同时，在运维过程中会涉及部分业务工业数据的校对，存在运维人员能够查看其中的敏感工业数据等情况，可通过预设的敏感工业数据保护策略，将经过脱敏处理的工业数据返回给运维人员，从而在满足日常运维需要的前提下，有效规避无意识的敏感工业数据泄露。此外，跨境工业数据审计技术可针对已发生的某个风险事件，从多个维度进行深度分析，同时可使用多种检索条件及多重钻取分析，帮助企业追溯风险来源，分析风险事件的疑似责任主体，为事件追责缩小范围，并提供原始证据链条。

10.3.4 发展趋势

1. 联动数据库审计能力开展全行为跨境监测

与通用数据库审计产品的对接能力联合通用数据库安全审计系统形成全行为分析引擎，合并数据库审计日志和应用敏感行为日志，为工业企业提供真正的全行为记录分析，从而全面监测企业由客户端到应用服务器，再从应用服务器到数据库服务器的完整敏感数据行为情况；同时将打通数据库行为监测与应用服务行为监测的传统壁垒，串联企业从应用层到数据库层的完整数据链条。通过完整的前后端行为分析，能够帮助企业发现在单独数据库端或应用端分析显示"正常"，但关联后才能发现"异常"的敏感行为情况。

2. 完善工业行业数据跨境敏感信息特征库

敏感信息识别能力是实现数据跨境监测所有功能的基础，只有在海量的信息流中准确发现并识别敏感信息，才能够在此基础上展开各种其他功能。完善工业行业数据跨境监测的敏感信息特征库，可实现高精准的敏感信息识别。目前，敏感信息识别引擎由建模和识别两部分组成，建模层的主要功能是提供建模所需要的各项基础要素，要素的质量直接关系到模型的品质与后期识别的正确率。识别层的任务是将模型放到业务中进行匹配操作，同时模型自身不断追加、不断优化。而不断完善丰富工业行业数据跨境敏感信息特征库可以让识别引擎直接跳过建模步骤，直接用于敏感数据识别，大大提高了其实效性和准确率。

3. 研发策略配置能力强的数据跨境监测产品

针对敏感数据发现、应用及接口脆弱性监测、风险行为判断、应用接口资产发现等功能需求，继续研发策略配置能力更强的数据跨境监测产品，使之既具备初始默认通用规则策略，又可提供更为强大的策略自定义能力，即其可在保证产品具备企业通用基础核心能力的同时，提供融合业务特色的定制化需求。在强大的规则初始化能力及自定义能力的支撑下，数据跨境监测产品可为企业带来自动化的流程、简单化的操作与可视化的呈现。该产品的企业用户操作门槛低，且无须过多人工干预，仅通过简单操作即可实现敏感信息监测、资产自动发现、风险自动预警等核心基础功能。

第 11 章

以生命周期为核心：形成工业数据安全之环

工业数据的生命周期涵盖数据采集、传输、存储、使用加工、交换、销毁六个阶段。要做好数据安全保护，必须保证数据在任何阶段下都是安全的。因此，在部署数据安全防护手段时，应围绕工业数据全生命周期考虑数据安全问题。工业数据安全防护体系构架分三层：能力支撑层、保护执行层、监督管理层。典型的工业数据安全防护体系架构如图 11-1 所示。

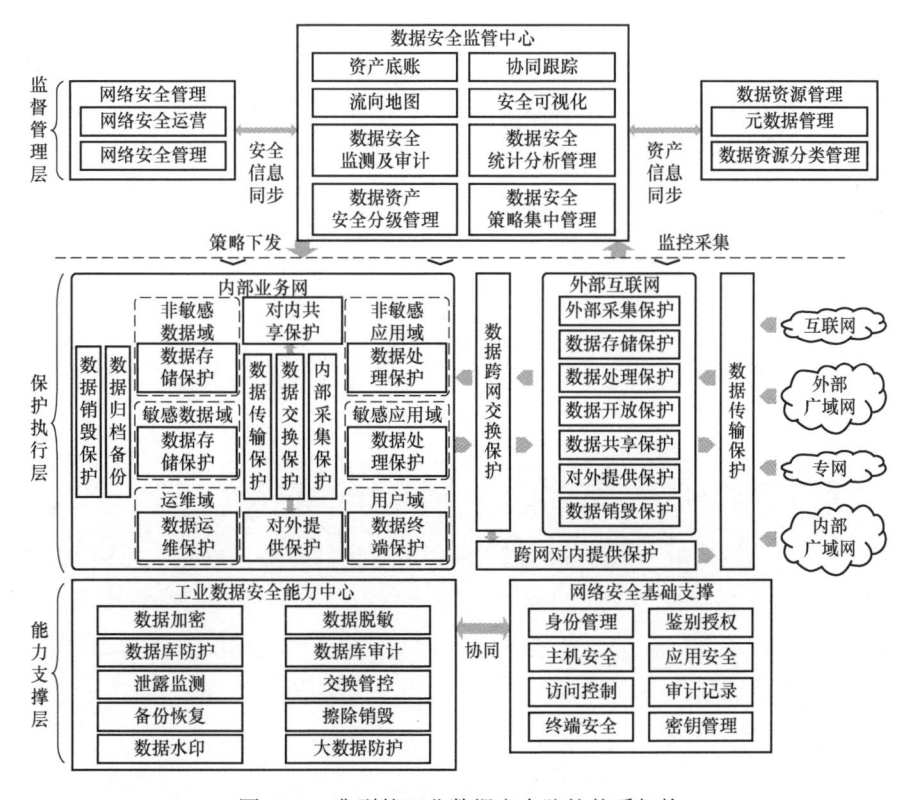

图 11-1 典型的工业数据安全防护体系架构

（1）能力支撑层。

能力支撑层包括工业数据安全能力中心和网络安全基础支撑。其中，工业数据安全能力中心提供数据加密、数据脱敏、备份恢复等设备，构建数据安全保护的基础。网络安全基础支撑协同工业数据安全能力中心，共同保障工业数据安全，防止黑客入侵网络对数据造成破坏。

（2）保护执行层。

保护执行层分布在内部业务网和外部互联网中，围绕数据全生命周期保障工业数据安全，具体的防护架构如图 11-2 所示。

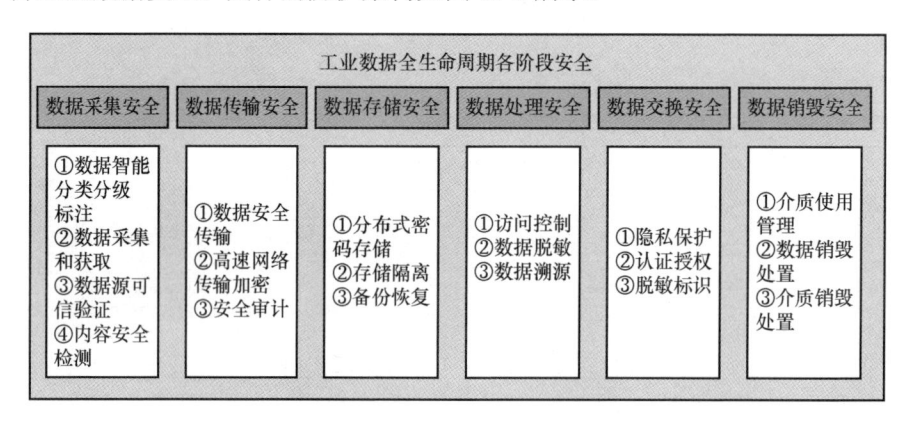

工业数据全生命周期各阶段安全					
数据采集安全	数据传输安全	数据存储安全	数据处理安全	数据交换安全	数据销毁安全
①数据智能分类分级标注 ②数据采集和获取 ③数据源可信验证 ④内容安全检测	①数据安全传输 ②高速网络传输加密 ③安全审计	①分布式密码存储 ②存储隔离 ③备份恢复	①访问控制 ②数据脱敏 ③数据溯源	①隐私保护 ②认证授权 ③脱敏标识	①介质使用管理 ②数据销毁处置 ③介质销毁处置

图 11-2　工业数据全生命周期防护架构

在工业数据全生命周期的各环节中，需要通过不同的安全技术手段进行安全防护。

（3）监督管理层。

监督管理层实现网络安全管理与数据安全监管中心的安全信息同步。通过主动探测手段实时监测工业数据的安全情况，一旦发现数据安全攻击行为，监督管理层将向保护执行层下发策略，驱动能力支撑层的各类数据安全引擎做出动态调整，从而实现更有效的安全防护和态势感知。

11.1 工业数据采集

11.1.1 工业数据采集概述

工业数据采集是工业数据生命周期的起点，是数据产生、更新等的重要保障，包括数据提取、数据导入、数据导出、数据迁移等操作过程。工业数据采集指在企业组织机构内部系统中生成新数据，以及从外部收集数据的阶段。工业数据采集部署如图 11-3 所示。

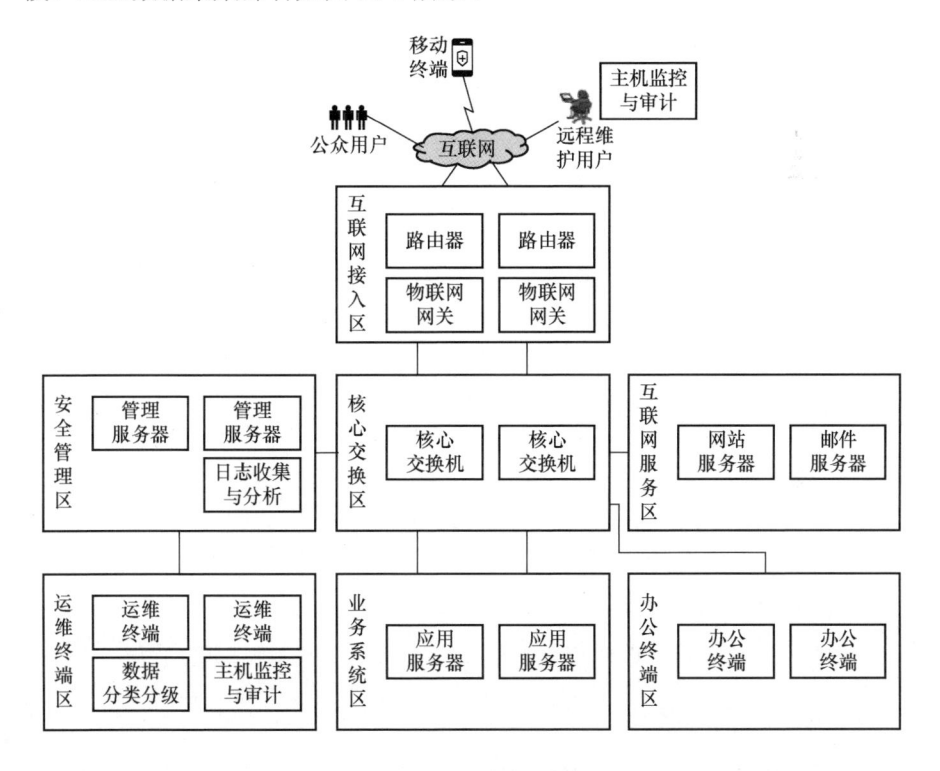

图 11-3 工业数据采集部署

在数据采集阶段，工业数据质量问题一直是许多企业面临的挑战，主要受工业环境中数据获取手段的限制，包括传感器、数采硬件模块、通信协议和组态软件等技术限制。因此需要在实时采集过程中，对数据质量进行监测、分析和处理,在源头尽可能地消除问题。针对工业时序数据质量问题,如数据格式不规范、错漏字段、命名版本管理缺失等,需要前置数据治理模块,对数据进行实时处理,通过实时规则与模式匹配逐条核查时序数据的质量,建立多变量关联的机理约束模型来检测深层次数据质量问题。此外,若数据采集阶段缺乏访问控制、可信验证、安全加密、安全审计、异常事件告警等安全防护机制,则可能导致数据窃取、数据伪造、数据泄露等数据安全问题。

11.1.2 安全防护手段

工业数据业务体系涉及对基础库进行数据采集,此过程需要加强对数据采集阶段的安全防护。工业数据采集阶段应具备访问控制、数据安全审计、数据加密和数据分类分级等防护能力。因此,数据安全采集阶段的安全防护手段应包括:对采集数据的角色进行访问控制,对采集对象进行属地限制,依托采集数据的重要程度提供数据脱敏、加密等能力,并能够对当前采集数据进行数据分类分级的标签管理。

1. 数据分类分级

分类分级系统利用大数据技术实现自动扫描为主、人工手动配置为辅的数据资产管理,主要用于对静态数据(包括文件服务器、数据库等数据)进行资源探测、数据发现、分类分级、数据资产视图分布展示。

基于分类分级系统,能够自动完成对重要数据资产的梳理工作,包括自动探测或者自定义各类数据资源,全面扫描企业关注的各类数据信息,进行对应的标注和分类分级定义等。

2. 物联网接入网关

基于国际 LoRa 联盟制定的 LoRaWAN 标准设计,可支持 LoRa、WiFi、BLE、ZigBee、NFC 等主流物联网接入协议,同时具备丰富的 2G/3G/4G、eMTC/NB-IoT、WiFi、Ethernet 等上行接口选择,可快速接入基于各种物联网协议的多样形态的终端产品,满足多种工业场景部署需求。

3. 日志收集与分析

参考行业数据治理标准规范，充分考虑行业数据的安全防护需求，实现对工业领域采集数据进行数据解析、标准化、丰富化、归一化、过滤、补全、清洗等处理，保障数据的完整性和可用性，同时支持通过编写配置文件实现非编程方式的日志数据解析。

4. 主机监控与审计

采用开放式 B/S 体系结构和标准化数据通信方式，对局域网内部的网络安全行为进行全面监管，保障 Windows 桌面系统的安全。

11.1.3 关键防护技术

1. 数据智能分类分级标注技术

数据智能分类分级标注技术是在数据块维度上实现对海量工业数据的多任务并行处理。首先依据实际应用场景划分工业数据类型，其次按照工业数据属性重要程度和受到破坏的影响程度划分工业数据级别，最后对元数据、敏感数据、身份认证数据、图片文字内容等进行实时监控和标记，从而提升工业数据分类分级的精准程度。

2. 数据采集和获取

工业数据的采集主要是通过数据采集相关的系统从机器设备上实时采集数据，也可以通过数据交换接口从实时数据库等系统中以透传或批量同步的方式获取物联网数据。同时，还需要从业务系统的关系型数据库、文件系统中采集所需的结构化与非结构化业务数据。对于结构化与非结构化数据，需要同时兼顾可扩展性和实时数据处理性能。例如，仿真过程数据等非结构化数据具有文件结构不固定、文件数量巨大的特点，需要采取元数据自动提取及读、写等局部性能优化的存储策略。

3. 数据源可信验证技术

数据源可信验证技术主要是从源头上解决数据采集的有效性问题，确保数据源的安全可信可靠，剔除假冒对象与假冒数据。其主要技术手段包括可信认证技术与生物认证技术等。

4. 内容安全检测技术

内容安全检测技术是将收集的数据进行内容安全性检测，防止病毒或非法数据等混入，以实现高效的数据收集。

11.1.4 安全防护功能

1. 数据采集过程中的分类分级

采集的数据需要进行类别级别划分（见图11-4）。分类分级的结果可作为权限控制、审计管理等其他模块的决策基础。

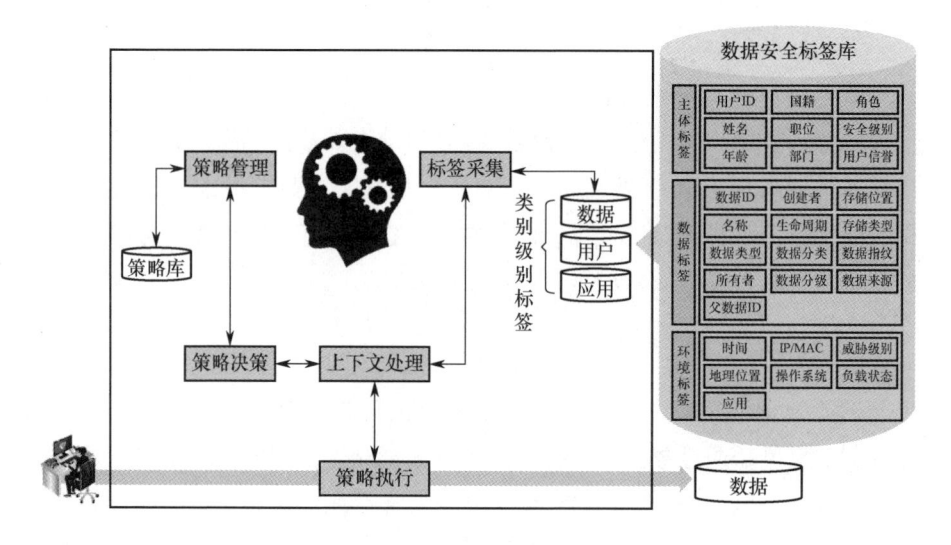

图 11-4 数据分类分级

（1）自动扫描。通过提前设置分类分级策略、规则，自动对工业数据进行扫描。一般情况下，策略以正则表达式形式体现，当扫描匹配到某个正则表达式时，该数据项就是符合这个类别或者级别的数据。

（2）手工扫描。分类分级规则同样需要提前设定好，对需要做分类分级的数据资产进行手工指定或修改该数据对应的数据级别、类别标签。

2. 数据采集过程中的访问控制

工业数据采集过程中的访问流程如图 11-5 所示。

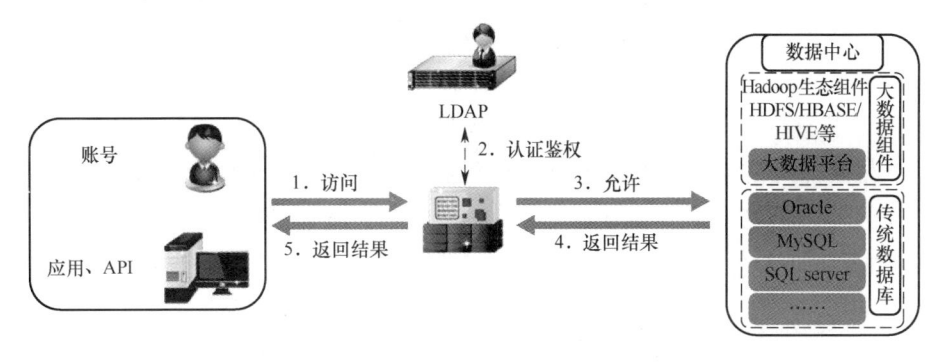

图 11-5　工业数据采集过程中的访问流程

对不同的数据角色进行分类控制，具体包括以下内容。

（1）账号管理。考虑数据访问的安全性，应具有能够建立访问大数据平台的用户管理功能，包括但不限于账号创建、账号变更、账号同步等功能。

（2）认证管理。依托于数据安全的认证体系，应具备能够实现企业和应用程序访问数据的认证鉴权功能。提供企业对数据访问的单点认证服务，实现资源的认证集中控制，保障数据访问安全性。提供数据安全组件之间、节点之间的访问认证。

（3）授权管理。依据工业数据安全管理规范，按照权限最小化原则授予访问者不同的数据使用权限，有效防止未授权人员或不合规授权人员对数据的访问；对大数据组件实现实体级授权和细粒度授权。授权过程包括授权主体、授权客体、授权条件、授权内容。

（4）实体化授权。提供实体化授权能力，为账号赋予连接大数据平台组件权限的过程。在进行实体级授权时应同时限定授权条件，即请求发起端所在的 IP 地址和请求发起时间，并能够提供授权功能要求、鉴权过程、鉴权判别标准等。

（5）细粒度授权。为了加强数据安全防护，需要细化最小授权单元。文件级系统最少授权粒度实现目录级、文件级，数据库类型最少授权粒度实现表级、列簇级、列级。

（6）权限控制。建立全面的权限控制机制，包括实现授权配置管理，由访问控制组件（协议代理）实现访问过程的权限控制。访问控制组件在操作请求实际执行之前，首先进行"操作请求"和"访问内容"的解析，再根据已配置的权限列表进行权限判断，达到阻断未授权访问和越权访问的目的。根据业务场景提供黑白名单管理功能，允许指定 IP 地址或人员访问，支持阻止指定 IP 地址或人员访问。

3．数据采集过程中的加密

工业数据加密流程如图 11-6 所示。在一些应用场景下，企业希望能够使用大数据平台的优势计算资源来支撑自身的数据计算，因此企业非常重视自身被采集的数据能否在大数据平台中受到严格保护，即提出了数据加密要求，保障只有合法用户才能访问数据，非法用户不能访问数据。这就要求大数据平台本身提供数据透明加密机制，支持通过 AES、3DES、国密 SM4 等高强度加密算法，对存储在大数据平台中的非结构化、结构化等形式数据提供安全保障。

（1）非结构化数据加密。通过基于存储空间的透明加/解密管理，实现需要加密的文件存储到加密区域时可以自动加密。

（2）结构化数据加密。通过基于列的透明加密，实现存储在 HBase、Hive 等非关系型数据库的数据可以自动加密。

4．数据采集过程中的属地限制

通过对访问时间、访问动作、访问内容、访问源等特定条件建立属地访问基线，进而对访问行为进行限制。

5．数据采集过程中的安全审计

基于工业数据采集过程的业务流程，对数据操作行为进行审计。

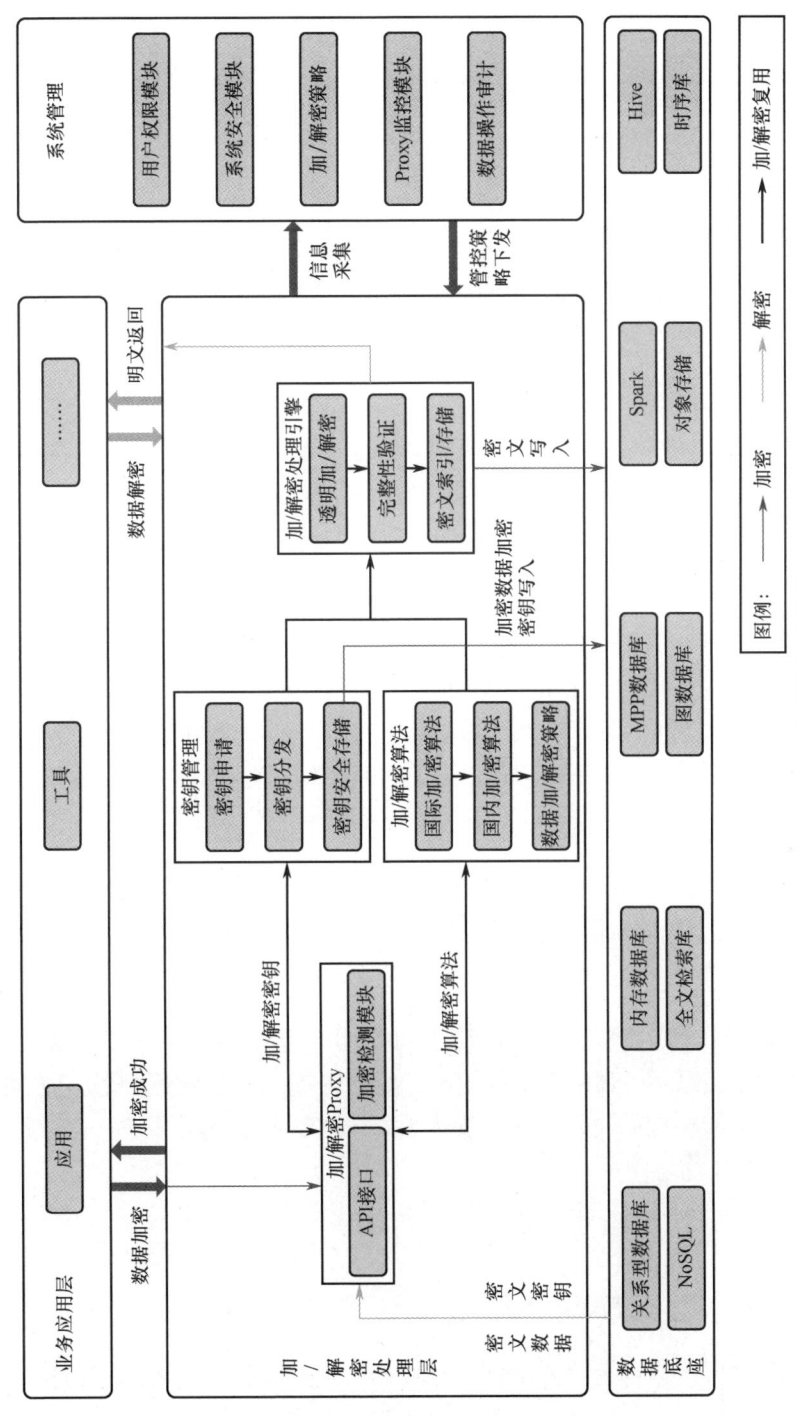

第 11 章 以生命周期为核心：形成工业数据安全之环

图 11-6 工业数据加密流程

（1）审计规则。应记录数据访问日志、数据安全日志、用户登录日志、用户操作日志、平台服务日志、非法访问日志、边界访问日志等操作日志的内容，通过高危预警、行为基线等规则对可能存在的高危访问、异常行为进行审计并发出警告。

（2）日志存储。数据操作行为应以日志形式集中统一存储至日志存储系统中，如 4A 平台或 SOC，以便管理与审计。日志存储系统应支持日志外发，便于 4A 平台或 SOC 接收日志。

11.1.5　技术发展趋势

目前，数据采集技术主要受到两个方面的制约。一是部分机器没有数据接口；二是存在大量异构通信规范。因此，工业领域需要在没有数据接口的机器上追加数据接口（包括传感器），在异构通信规范之间采用全兼容的数据采集技术。通用网关是能够提供这种全兼容技术的产品之一。

通用网关是边缘计算的一部分。每个通信协议都对应通用网关的通信驱动。其涉及的新技术是使用通用网关的边缘计算处理通信数据包，从而分解有效的信息。这大大降低了通用网关的通信处理开发成本，提高了通用网关数据收集的灵活性。此外，边缘计算还可以减少云平台不必要的处理任务，减轻云平台的计算压力。

考虑到互联网通信的不确定性，还需要在通用网关中增加断网功能，以保持数据的完整性。此外，还需要关注数据的实时性和同步性。这些特性一般可以通过调整通信的请求周期和标记数据的时间戳来确定。

通用网关是数据收集的重要设备。因此，需要有效的网络工具来管理这样的通信节点系统，监视其运行状态、数据更新、收集周期等状态，同时还需要动态调整相应的软件维护、节点参数、接口配置等。

11.2　工业数据传输

11.2.1　工业数据传输概述

工业数据传输是指数据在企业内部从一个实体通过网络流动到另一个实

体的阶段。这个阶段的安全防护主要围绕保护数据在传输过程中的保密性、完整性和可用性展开，避免数据在传输中被非法窃取、完整性遭受破坏等。

数据传输网络是由数据终端设备、电路终端设备、交换设备和传输信道组成的传输系统，是以某种拓扑形式通过各种接口电路相互连接而成的一种网络，同时数据需要遵循某一共同的通信协议才能在网络中进行传输，从而通过网络实现网络内各终端间数据的正确传输和交换的功能。网络结构按传输距离分为局部网和广域网；按拓扑形式分为总线网、星形网、环形网、树状网和网状网；按交换方式分为信息交换、电路交换和分组交换。通信协议是网络涉及的各通信设备在通信传输中必须共同遵循的一种规程。它能在数据进行传输前选择最佳路由，保证信道或链路的信道同步，实现数据在转移过程中格式和顺序的正确、流量的控制、差错的检出和纠正等。工业数据传输部署如图 11-7 所示。

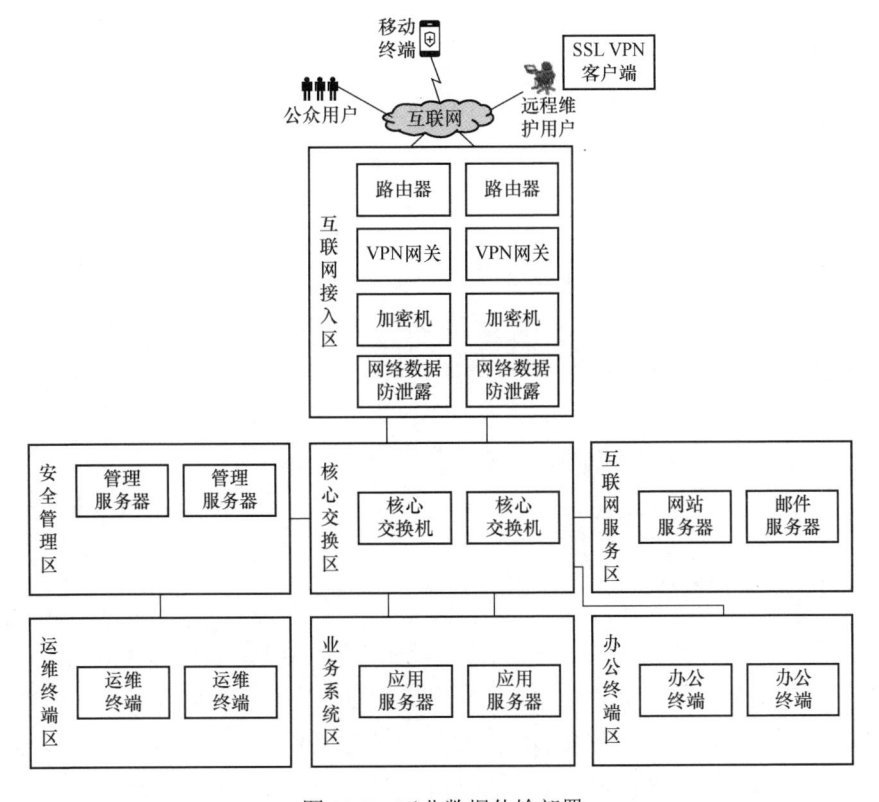

图 11-7 工业数据传输部署

11.2.2 安全防护手段

工业数据传输阶段应具备授权许可、访问控制、数据安全审计、安全溯源审计和动态脱敏等防护能力，即实现对传输数据的角色进行授权许可认证和访问行为控制，对于传输数据的行为进行安全审计，对所有执行数据传输操作的相关日志进行溯源审计，并能够针对传输中的敏感字段进行动态脱敏。

1. VPN 网关

VPN 网关为企业提供更加全面高效的安全接入服务。在体验性方面，全面支持主流浏览器，提供安全监控主屏等功能，让企业接入方便快捷，同时提供直观的监控体验。客户端提供病毒查杀和人脸识别登录等功能，为企业的接入安全提供更好的保障。

2. 加密机

加密机应使用国家商用密码主管部门鉴定并批准的国内自主开发的主机加密设备。加密机和主机之间使用 TCP/IP 协议通信，因而加密机支持任何类型的主机和主机操作系统。

3. 边缘接入网关

边缘接入网关应具备多线路融合、智能 QoS（服务质量）、智能选路、应用识别、加速优化、用户认证、网络安全、集中管理等多项核心功能。VPN 解决方案支持针对分支机构的零配置上线、分支到总部的无感知 VPN 互联、链路状态自动检测与链路自动切换，实现在不增加带宽与专线的前提下，优化出口流量，保障分支机构核心业务稳定。

11.2.3 关键防护技术

1. 安全传输技术

基于安全传输技术，提供满足数据传输安全策略相应的安全控制技术方案，包括安全通道和可信通道等，实现在构建传输通道前对两端主体身份进行鉴别和认证。同时，对数据传输安全策略的变更进行审核和监控，对通道安全配置、密码算法配置、密钥管理等保护措施进行审核和监控。

2. 高速网络传输加密技术

工业数据在传输过程具有涵盖海量数据流和传输速度快的特性，因此数据加密技术需与高速网络传输相匹配。高速网络传输加密技术主要是指通过链路加密、节点加密、端到端加密等方式，结合数据传输安全通信协议，实现对工业数据的安全高效传输。

1) 链路加密

对于在两个网络节点间的某一次通信链路，链路加密能为传输的数据提供安全保障。链路加密（又称在线加密）技术在所有数据被传输之前，先使用下一个链路的密钥对消息进行加密，并在每个节点处，对接收到的数据进行解密。

2) 节点加密

节点加密需要对所有传输的数据都进行加密操作，能给网络数据提供较高的安全性。它在操作方式上类似于链路加密，利用通信链路为传输的消息提供安全保护，在中间节点处对消息先进行解密操作，再进行加密操作。

3) 端到端加密

端到端加密是指以密文的形式在数据源端到目的端之间进行的传输，常用于小型网络结构中。采用端到端加密技术的数据在整个传输过程中不进行解密，一直被保护，可以防止节点破坏时导致数据泄露。

3. 安全审计技术

记录所有外发数据的行为日志，依据安全规则及时发现异常行为并告警，并为事后的审计追溯提供依据。

11.2.4 安全防护功能

1. 数据传输过程中的授权许可

针对不同角色进行授权，对于特定角色基于时间、IP、数据源进行授权，在授权设计上,按照权限最小化原则授予使用者不同的数据使用权限。

2. 数据传输过程中的安全溯源审计

对所有执行数据传输操作的相关日志进行溯源审计,对数据操作行为进行细粒度审计,对行为日志进行分析归纳,对安全事件进行追根溯源,同时加强内外部数据操作行为记录,对数据风险行为予以告警,对攻击行为予以阻断。

3. 数据传输过程中的数据动态脱敏

数据传输过程中的数据脱敏流程如图 11-8 所示。根据访问用户不同的使用权限,返回不同的数据。具体内容包含以下三方面。

(1)脱敏算法管理。基于大量脱敏算法,满足常规脱敏规则的使用,如假名化、屏蔽、泛化、加密、噪声添加、乱序、随机等。

(2)脱敏规则管理。编制并维护常用的脱敏规则,如置空、固定、乱序、加密、泛化、字典等。

(3)脱敏数据域管理。编制并维护多种敏感数据域。

11.2.5 技术发展趋势

未来,工业数据加密技术将向轻量级、密文操作、透明加密等方向发展。数据加密是指通过特定加密算法,将可识别的明文转变成密文的过程。使用加密处理可以保护数据不被窃取、篡改等,从而实现数据的机密性、完整性、可用性、不可抵赖性。通常,在数据传输等过程中,数据面临数据窃听、窃取、拦截等安全风险。目前,常见的安全防护措施是利用加密技术实现数据安全传输。如根据已发布的 SM4 等商用密码算法标准,对数据进行加密处理后再传输,相关技术包括基于属性的加密技术、同态加密技术、代理重加密技术、可搜索加密技术等。另外,还可以采用虚拟专网(VPN)建立数据传输安全通道,对待传输的原始数据进行加密和协议封装处理后,再嵌套装入另一种协议的数据报文中进行传输,相关安全协议包括 SSL 协议和 IPSec 协议等。

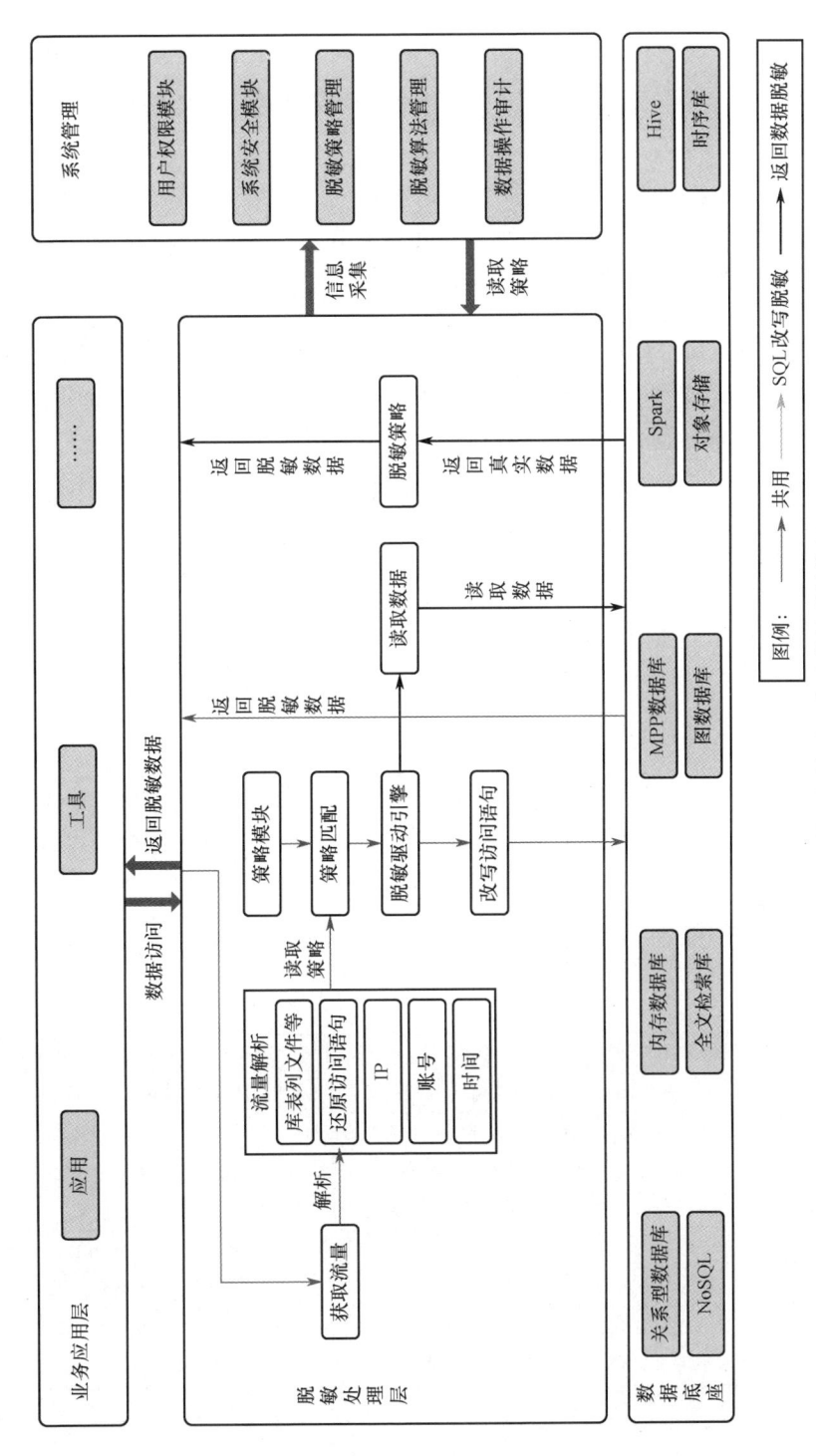

第 11 章 以生命周期为核心：形成工业数据安全之环

图11-8 数据传输过程中的数据脱敏流程

当前，工业数据内部传输和存储、外部共享、上云上平台等过程都有数据加密需求，数据加密技术需考虑工业场景下数据实时性、稳定性、可靠性等特殊要求，尽可能以轻量级的加密技术减少密码对计算、网络、存储等资源的消耗。同时，面对大规模复杂的加密数据，频繁的加/解密存在占用带宽和耗时耗力等问题，对密文的检索和使用等需求不断增加，因此密文直接可操作技术也是亟须突破的技术。

透明加密是一种以密码技术为基础的数据加密方案。该技术的核心在于解决数据加密防护和密钥管理引起的数据处理效率、系统部署和应用及工具改造的代价等问题，以及对数据自动化运维的影响。透明加密技术完全由系统自行实现，所有保存在硬盘环境中的文件均为加密状态，只有在用户读写的过程中才会进行解密，以明文形式呈现给用户。

11.3 工业数据存储

11.3.1 工业数据存储概述

工业数据存储是指数据以任何数字格式进行物理存储或云存储的阶段。工业数据存储介质一般包括 U 盘、光盘、移动硬盘、NAS 网络存储器等设备。在数据存储过程中，可能存在 U 盘备份数据损坏、光盘凹槽破坏、移动硬盘存储数据丢失等风险，具体内容如表 11-1 所示。

表 11-1 工业数据存储风险

U 盘	快闪的 U 盘数据备份形式：由于芯片本身的易损性和读写次数限制，因此很容易造成数据的丢失，甚至损毁。目前 U 盘存储是企业使用最多的方式之一，也是数据风险最高的方式之一
光盘	光盘备份是通过激光刻录光盘造成光盘表面的凹凸状态区别 0 和 1，来进行存储数据。光盘表面的化学成分是有保质期的，容易受到温度、湿度、光照等因素影响。因此，这种存储方式极可能因光盘受到物理环境变化影响而造成凹凸破坏，使数据无法恢复
移动硬盘	移动硬盘存储过程是，数据先转移到缓存中，再写入硬盘中。由于移动硬盘是精密的机电设备，安装时的无意磕碰、掉电、电流突然波动等因素都有可能造成设备无法运行，导致数据丢失
NAS 网络存储器	NAS 网络存储器是一种基于局域网的网络文件存储设备，内置独立的操作系统及应用软件，也可做磁盘阵列，但需要人工将文件及备份好的数据上传到网络存储器中

在工业数据存储过程中，一旦发生数据被非法加密、损坏、数据丢失等问题，将严重影响工业企业业务运转。因此，企业应围绕工业数据存储环节，做好数据备份与恢复技术手段建设。工业数据存储部署如图 11-9 所示。

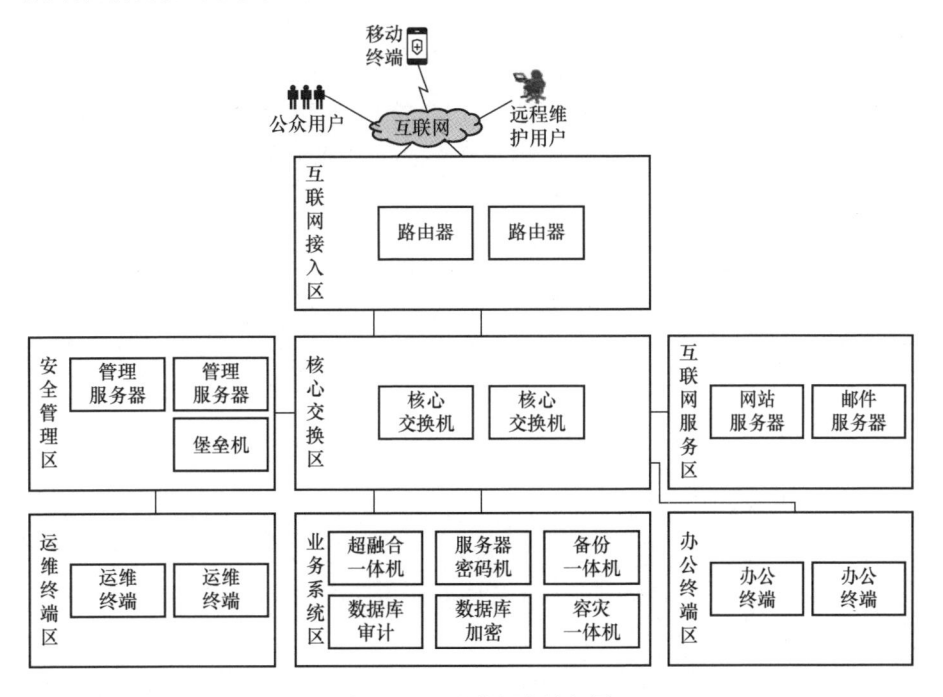

图 11-9 工业数据存储部署

11.3.2 安全防护手段

根据工业企业业务体系，应对存储在共享交换平台、归集库、过程库、基础库、主题库等系统中的数据进行安全防护。

数据存储安全防护手段应具备访问控制、数据安全审计、属地限制和数据加密等防护能力，即在数据存储阶段，应对具备数据存储权限的角色进行集中管理和访问控制，对存储行为进行安全审计，对数据存储对象进行属地限制，并针对存储的数据进行加密保护。

1. 堡垒机

堡垒机支持在一个特定的网络环境下，运用各种技术手段监控和记录运维人员对网络内的服务器、网络设备、安全设备、数据库等设备的操作行为，以便集中报警、及时处理、审计定责，进而保障网络和数据不受来自外部和内部用户的入侵和破坏。

2．服务器密码机

服务器密码机应使用国家商用密码主管部门鉴定并批准的国内自主开发的主机加密设备，支持加密机和主机之间使用 TCP/IP 协议通信。

3．备份一体机

备份一体机通过融合自动备份、数据挂载、数据副本管理等数据保护技术，为操作系统、文件、数据库、虚拟化系统、云计算平台提供全方位的数据备份保护。

4．容灾一体机

容灾一体机可以通过 FC 或 iSCSI 方式为企业业务系统提供存储资源。容灾一体机应支持采用"旁路接入"方式，即无须改造企业现有生产环境（如重设 FC 链路等），实现零风险接入，同时应与应用主机的主存储数据进行实时同步。

5．数据库加密设备

数据库加密设备应具备敏感数据加解密、权限控制、完全透明、分权管理、安全审计等功能，以防止来自内部高权限用户的数据窃取、外部网络攻击，以及由于磁盘、磁带失窃等引起的数据泄密，保障数据的机密性和完整性。

11.3.3　关键防护技术

1．分布式密码存储技术

分布式密码存储技术主要是指应用密码服务资源池技术、密钥访问控制技术、密码服务集群密钥动态配置管理技术、密码服务引擎池化技术，提升高效、并发密码服务能力和实现密钥管理功能。

2．存储隔离技术

存储隔离技术依据安全等级对数据进行隔离存储，可选方案包括逻辑隔离和物理隔离，也可以两者并用；分级分类存储是按照数据的重要程度和安全程度，在隔离存储的基础上，落实安全存储和访问控制。在保密要求不高的场景下，还可以选择可信固态硬盘存储，既可以实现对数据的细粒度访问，又可以确保效率更高、策略更灵活。

3．备份恢复技术

备份恢复技术主要是对特殊数据，如元数据、密集度高的数据或者被高频次访问的数据，通过数据同步、数据复制、数据镜像、冗余备份和灾难恢复等技术手段，确保数据完整。

11.3.4 安全防护功能

1．数据存储架构

基于组织机构的数据量增长、数据存储安全需求和合规性要求制定适当的存储架构，实现对存储数据的有效保护。

2．数据逻辑存储

基于组织机构内部数据存储安全要求和数据业务特性，建立针对数据逻辑存储环境的有效安全控制，防止出现由于逻辑存储环境的安全风险而导致的存储数据的安全风险。

3．数据存储过程中的属地限制

通过对数据存储账号进行 IP、端口、存储时间、存储位置等特定条件的匹配和验证，建立属地访问基线，进而对存储行为进行限制。

4．数据存储过程中的访问控制

基于组织机构数据存储安全需求和合规性要求，建立数据访问控制机制，防止对存储数据的未授权访问风险。

5．数据存储过程中的冗余管理

通过定期开展数据复制、备份和恢复，实现对存储数据的冗余性管理，保护数据的有效性。

6．数据存储过程中的数据归档

通过建立数据归档存储的规范化流程和安全保护措施，实现对归档数据的有效保护。

11.3.5 技术发展趋势

建立数据"容灾"备份机制，保障工业数据安全存储与业务连续性。容灾备份是通过在本地或异地建立和维护备份存储系统，利用地理上的分离来保障系统和数据对灾难性事件的抵御能力。根据容灾系统对灾难的抵抗程度，可分为数据容灾和应用容灾。数据容灾是指建立异地的数据系统，该系统是对本地系统关键应用数据的实时复制。应用容灾比数据容灾层次更高，可以在异地建立一套完整的、与本地数据系统相当的备份应用系统。在工业数据安全存储方面，应建立工业数据容灾备份机制，一般应根据备份/恢复数据量大小、应用数据中心和备援数据中心之间的距离和数据传输方式、灾难发生时所要求的恢复速度、备援中心的管理及投入资金等因素，设计合适的容灾备份系统。

11.4 工业数据使用加工

11.4.1 工业数据使用加工概述

工业数据使用加工是指，企业针对数据进行计算、分析、可视化等操作，具体包括数据挖掘、数据分析、数据复原、数据模糊化，以及数据使用中的访问控制、登记、审批等。工业数据使用加工部署体系如图 11-10 所示。

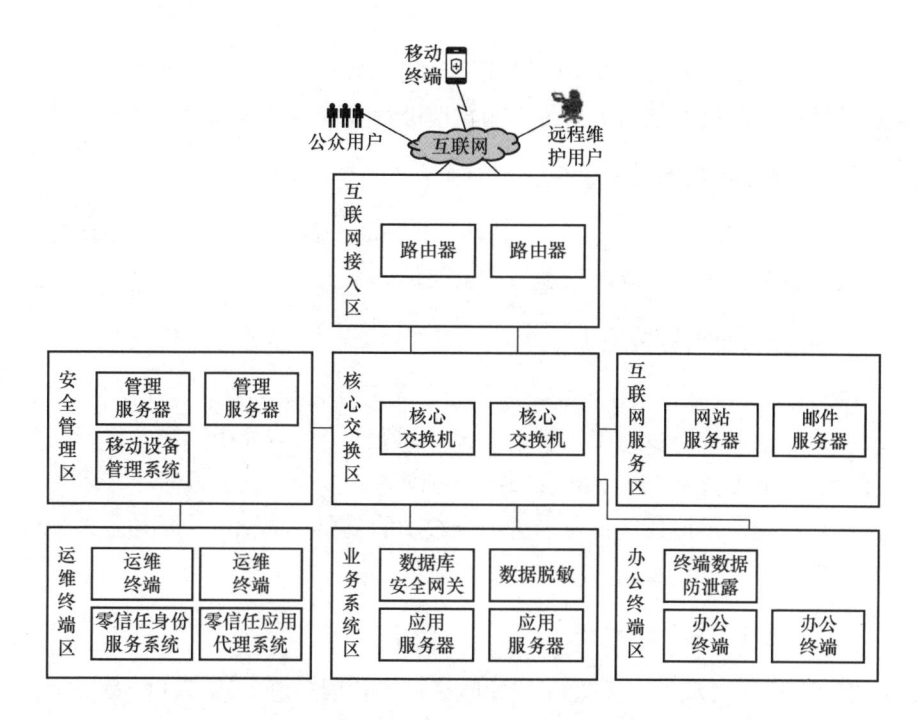

图 11-10　工业数据使用加工体系部署

11.4.2　安全防护手段

在工业数据使用加工体系中，安全防护手段应具备授权许可、访问控制、数据安全审计、安全溯源审计和数据脱敏等防护能力。安全防护手段具体包括数据库安全网关、终端数据防泄露、移动设备管理系统、零信任身份服务系统、零信任应用代理系统等安全防护设备。

1．数据库安全网关

"数据库安全网关"是一款专业的、实时主动保护数据库安全的产品。它具有数据库状态监控、数据库审计、数据库风险扫描、SQL 防火墙、访问控制等多种引擎，可提供黑白名单和例外策略、用户登录控制、用户访问权限控制，并且具有实时监控数据库访问行为和灵活的告警功能。

2．终端数据防泄露

"终端数据防泄露"客户端安装在客户的应用 PC 上，由一个集中管理平台统一控制。安全策略通过集中管理平台统一下发到各个终端设备,各个终端设备可以通过集中管理平台对终端软件进行安装、升级或者卸载。

3．移动设备管理系统

"移动设备管理系统"可以实现对企业移动设备、移动 App、移动文件等涉及的数据信息进行统一管理与安全防护。

4．零信任身份服务系统

"零信任身份服务系统"主要基于业务应用及 API 服务的访问控制需求,采用用户认证授权、身份权限管理、风险感知、UEBA(用户和实体行为分析技术)等多项技术,集中解决应用访问场景的安全问题。同时,零信任身份服务系统也是零信任体系安全解决方案中的重要组成部分,联动各个平台的控制中心。

5．零信任应用代理系统

"零信任应用代理系统"具备可信接入、访问控制、NAT(网络地址转换)、应用层检测、流量监控、日志记录、告警等功能,主要用于为不可信任的外网用户提供可信接入,为内网资源提供可信任的安全屏障。

11.4.3　关键防护技术

1．访问控制技术

访问控制通常会以显式手段对访问能力及访问内容范围进行限制性的设置。访问控制是一种防范非法用户进行资源访问等入侵行为或防范合法用户权限不当访问的有效技术手段。它可以对用户访问重要资源的权限进行限定,即使是合法用户由于错误操作而造成破坏,也可以通过访问限制来进行阻止,这样就保证了数据资源在可控、合法的条件下进行使用。用户进行系统访问时,只能按照系统授予的权限,禁止越权进行系统访问。虽然访问控制是以身份认证为技术实现前提的,但是访问控制技术和身份认证技术有着根本性的差别。

1)用户入网访问控制

对用户入网访问的操作进行控制是为网络访问提供的第一层访问控制。

其主要的控制功能体现在设置用户登录到服务器的权限，以及允许用户入网的时间范围。用户入网访问控制可以分成用户名的识别、用户口令的验证及用户账号的缺省限制查验三个主要步骤，必须全部完成这三个步骤才能获得访问权限。

2）目录级安全控制

控制用户对目录进行访问的方式是，在一级目录所获得的权限可以对该一级目录下的所有子目录有效，甚至对子目录中的文件访问权限进行授权。目录文件权限包括系统管理员权限、读写权限、删除权限、修改权限、查找权限等。判断用户对目录文件权限的有效性要看两点，用户及用户所在组的受托者指派的权限和继承的权限，以及特殊约定的用户权限。

3）属性安全控制

在设置好用户访问权限安全的基础上，还可设置文件、目录等内容的访问安全属性。属性的具体设置应当将指定的受托者指派和有效权限进行覆盖，生成对应的一张访问属性控制表，以表示用户对数据资源的访问能力。属性能够控制的权限包括文件数据写入和复制、目录查看和删除、文件的执行、隐藏和共享操作等。

4）服务器安全控制

用户可以使用网络服务器进行系统模块的装载和卸载，以及进行软件的安装和删除等。利用网络服务器的安全控制机制，可以设定口令锁定服务器控制台和服务器登录时间限制，有效防范非法用户对于数据资源进行恶意修改、删除等破坏性操作。

5）网络端口和节点的安全控制

信息通过网络端口进入计算机系统中，端口对于网络资源系统进行安全保护的形式通常是借助自动回呼设备及静默调制解调器进行加密，以识别节点身份。自动回呼设备的作用主要在于用户身份真实性识别，而静默调制解调器的作用主要在于，防御黑客利用自动拨号程序攻击网络系统。另外还有在服务器端和用户端进行系统安全控制的方式，以及用户携带身份验证硬件进行验证的方式，如智能卡、安全密码验证器等，只有用户身份得到访问控制系统确认后，才能被授权进入用户端。

6）网络检测和自动锁定控制

服务器自身可以具备一定的监控功能，可以记录用户对数据资源的访问情况，一旦出现异常，系统可以自发向数据资源管理员发送警告提示，通知数据资源管理员及时采取措施。假如非法攻击和入侵次数达到系统设置的数值，数据资源系统也可以自行锁定。

7）防火墙控制

防火墙控制技术是加强数据访问控制的常见手段，可以有效防范外部用户强行侵入内部网络，对内部数据资源进行窃取、复制等恶意操作。防火墙技术对多个网络间的数据都会在既有的安全规则框架下进行检查，以充分保证网络通信的合法性和安全性，并且可以对网络运行是否正常进行有效监督。

2. 数据脱敏技术

数据脱敏技术又称数据去隐私化或数据变形技术，是在给定的规则、策略下对敏感数据进行变换、修改的技术。数据脱敏在进行敏感信息交换的同时还需要保留原始的特征条件或脱敏后数据处理所需的必要信息，只有授权的管理者或用户在特定的情况下才可通过应用程序或工具访问数据的真实值。数据脱敏通常包括脱敏目标确认、脱敏策略制定和数据脱敏实现三个阶段。按照作用位置、实现原理不同，数据脱敏实现可分为静态数据脱敏（SDM）和动态数据脱敏（DDM），其中 SDM 用于对开发或测试中的数据集而不是生产中的数据集，而 DDM 通常用于生产环境，在敏感数据被低权限个体访问时才对其进行脱敏，并能够根据策略执行相应的脱敏方法。

3. 数据溯源技术

溯源技术是一种溯本追源的技术，根据追踪路径重现数据的历史状态和演变过程，实现数据历史档案的追溯。目前，数据溯源技术主要包括标注法和反向查询法。标注法是指通过标注的方式处理相关信息来溯源数据的历史状态，并让标注和数据一起传输，通过查看目标数据的标注来获得数据的溯源。但是，标注法不适用于细粒度数据，特别是大数据集中的数据溯源。反向查询法是通过逆向查询或者构造逆向函数进行逆向查询，不需要对源数据和目标数据进行额外标注，只在需要数据溯源时才进行计算。

11.4.4 安全防护功能

1．分布式处理安全

通过针对企业内部使用相关计算架构、开发平台或系统建立分布式处理的安全保护机制，防止分布式处理过程中可能存在的数据泄露、未授权访问等数据安全风险。

2．数据分析安全

采取适当的安全控制措施，以防止由于数据分析操作可能带来的数据泄露风险。例如，在生产优化、异常检测、供应链管理、售后服务等方面，利用聚类分析模型对生产质量、工艺参数、影响规律、生产数据异常等进行处理分析时，可能面临数据泄露风险等。

3．密文数据处理

通过建立适合企业数据服务特点的数据加密和解密处理策略及密钥管理规范，防止重要数据或敏感数据在加工使用过程中出现泄露风险。

4．数据脱敏处理

遵守法律、法规及相关标准的要求，根据数据使用过程中的安全需求和业务需求，明确敏感数据的脱敏需求，制定相应的脱敏规则，对敏感数据进行脱敏处理，以保障数据的可用性和安全性之间的平衡。

5．数据溯源

针对数据使用加工环节，建立数据溯源机制，实现工业数据源的可追溯。

一旦数据在导入和导出的过程中出现问题，应及时找到数据源，并对数据进行还原。

11.4.5 技术发展趋势

工业数据脱敏技术向动静结合脱敏、敏感字段定向脱敏、数据智能脱敏等方向发展。工业数据涵盖设计、研发、工艺、制造、物流等产品全生命周期的各类数据，存在大量敏感数据。在数据开放共享的大背景下，工业数据流动共享是推动企业数字化转型的主要动力，是工业数据核心价值体现的关键环节。工业数据跨部门、跨企业、跨地域流动共享使用逐渐成为常态，其中涉及的重要数据或敏感数据则需要在流动共享前采用数据脱敏技术等进行处理，确保数据安全共享和使用。工业数据的脱敏技术需要适配大流量、高速流动、实时交互等需求，目前，已有一些能够自动识别敏感数据，并匹配推荐脱敏算法的数据脱敏工具，后续随着机器学习技术的应用，集敏感数据自动化感知、脱敏规则自动匹配、脱敏处理自动完成等能力于一体的数据智能脱敏技术将成为新趋势。

工业数据溯源技术向信息隐藏、定位精准、跨组织追踪等方向发展。常见的标注法和反向查询法的溯源思想适用于关系数据库、科学工作流、大数据平台、云计算和区块链等应用场景。其中，典型的数据库溯源技术主要指的是数据库指纹技术，常见的数据库指纹技术大多基于数据库水印算法进行设计和改进。工业数据采集阶段重点关注如何自动生成正确的元数据及其可追溯性，数据溯源显得尤其重要。工业互联网平台汇集了企业内外部多方敏感数据，工业数据多路径、跨组织的复杂传输流动模式跨越了数据控制者和安全域。为保证数据安全，数据溯源应贯穿数据存储、使用、共享等全过程，跨系统、跨组织的数据追踪溯源技术将成为未来研究方向。

11.5 工业数据交换

11.5.1 工业数据交换概述

工业数据交换包括企业内部共享交换、与产业链上下游企业共享交换、与政府部门共享交换、与社会公众共享交换等场景。企业通过数据共享交换提升数据价值，优化生产过程，提高生产效率。但由于数据共享交换场景的复杂性和数据范围的不确定性，需要采取必要的安全管控措施，保证数据在合理、安全的前提下进行共享和交换。

工业数据敏感程度高、种类多、涉及面广、关联关系复杂，在共享交换中数据会脱离数据所有者的控制范围，数据的真实性、完整性和可用性均面临一定的安全风险。

1. 工业数据共享交换的机密性风险

（1）缺少有效的隐私保护。例如，生产工艺参数、产品模型数据、研发知识数据等信息，没有进行数据加密或权限保护，企业的核心敏感数据存在泄露的风险。

（2）未开展工业数据的分类分级。目前，大多数企业未根据业务流程、系统设备、数据复杂度等情况对工业数据开展分类梳理，缺少针对不同安全级别数据的共享交换基础和能力。

（3）匿名数据并不安全。共享交换使数据所有者失去了对谁可以访问数据的控制。即使是匿名的数据，也可以显示出有关数据主体的敏感信息，通过将这些数据与其他可公开获取的信息联系起来，得到更大价值的信息。

2. 工业数据共享交换的完整性风险

（1）工业数据失真或不全面。工业生产过程会产生大量的多源异构数据，数据标准不一致，或数据类型过于复杂，数据软件不兼容等问题，使数据共享交换面临数据失真或数据丢失的风险。

（2）数据窃取与篡改。某些企业或个人为了商业利益或其他不良目的，可能窃取共享或交换的工业数据，造成无法识别数据源，甚至进行数据篡改和造假，使数据失去可靠性。

（3）数据滥用。共享交换的数据为不法之徒滥用数据提供了可能，如利用泄露的敏感商业机密、个人信息换取商业报酬。

3. 工业数据共享交换的可用性风险

（1）数据没有得到妥善处理。共享交换的数据彼此孤立，数据更新没有保障，数据无法持续被使用。

（2）数据权利模糊，缺少有效授权。共享交换的工业数据所有权、保存权、使用权等数据权益归属目前模糊不清，法律未有明确界定，影响数据的进一步研究使用。

11.5.2 安全防护手段

在数据交换阶段，安全防护手段应具备授权许可、属地限制、数据安全审计、数据脱敏和数据防泄露等防护能力。其中，最关键的能力主要为网络数据防泄露和数据脱敏。

1. 网络数据防泄露

通过网络"抓包"技术、数据深度分析、协议内容解析、文件内容还原，对企业内部邮件客户端（SMTP）、浏览器（HTTP/HTTPS）、FTP 客户端（FTP）、网络共享（SMB）等网络途径发送或接收的文件进行解析和文档提取，识别敏感数据，按照预先定义的策略实时响应动作，进而实现敏感数据防护目的。

2. 数据脱敏

数据脱敏系统通过内置高效的脱敏算法对数据进行遮盖、变形、加密、漂白，将敏感数据转化为虚构数据，隐藏真实的数据，为企业在系统开发、系统测试、产品培训和大数据应用等情况下数据的安全使用提供保障。

11.5.3 关键防护技术

1. 隐私保护技术

在工业数据的共享交换过程中，针对企业敏感数据、隐私数据，可以利用隐私保护技术降低风险，增强数据的机密性。

1）轻量级数据加密

轻量级数据加密是在密钥长度、加密轮数等方面做出改进，并且对处理器计算能力的要求和对硬件资源的开销分别予以不同程度的降低，减少密码对计算、网络、存储等资源的消耗。

2）多方安全计算

多方安全计算具有输入独立、计算正确、去中心化等特征，可用于数据机密性保护、数据共享和隐私保护。多方安全计算能在不泄露原始数据的前提下，为数据需求方提供多方协同计算能力，即提供经各方数据计算后的整体数据画像。因此，多方安全计算能够在数据不离开数据持有节点的前提下，完成数据的分析、处理和结果发布，并提供数据访问权限控制和数据交换的一致性保障。使用多方安全计算技术，可实现多个工业企业之间的数据安全共享交换，保证数据查询方仅得到查询结果，同时改进已有的数据分析算法，通过多方数据源协同分析计算，保障敏感数据不泄露。

2．认证授权技术

在工业数据的共享交换过程中，可利用认证授权技术实现数据的完整性保护，包括确定数据的所有者是谁、确定数据是否被篡改、确定数据来源等。

1）数字签名/数字水印

在工业数据的共享交换过程中，数字签名可进行身份验证以确保数据的发送者不变。数字签名易于运输，不易被其他人复制，并且可以自动加盖时间戳，在消息发送之后，发送者也无法轻易修改它。

基于数字水印技术的数据认证则具有较强的包容性和抗干扰能力。通过在载体中嵌入一些信息，如数据所有者身份、时间戳等，当遇到疑似侵权等问题时，可以通过算法把水印信息提取出来，从而证明数据是否被篡改或者伪造。

2）区块链技术

在工业数据共享交换过程中，可利用区块链技术提供链上数据不可篡改、共享可查的链上记录等能力,提供多方信任和数据共享机制,实现各个工业领域平台之间数据共享访问验证,解决信息共享范围窄、数据交换实时性低、数据生命周期管理困难、敏感信息泄露、数据溯源难等问题。

3. 脱敏标识技术

在工业数据的共享交换过程中,数据质量、数据发布、数据管理等都可能影响数据的可用性。基于数据脱敏及标识技术,能够提高数据的可利用程度。

1)数据脱敏

数据共享交换涉及诸多来源不同、隶属关系不同的工业数据,不同企业之间按各自需求形成大量相互关联的隐私数据。对工业数据中的敏感数据、隐私数据在共享交换环节中进行脱敏处理,即对敏感数据通过脱敏规则进行数据变形,实现敏感数据、隐私数据的不可识别化。数据脱敏可以有效防止对隐私数据的滥用,在保护企业隐私数据的同时,提高共享交换数据的可用性。

2)标识解析

工业数据归属于不同主体,包括原材料供应商、生产制造商、物流运输商、销售商等角色,各个主体对工业数据的管理权限和分享策略不同,标识解析技术能够为此设计灵活的权限机制。工业数据存储于不同位置,从设计、制造、物流到使用,每个环节都可能产生并独立保存关于同一产品的不同数据,标识解析技术能够为此设计分布式的数据查询关联机制。工业数据具有不同的结构,不同行业、不同企业都定义了大量工业数据结构,标识解析技术能够为产品信息设计统一的、可扩展的语义描述机制。

11.5.4 安全防护功能

1. 数据导入、导出安全

在工业数据导入、导出过程中,实现数据安全防护,防止对数据的可用性和完整性造成危害,并防范数据泄露风险。

2．数据发布安全

在工业数据发布的过程中，对发布数据的格式、发布范围、发布者与使用者权利和义务等执行必要控制，实现数据安全可控与合规。

3．数据交换监控

建立企业内部组织机构和外部组织机构/个人之间数据交换监控机制，实现对数据交换过程中可能存在的数据滥用、数据泄露等安全风险的防控。

4．数据防泄露

配置数据防泄露策略，可以采用正则表达式或者关键字的方式，对需要绑定防泄露策略的数据进行标记。当读取导出某个被数据防泄露策略标记的数据时，采取相应的审计阻断功能。

11.5.5 技术发展趋势

多方安全计算向数据可信交换、隐私保护等应用方向发展。安全多方计算主要通过同态加密、混淆电路、不经意传输和秘密共享等技术，保障各参与方数据输入的隐私性和计算结果的准确性。多方安全计算的主要适用场景包括联合数据分析、数据安全查询、数据可信交换等。多方安全计算的特点对于大数据环境下的数据机密性保护有独特的优势，在工业数据共享和隐私保护中具有重要意义，多用于跨企业、跨行业的数据流通。使用多方安全计算技术，可实现多方之间的数据可信、互联互通，保证数据查询方仅得到查询结果，对数据库其他记录信息不可知，同时还支持改进已有的数据分析算法，通过多方数据源协同分析计算，保障敏感数据不泄露。

11.6 工业数据销毁

11.6.1 工业数据销毁概述

数据销毁是指，对数据及数据的存储介质采取相应的操作手段，使数据彻底消除且无法通过任何方式恢复。

管理工业数据是非常复杂的，涉及数据辨识、清理、优化等流程，而这些工作又是周期性的，需要花费时间和一定的人力资源，且不会带来明显的收益，通常被企业所忽视。然而，及时对无用的工业数据进行销毁，不仅可以节省硬盘存储空间，为数据中心节约运营成本，还可以提升安全性，避免重要数据泄露造成不必要的损失。因此，数据合理、安全销毁对企业而言将产生长期和正面的收益，且越早行动收益越明显。

11.6.2 安全防护手段

在工业数据销毁时，需要基于数据分类分级的方法进行数据销毁，加强数据安全防护。具体而言，需要分清数据的重要程度，对数据进行分类、整理归档，存储于分类的存储空间中。同时对数据做好名称标记，应实现通过名称就能够明确数据的大概内容，以此作为判断数据是否无用的依据。如果数据记录不明确，则在数据销毁阶段很难做到精准销毁，不仅销毁数据效率低下，还可能将有用的数据误销毁，造成数据丢失等事件。针对工业数据，还需要分级进行合理的数据销毁，避免因重要数据泄露造成严重影响。此外，还应对数据销毁权限进行授权许可，并对销毁行为进行安全审计。

11.6.3 关键防护技术

常见的数据销毁方式可以分为软销毁和硬销毁两种。软销毁，即通过数据覆写等软件方法进行数据销毁。硬销毁是指采用（物理破坏或化学销毁的方法）把记录数据的存储介质从物理层面完全破坏掉，从根本上解决数据泄露问题的销毁方式。物理破坏又可分为消磁，熔炉中焚化、熔炼，借助外力粉碎，研磨磁盘表面等方法。物理销毁方法费时又费力，一般只适用于保密要求较高的场合。化学销毁是指采用化学药品腐蚀、溶解、活化等方法销毁硬盘数据。化学销毁只能由专业人员在特殊环境下完成。

1．数据软销毁技术

1）删除与格式化操作

删除与格式化操作一般只是将数据文件进行销毁，并不能真正将磁盘区数据擦除。操作系统由于考虑到操作者操作习惯或误操作等因素，对于用户所使用的删除命令，只是将文件目录项做一个删除标记，将它们在文件分配表中所占用的簇标记为空簇，实际上并没有对数据区进行任何改变，也就是没有对这些信息做任何数据擦除、数据销毁的操作，这样数据其实依然占用存储空间，没有达到节省存储空间的目的。

2）覆写技术

数据覆写是将非保密数据写入以前存有敏感数据的存储介质的过程。数据在存储介质中是以二进制的"1"和"0"形式存储的。使用预先定义的无意义、无规律的信息反复多次覆盖存储介质上原先存储的数据，就无法知道原本的数据是"1"还是"0"，也就达到了硬盘数据销毁的目的。根据数据覆写时的具体顺序，可将其分为逐位覆写、跳位覆写、随机覆写等模式。根据时间、密级的不同要求，可组合使用上述模式。数据覆写法处理后的存储介质可以循环使用，适应于安全要求不是很高的场合，特别是需要对某一具体文件进行销毁而其他文件不能被破坏时，这种方法更为可取，可以保证数据销毁的彻底性和数据擦除的安全性。

2．数据硬销毁技术

1）格式化技术

格式化只是为操作系统创建一个全新的空文件索引，将所有的扇区标记为"未使用"状态，让操作系统认为硬盘上没有文件，因此，若采用数据恢复工具软件是可以恢复格式化后数据区中的数据的，格式化也分高级格式化、低级格式化、快速格式化和分区格式化几种。低级格式化的销毁较为彻底，很难通过软件再将已经销毁的数据还原回来，硬盘存储空间得到充分释放。

2）硬盘分区

用硬盘分区的方式销毁数据，只修改硬盘主引导记录和系统引导扇区，绝大部分的数据区并没有被修改，没有达到数据销毁数据擦除的目的。

3）文件粉碎软件

文件粉碎软件是专门用于彻底删除文件，达到数据销毁或数据擦除目的的软件。网上有一些反病毒软件也增加了数据销毁或数据擦除的功能，可以用于处理一般的私人数据，但不能用于处理带密级的数据。

4）消磁法

磁盘或是磁带等储存媒体都是磁性技术，若能破坏其磁性结构，既有的数据便不复存在。一般企业可以购买小型消磁机做单卷消磁，但消磁机磁波高，大量消磁委托专门公司较迅速安全。这种硬销毁往往被用来对已经发生故障的硬盘进行处理，避免故障硬盘里存着的数据被恶意还原出来。

5）捣碎法/剪碎法

破坏实体的储存媒体，通过大型机器捣碎、绞碎，使数据无法被系统读出，也是确保数据机密性与安全性的方法之一。这样，数据储存的媒体残骸无法被有心人士利用。采用此种数据销毁方式的企业，除能衡量可承担的最大风险外，搭配焚毁法还有加分的效益。

6）焚毁法

焚毁法是指直接把硬盘盘片拆下来，用火烧每块盘片的表面，破坏磁粉，进而销毁数据。但使用该方法，必须确保每块盘片表面都烧得均匀。一般硬盘可容忍的温度为80~90℃，且硬盘除了电路板，其他关键部分（如马达、磁头、盘片等）多数都是金属，并不易燃，所以将整台硬盘直接丢到火里烧毁的方式，其实很难完全确保每块盘片都被烧毁。以超高温烧到盘片都变形，也可以完成数据销毁的工作。但是焚毁法有一定的危险性，使用该方法时应注意场地的选择。

11.6.4 安全防护功能

1．介质使用管理

针对企业内部需要对数据存储介质进行访问和使用的场景，建立有效的制度流程并部署相关技术工具，防止对介质的不当使用而造成数据泄露。

2．数据销毁处置

建立针对数据内容的清除和净化机制，实现对数据的有效销毁，防止不法分子对存储介质上的数据内容进行恶意恢复而导致数据泄露。

提供与数据销毁指引相配套的各类数据销毁的技术工具（如针对网络存储数据、闪存、硬盘、磁带、光盘等存储数据），执行人员利用规范的工具进行数据销毁，确保以不可逆方式销毁数据及其副本内容，从而保证对同类场景下的数据销毁效果的一致性。

3．介质销毁处置

建立对数据存储介质进行安全销毁的规程和技术手段，防止因介质丢失、被窃或未授权的物理访问而造成介质中存储的数据被泄露。

11.6.5 技术发展趋势

网络数据销毁技术将更为成熟。在网络存储、私有云、公有云等技术日益成熟的条件下，越来越多的企业选择了不在本地存储数据，而是选择将数据存储在云上。云上存储数据的销毁与本地存储数据的销毁有很大区别，在本地存储环境中，企业作为存储媒体及数据的完全控制者，可以利用多种技术进行数据销毁，并且可以确认数据是否已被销毁。当在云上存储环境时，企业失去了对存储媒体的完全控制权，也失去了对数据的完全控制权，即使做了数据销毁的相关操作，也无法确认数据是否已被真正销毁。

随着工业上云成为趋势，大量工业数据成为网络数据（在云上存储的数据），也吸引了更多技术力量投身于网络数据销毁技术的研究。当前，网络数据销毁技术主要有两个发展方向：①基于密钥销毁的数据不可用销毁方式；②基于时间过期机制的数据自销毁方式。其中，基于密钥销毁的数据不可用销毁方式，采取不销毁数据本身、销毁加密数据密钥的方式实现数据的不可访问，将数据销毁问题转移至密钥销毁问题。基于时间过期机制的数据自销毁方式是指通过在网络存储中，或者与其连接的其他环境中安装一个数据自销毁程序，在数据销毁前对数据打上一个过期时间标记，然后对网络数据进行删除销毁。

第 12 章

行业案例

12.1 采矿业：5G 智慧工厂数据安全案例

12.1.1 需求分析

1. 背景

随着 5G 的商用，越来越多的矿山企业开始建设 5G 智慧工厂，以实现对矿区安全生产的智能辅助决策、调度指挥、即时控制。5G 智慧工厂通过"智慧平台"对生产进行管控，能够实现电钻、电铲、矿山卡车等远程遥控智能化作业，如电钻远程操作、自动钻孔、电铲远程操作、矿山卡车远程控制、矿山卡车自动驾驶等。5G 智慧工厂含有大量的工业现场设备、工业控制系统、网络基础设施、工业应用程序等，其中蕴含着海量的工业数据。

2. 需求

5G 智慧工厂具有业务和场景多样、网络开放等特征，使大量工业数据、用户隐私信息从封闭的平台转移到开放平台上，且联网数据体量大、种类多、结构复杂，数据通信缺乏加密认证等，在数据存储、传输、使用加工与交换等环节均存在较大的安全风险。因此，企业在 5G 智慧工厂数据安全保护方面需求强烈。

加强数据安全保护的关键在于对安全风险的识别、处置、关闭、溯源。本案例提出的数据安全解决方案，从可落地、可实施的角度，针对在 5G 智慧工厂场景下的数据安全风险管控能力建设提供可行的技术实现路径。在 5G 智慧工厂场景下数据安全闭环管理思路如图 12-1 所示。

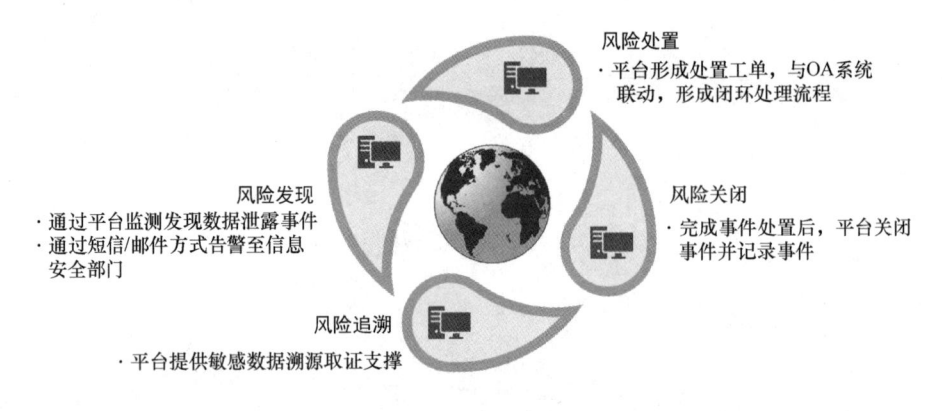

风险发现
· 通过平台监测发现数据泄露事件
· 通过短信/邮件方式告警至信息安全部门

风险处置
· 平台形成处置工单,与OA系统联动,形成闭环处理流程

风险关闭
· 完成事件处置后,平台关闭事件并记录事件

风险追溯
· 平台提供敏感数据溯源取证支撑

图 12-1　在 5G 智慧工厂场景下数据安全闭环管理思路

12.1.2　方案内容

1. 方案概述

本案例以 5G 智慧工厂数据安全保护为目标,设计的解决方案能够实现工业数据安全风险持续监测、自动识别及风险预警。具体方案包括搭建 5G+ 数据安全风险监测预警平台,开发数据安全风险评估工具箱,开展 5G+ 业务数据安全风险评估,自动监测、全面分析 5G+ 业务数据安全风险,并针对风险点提出对应的数据安全防护建议。

2. 实施方案

1) 数据安全防护产品

5G+ 数据安全风险监测预警平台采用安全监测系统、蜜罐系统、敏感数据识别等数据安全防护产品。从平台的核心功能来看,主要分为数据安全监测及合规分析功能模块、威胁情报库功能模块、敏感数据风险挖掘功能模块。具体建设方案如下。

模块一:数据安全监测及合规分析功能模块。

利用大数据、人工智能等技术,构建基于聚类算法的无监督学习、多维建模及智能分析模型,对采集到的大数据侧应用系统数据流量中的数据内容和数据传输信息(源 IP 地址/目标 IP 地址、接口等信息,即数据从哪里来,到哪里去）进行监控，对风险点发出预警，并绘制敏感数据地图，对数据处理过程进行可视化，输出系统数据安全合规报告，实现自动化监测数据安全风险。

具体原理：通过监控网络流量、连接和对象，结合机器学习和其他高级分析技术，基于流量行为特征对异常行为进行分析，实现恶意行为的早期监测与预警。本模块建设方案利用深度学习、神经网络技术自动执行异常行为特征提取的过程。常规发现的异常不会直接生成提供给客户的报警信息，而是作为机器学习使用的原始数据：features（特征）。在收集 features 的基础上，利用机器学习（如贝叶斯方法），快速确定不同 features 组合对应的风险值。针对风险值大于一定阈值的异常行为，将会输出报警信息提醒用户及时关注。数据安全监测及合规分析功能模块建设方案如图 12-2 所示。

模块二：威胁情报库功能模块。

通过搭建蜜罐系统（蜜罐系统是指与真实系统相似、存在漏洞的虚假系统，能够引诱攻击者对其发起网络攻击），捕获攻击活动，采集恶意行为数据、威胁关键词等，生成威胁情报信息。

系统威胁情报采集支持多源情报数据和多种情报类型。其中，支持的情报类型如下。

（1）IP 情报。

（2）Domain 域名情报。

（3）URL 情报。

（4）File Hash 情报。

（5）Email 情报。

（6）漏洞情报。

（7）高级情报。

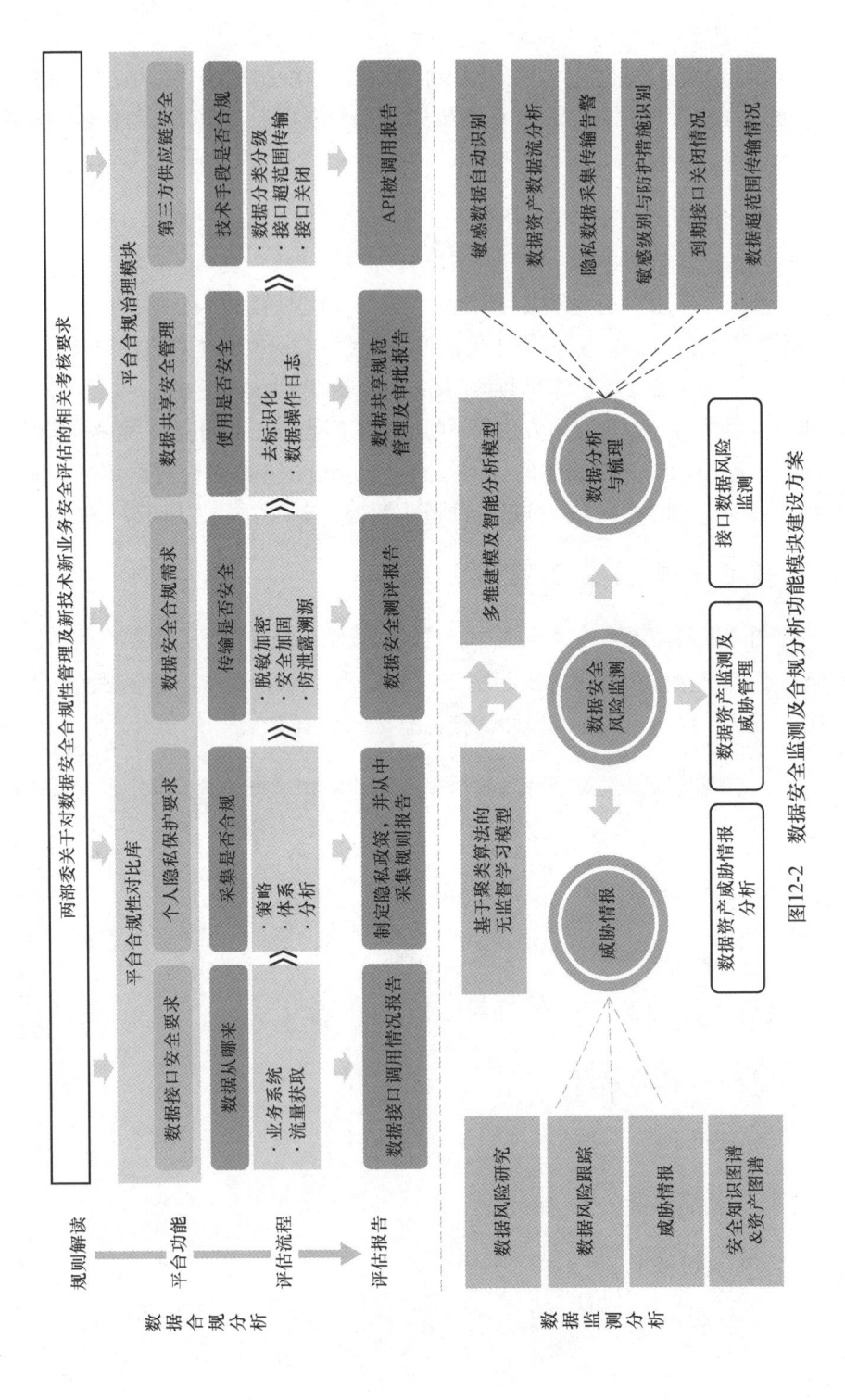

图12-2 数据安全监测及合规分析功能模块建设方案

通过搭建 OTX 开源情报收集模型，利用大数据平台分析建模能力，构建网络攻击组织画像，从中识别出高危的 APT（Advanced Persistent Threat，高级持续性威胁）攻击事件。首先对获取到的异常行为数据进行预处理，然后根据特征库进行匹配判断；对匹配成功的恶意行为数据再进行数据分析，获取威胁关键词，生成威胁信息。通过威胁情报来区分不同类型的攻击事件，并从中识别出高危的 APT 类型事件，确保及时有效应对，避免 APT 攻击造成的数据遭窃取、泄露等后果，让损失最小化。威胁情报分析系统功能模块建设方案如图 12-3 所示。

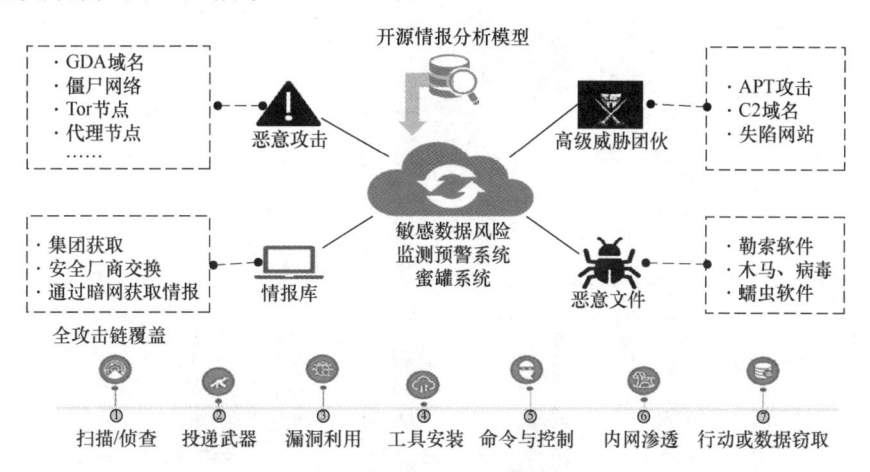

图 12-3 威胁情报分析系统功能模块建设方案

模块三：敏感数据风险挖掘功能模块。

在 5G 智慧工厂业务采用的边缘计算架构中，网络功能虚拟化（NFV）将网络功能软件（分组核心中的 MME、S/P-GW 和 PCRF，以及 RAN 中的 DU）全部部署在商业服务器的虚拟机上，而不是单独部署在专用网络设备上。同时，由于多接入边缘计算基数（MEC）节点靠近网络的边缘，外部环境可信度降低，管理控制能力减弱，使 MEC 平台和 MEC 应用处于相对不安全的物理环境。大量虚拟机的分配进一步导致了网络边界模糊、虚拟机漏洞利用等诸多安全问题，使软硬件资产面临更复杂的网络攻击风险。针对 5G 智慧工厂存在的网络功能虚拟化（NFV）边界资产识别困难、敏感数据缺乏监测手段等问题，为敏感数据风险挖掘功能模块设计的解决方案如图 12-4 所示。

图12-4 敏感数据风险挖掘功能模块建设方案

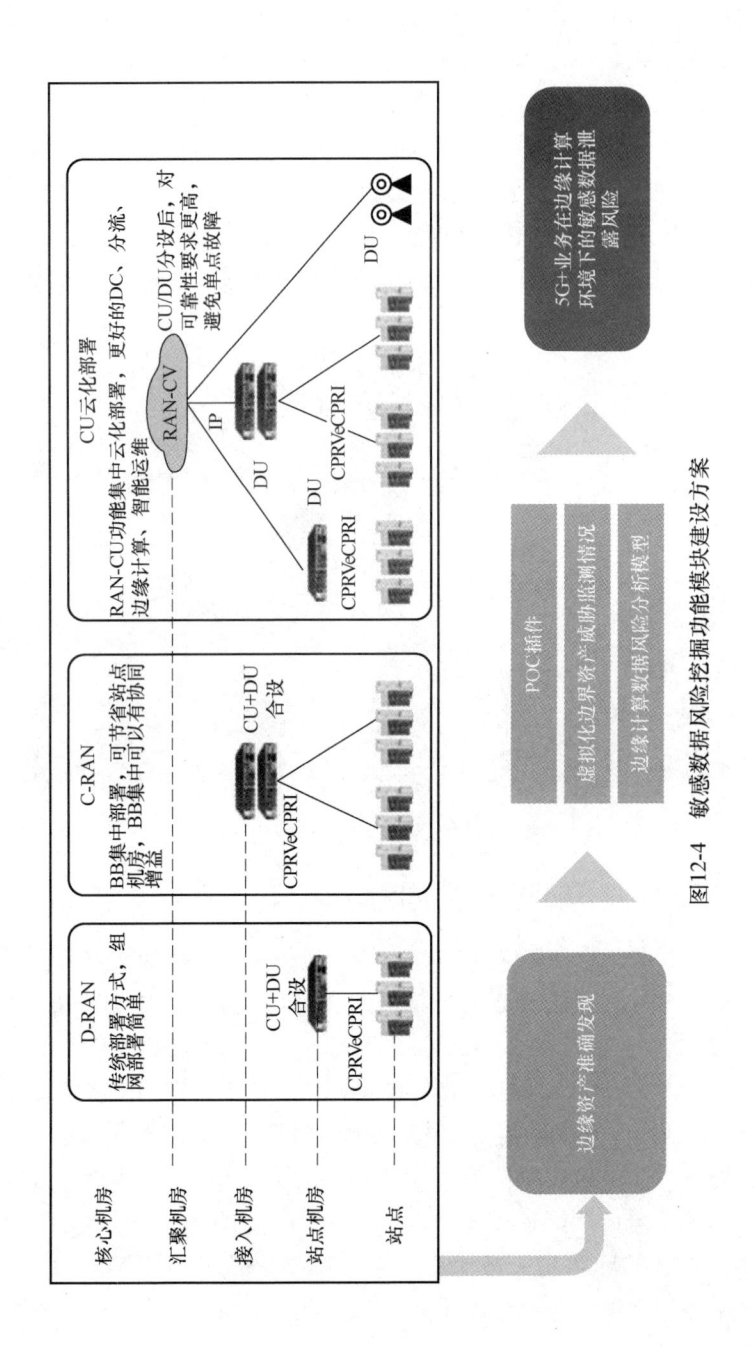

（1）边界资产识别解决方案：在大数据平台建立资产指纹库，通过域名、IP 地址等信息，精准扫描，发现边缘资产。

（2）敏感数据监测及识别方案：针对性地开发 POC 插件，对资产进行漏洞扫描；基于大数据平台建设的边缘计算数据风险分析模型，对漏洞扫描结果进行分析，从而识别出 5G+业务在边缘计算环境下的敏感数据暴露风险。

（3）多接入边缘计算识别方案：针对网络功能虚拟化（NFV）的边界资产，以资产指纹识别为核心，配合 MEC 下的虚拟服务器的商业及开源软件，针对性地开发 POC 插件库。针对 MEC 的不同功能域，如管理域、核心网域、基础服务域（位置业务/CDN 等）、第三方应用域等，基于边缘分布式的特点，引入各种虚拟资产识别能力，实现全区 IP 化软硬件资产的指纹识别与威胁检测。

2）数据安全风险治理服务

5G+数据安全风险监测预警平台能够实现互联网边界设备资产指纹识别、资产脆弱性检测、威胁情报共享等。为了更好地保护数据资产，本案例还开发了数据安全风险评估工具箱，加强 5G+数据的风险探测和风险管理。

（1）关键数据资产识别及分类分级。

首先开展关键数据资产识别工作。通过调研和访谈系统梳理 5G 环境下的工业数据清单，并明确数据的采集、传输、存储等环节是否采取加密措施、访问控制是否到位等。企业的核心业务数据、个人敏感信息、访问系统的密码、加密的密钥等数据凭证应标记为企业最核心的数据资产。基于梳理的工业数据清单，按照《工业数据分类分级指南（试行）》等规定，对数据进行分类分级管理，有针对性地实施数据保护。

（2）数据安全风险评估模型。

开展 5G+数据安全风险评估需要识别 5G 环境下新技术、新业务、新应用等带来的数据安全风险。本案例参照工业和信息化部《电信和互联网行业提升网络数据安全保护能力专项行动方案》、《5G 业务安全评估框架》、《中国移动互联网新技术新业务安全评估管理办法（2019）》、《互联网新技术新业务信息安全评估指南》(YD/T 3169—2016)、《2020年电信和互联网企业数据安全合规性评估要求》、《信息安全技术　信息安全风险评估规范》(GB/T 20984—2007)等制度、规范要求，结合5G业务特征风险矩阵，创新性地提出了5G+数据安全风险评估模型。

5G+数据安全风险评估模型以5G技术架构、业务数据安全、数据全生命周期、隐私保护、安全保障能力等为核心评估点，从防止敏感数据信息泄露的角度出发，分析可能对数据安全造成影响的各类威胁和隐患，评估项包括（但不限于）以下内容。

① 网络安全评估。

5G网络具有"eMBB"增强移动宽带、"URLLC"超高可靠超低时延通信和"mMTC"大连接物联网等网络特征，能够对企业业务造成较大影响，如业务能力的提升、用户规模的扩大、信息内容更加丰富、信息量剧增等。同时，企业业务也会因为新的网络特征而面临新的安全风险。因此，需要结合5G网络特征进行5G+数据的安全风险评估，评估的内容、模块、指标如表12-1所示。

表12-1　5G网络安全评估

评估内容	评估模块	评估指标
5G基础安全功能	5G基础安全	认证
		加密
		完整性保护
5G网络基础安全	组网	网络安全隔离
	NFV安全	虚拟化网络隔离能力
	切片安全	切片接入认证
	边缘计算	MEC平台攻击保护
		UPF安全防护
安全防御能力	安全监测	IDS或其他检测设备
	安全防护	抗DDoS或同类设备
	访问控制	防火墙或同类设备
系统安全基线	网元设备	网元基线
	设备安全基线	4A接入

② 数据安全评估。

单一维度的管理和技术手段难以解决数据安全保护的"分类难、识别难、防护难、评价难"这四大难题，因此必须系统性地考虑数据安全保护工作，明确保护要求、保护目标和保护策略，要形成以分类分级为基础的数据安全管理能力，包括数据信息分类能力、海量数据识别能力、全方位的发现能力、多维度的保护能力、可测量改进的能力。

参照国内外数据安全防护指引及相关信息安全标准，结合风险评估实践经验，本案例提出了基于数据资产风险评估和 PDCA 过程模型的数据安全治理框架。按照《2020 年电信和互联网企业数据安全合规性评估要求》等文件要求，构建数据安全评估矩阵（见表 12-2），通过对 5G+数据进行风险评估，实现数据安全风险的及时发现和有效控制。

表 12-2　数据安全评估矩阵

评估内容	评估模块	评估指标
通用安全管理	资产梳理	数据资产清单
		数据资产表单变更台账
	权限管理	系统账号管理
		系统访问授权
		运维支撑人员操作权限
		敏感数据操作权限
	安全审计	重点环节日志留存管理
		日志记录完整、准确
		日志留存时间要求
		日志操作权限控制
		日志审计策略
		日志审计报告
	合作管理	合作方监督管理
		合作方管理台账机制
		安全保密协议
	应急响应	应急预案及演练
		数据安全事件处置
		数据安全事件报告

续表

评估内容	评估模块		评估指标
数据全生命周期	数据采集		采集规则
			隐私政策
			最小必要原则
	数据传输	数据传输加密	数据传输通道加密
			身份鉴权信息加密
			密钥管理
		数据传输接口安全管理	传输接口识别梳理
			接口管理安全评估
		数据出境业务	梳理数据出境情况的业务
	数据存储	数据存储加密	数据存储安全策略和操作规程
			数据加密方法
		数据备份和恢复	数据备份的方法、周期、地点
			数据恢复的方法、验证机制
	数据使用	数据使用安全策略和操作规程	区分不同目的下数据使用审批流程、数据脱敏处理使用规则
		处理个人信息时消除明确身份指向性	处理个人信息时消除明确身份指向性
		用户明示同意及个人信息安全风险评估	改变个人信息使用目的或改变个人信息使用规则时，应再次征得用户明示同意
		去标识化处理	对使用相关平台展示的个人敏感信息采取技术方式进行去标识化处理
	数据开放共享		数据共享规范管理及审批
			合作协议
			数据导入、导出安全
	数据销毁		数据删除场景及手段
			存储介质删除方法
			个人信息删除

③ 企业安全保障能力评估。

企业安全保障能力评估主要评估企业安全管理措施和技术保障手段能否将数据安全风险控制在可接受范围内。可以从安全管理机构、安全管理制度、业务规范、技术保障手段建设情况等多个方面，评估企业的安全保障水平（见表12-3）。

表 12-3 企业安全保障能力评估

评估内容	评估模块	评估指标
业务应用安全保障基线要求	用户管理	普通账号身份验证
		公众账号身份验证
		注册信息审核
		用户真实身份鉴别
		账号与群组分级管理
		用户投诉管理
	信息内容管理	信息内容管理制度
		内容技术手段建设
	信息搜索功能管理	信息搜索功能管理
	信息发布递送功能管理	信息发布递送功能管理
	信息社区平台功能管理	信息社区功能管理
	应用分发平台功能管理	应用开发者管理
		应用安全审查
		日常监测
		违法应急处置
	信息即时交互功能管理	账号注册管理
		群组功能管理
		转发功能管理
		信息销毁功能管理
	安全规则张贴和主动提示	安全规则张贴和主动提示
	溯源管理	用户身份信息变更留存
		日志留存管理
	信息联动管理	信息联动管理
	应急处置	应急处置管理机制
		应急处置技术能力
业务平台安全保障基线要求	业务平台部署	平台设施信息备案
		设施境内外分布
	资源调度	资源实时监控
		违法信息监测处理
		系统日志留存
	业务合作	合作方式合规性
		合作企业安全能力

续表

评估内容	评估模块	评估指标
业务平台安全保障基线要求	用户接入要求	资质审核
		用户信息备案
		开放接口需求
业务运行安全保障基线要求	用户个人信息保护	用户个人信息保护
	业务逻辑安全管理	业务办理管理
		业务登录管理
		业务使用管理

12.1.3 实施效果

1. 构建 5G+数据安全风险评估模型

5G 数据安全评估刚刚起步，目前尚无成熟的评估模型。本案例在充分参考《电信和互联网行业提升网络数据安全保护能力专项行动方案》、《5G业务安全评估框架》、《中国移动互联网新技术新业务安全评估管理办法（2019）》、《互联网新技术新业务信息安全评估指南》（YD/T 3169—2016）、《2020 年电信和互联网企业数据安全合规性评估要求》、《信息安全技术 信息安全风险评估规范》（GB/T 20984—2007）等制度、规范的基础上，创新性地提出 5G+数据安全风险评估模型，采用此模型开展实际的 5G+数据安全评估工作，为 5G 业务数据安全风险识别与防护能力提升奠定基础。

2. 强化 5G+数据安全风险识别能力

围绕 5G+数据安全风险识别，采用网络流量 DPI（深度报文解析）分析技术、大数据清洗分析技术、UEBA（用户实体行为分析）技术及人工智能风险建模技术，识别 5G+业务设备传输数据的风险暴露面，实现 5G+数据全生命周期风险管理及数据安全问题的闭环处理，降低敏感数据泄露风险。

3. 提升 5G 智慧工厂数据平台的安全级别

基于现有 5G+大数据平台自身的安全防护措施，从数据的底层到应用层实现对数据全生命周期的安全防护。基于 5G+数据安全风险监测预警平台，保证企业拥有数据的所有权和控制权,做到权限增强级的细粒度控制、安全审计和态势预警分析,实现事前预警、事中监控、事后溯源。

12.2 能源化工行业:石化企业数字化转型背景下的数据安全保护案例

12.2.1 背景概述

山东××石油化工有限公司(以下简称"××石化")是一家以石油化工为主业、集石油炼制与后续化工为一体的大型民营企业。2018年开始,××石化携手××公司建立以××工业操作系统为基础的数字底座,通过应用模式构建可持续发展的智慧炼厂建设方案,实现海量、多元工业大数据的融合集成和场景式大数据挖掘应用,满足工厂全生命周期的信息管理和持续优化的需求。同时,利用工业互联网、工业大数据和人工智能等技术,实现工艺寻优、操作寻优和运营优化的目标。通过项目的实施,完成多元、异构数据融合管理,并基于异构数据开发工业机理模型,形成通用数据定义、系统集成接口技术要求、平台功能规范等标准,践行协同化制造、柔性化生产等制造业新模式,从而实现××石化全面的数字化转型升级。

12.2.2 数据安全风险分析

企业在进行数字化转型的同时,面临的数据安全风险也与日俱增,主要有以下四个方面。

1. 缺少访问控制手段,造成数据泄密

在生产网络各区域中,各个独立系统间的访问控制基本处于空白阶段,仅通过VLAN划分网段进行隔离,不能实现良好的访问控制。甚至在有些生产环境下,所有控制系统均在同一网段下。然而不同的控制系统在管理层面通常安排了不同的运维人员,若生产网络各区域间缺乏有效的访问控制措施,相关运维人员极易进行非法的跨控制系统访问,造成数据泄密。

2．缺少边界隔离措施，造成数据被非法篡改

企业生产网和管理网之间缺乏有效的技术隔离手段，管理网一旦遭遇病毒入侵或黑客攻击，可能造成工业数据被非法窃取或篡改，直接威胁生产网的安全。

3．缺少统一运维管控，造成数据安全盲点

对众多网络设备、安全设备和服务器产生的大量日志、流量、业务等数据，缺少统一的全面的运维管控手段，无法综合分析数据安全风险。

4．缺少应急响应能力，造成数据恢复缓慢

企业的工业数据安全事件应急响应能力薄弱。通常在事件发生后，仅采取断开被入侵系统与其他系统网络连接的方法作为防护手段，无法实施更多切实有效的响应策略，导致难以第一时间高效遏制安全事件，数据恢复进程缓慢，甚至造成数据丢失等严重后果。

12.2.3　数据安全保护方案设计

针对企业在数字化转型背景下面临的数据安全风险，从技术和管理两个层面进行数据安全防护设计。

1．技术层面

技术层面的工业数据安全防护架构如图 12-5 所示。

首先对网络进行分区分域管理，分为 IT 侧和 OT 侧。其中 IT 侧又分为互联网接入区、核心交换区、IT 安全管理中心、互联网服务区、内部服务区和办公区；OT 侧分为 OT 安全网络、OT 安全主机和 OT 安全管理中心。

在互联网接入区部署抗 DDOS 模块、负载均衡、防火墙、Web 应用防护、上网行为管理、防恶意代码、入侵防御，实现边界的防护控制、入侵防御等功能。

在核心交换区部署准入控制，只允许授权的设备接入网络；部署 IT 探针，搜集网络流量、日志信息等内容；部署 VPN 进行远程连接身份鉴别和加密传输。

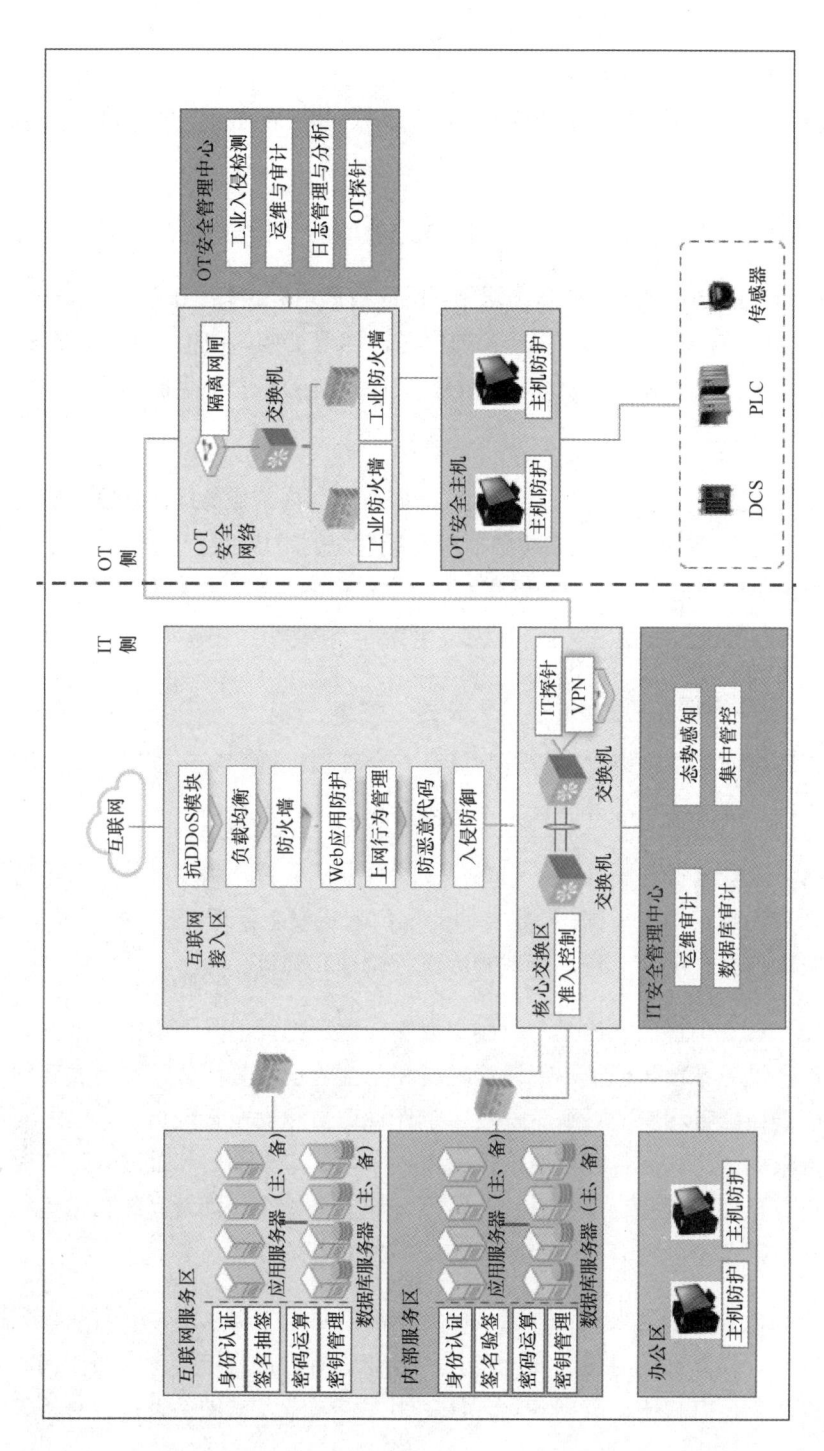

图12-5 技术层面的工业数据安全防护架构

在 IT 安全管理中心部署运维审计、态势感知、数据库审计、集中管控等模块，其中态势感知模块汇总 IT 侧和 OT 侧探针的数据，进行威胁辨识和响应处置。

在办公区部署主机防护软件，对主机进行漏洞、木马扫描，以及安全加固。

在 OT 侧安全网络部署隔离网闸，保证数据单向传输；部署工业防火墙，实现边界访问控制。在 OT 安全管理中心，部署工业入侵检测模块、运维与审计模块、日志管理与分析模块和 OT 探针。在 OT 安全主机部署工业主机防护软件。

在工业数据安全防护方面，在互联网服务区和内部服务区部署密码应用安全设备，例如，通过签名验签服务器对登录系统的用户进行身份鉴别，通过服务器密码机对数据进行加密和解密服务，通过密钥管理系统对密钥的生成、存储、导入与导出、使用、备份与恢复、归档、销毁等全生命周期进行管理。

2. 管理层面

管理层面主要围绕安全管理制度、安全管理机构、安全管理人员、安全建设管理、安全运维等方面设计工业数据安全保护方案。

（1）在安全管理制度上，制定相应的数据安全管理制度，并对人员的日常管理行为制定相应规程；指定专门的部门制定安全管理制度，并正式发布、进行版本控制；定期对安全管理制度进行论证和修订。

（2）在安全管理机构上，设立数据安全管理部门，具体承担数据安全管理工作，设立系统管理员、审计管理员和安全管理员等岗位，并定义部门和岗位职责；配备相应的系统管理员、审计管理员和安全管理员，人员之间不兼职；根据部门和岗位职责明确授权审批事项、审批部门和批准人，并对系统变更等重要事项执行审批过程；定期开展安全检查，涉及系统日常运行、漏洞和数据备份、现有安全策略、防护措施的有效性等。

（3）在安全管理人员管理上，由专职部门负责人员录用，并对从事数据安全相关工作人员的身份、安全背景、专业资质等进行审查；人员离岗时，及时终止其所有权限，收回各种证件、钥匙、徽章及软硬件设备；对相关人员开展安全意识教育和技能培训,并告知其安全责任和惩戒措施;外部人员访问受控区域或接入受控网络前应先提出书面申请,经批准后由专人全程陪同或由专人开设账户、分配权限,并登记备案;外部人员离场后及时清除其所有的访问权限。

(4)在安全建设管理上,重要设备及安全产品通过国家及行业监管部门认可的专业机构的安全性及电磁兼容性检测后方可采购使用;确保系统开发环境与实际运行环境在物理层面分开,测试数据和测试结果受到控制,并在开发过程中进行安全性测试;制订安全性测试验收方案,依据测试验收方案实施验收,形成验收报告,并对负责运行维护的技术人员进行相应的技能培训;选择安全合规的系统及服务供应商,其所提供的设备和系统等应为其所承载的业务提供相应的安全防护能力,明确其责任和义务,并签署保密协议。

(5)在安全运维上,指定专门的部门或人员负责机房安全,定期对机房供配电、空调、温湿度控制、消防等设施进行维护管理;编制并保存重要数据资产清单,包括资产责任部门、重要程度和所处位置等内容;确保数据存储介质存放在安全的环境中,确保存储环境有专人管理,并根据存档介质的目录清单定期盘点;在统一的应急预案框架下制订不同事件的专项预案,应急预案框架包括启动应急预案的条件、应急处理流程、系统恢复流程、事后教育和培训等内容,并根据情况进行评估和修订;明确安全事件的报告和处置流程,制定安全事件报告和处置管理制度,及时向安全主管部门报告所发现的安全弱点和可疑事件。

12.3 铁路行业:铁路数据分类分级防护解决方案

数据是国家基础战略资源和重要的生产要素。铁路行业信息数据量庞大,铁路运输关系到全国人民的出行和财产安全,切实做好铁路信息数据保护工作一直是国铁集团高度重视的一项重点任务。

12.3.1 铁路数据安全保护难点

铁路信息数据保护主要有四个难点。

1. 信息数据识别梳理难

开展信息数据安全保护，其首要任务就是对信息数据进行识别梳理，分类分级。铁路信息数据类型呈多样化，可以从业务特性、敏感性和呈现形态上进行多种划分，同时，各类信息数据源头众多、载体分布广泛、规模日益庞大，这些因素都给铁路信息数据安全保护带来很大难题。

2. 信息数据安全管控难

信息数据处理涉及产生、收集、存储、传输、使用、共享和销毁等环节。因业务需要，铁路信息数据会不断流动和变化，不仅流经行业内部、横跨诸多部门，也可能转移到其他信息数据处理者手中，甚至跨境流动。因此，针对铁路信息数据处理，每个环节和不同应用场景可能面临不同的安全风险，安全监测、协同防护和管理控制难度大。

3. 人员信息数据安全意识薄弱

信息数据具有强流动性，跨部门、跨区域、跨行业，信息数据处理的生命周期会牵扯众多人员，人员安全意识参差不齐，"重业务、轻安全"的思想普遍存在，部分人员对数据敏感性、个人信息隐私合规等缺乏足够的安全认识，这也是信息数据安全保护工作的难点之一。

4. 新技术应用使信息数据安全风险增加

随着人工智能、数据挖掘等技术的发展应用，大数据分析能力有了进一步提升，甚至可以从海量碎片化、非敏感的数据中分析出涉及企业核心利益和国家安全的信息。面临新挑战，需要运用更多的技术创新来支撑和保障，才能实现持续性地动态化防护和常态化管理。

12.3.2 铁路数据安全保护措施

铁路数据安全保护坚持依法合规、全面管控、围绕战略、统筹发展、重点保障、综合防范的原则，从数据保护整体框架、数据安全分级分类、数据安全保护制度等方面对铁路数据加强保护，分别从以下三个层面制定安全保护措施。

1. 铁路数据保护框架层面

基于不同维度的铁路数据安全防护技术，从顶层建立综合保护框架，包括数据通用安全防护、铁路基础信息系统数据安全防护及数据从采集开始到归档销毁的全生命周期防护等。铁路基础信息系统数据全生命周期防护框架如图 12-6 所示。

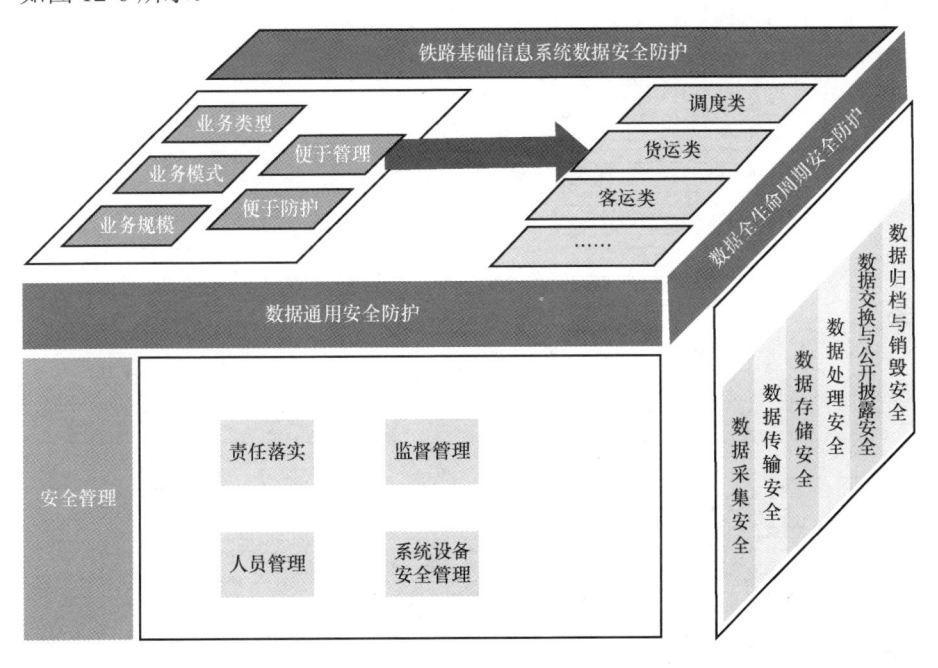

图 12-6　铁路基础信息系统数据全生命周期防护框架

2. 铁路数据分类分级层面

中国国家铁路集团有限公司（以下简称"国铁集团"）以其信息化总体规划发布的铁路数据分类为基础，已经建立了更为细化的铁路数据分类框架，为铁路各类数据资源的归类和数据分级确立了良好的技术基础。从业务角度对铁路数据进行分类，共分为战略决策、调度、综合协同、资产经营开发、财务管理、建设管理、货运、客运、设施装备、安全管控、物资管理和人力资源 12 类数据，如图 12-7 所示。

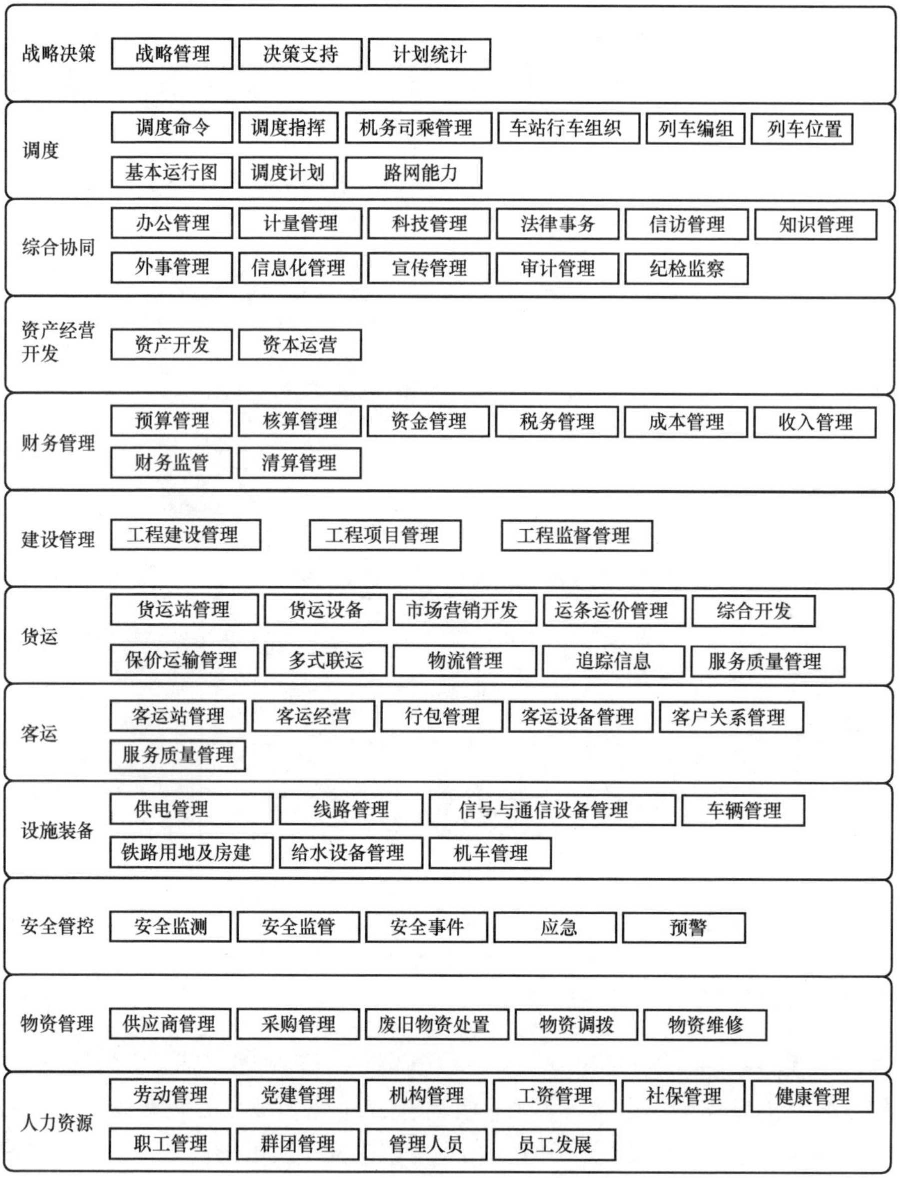

战略决策	战略管理	决策支持	计划统计			
调度	调度命令	调度指挥	机务司乘管理	车站行车组织	列车编组	列车位置
	基本运行图	调度计划	路网能力			
综合协同	办公管理	计量管理	科技管理	法律事务	信访管理	知识管理
	外事管理	信息化管理	宣传管理	审计管理	纪检监察	
资产经营开发	资产开发	资本运营				
财务管理	预算管理	核算管理	资金管理	税务管理	成本管理	收入管理
	财务监管	清算管理				
建设管理	工程建设管理	工程项目管理	工程监督管理			
货运	货运站管理	货运设备	市场营销开发	运条运价管理	综合开发	
	保价运输管理	多式联运	物流管理	追踪信息	服务质量管理	
客运	客运站管理	客运经营	行包管理	客运设备管理	客户关系管理	
	服务质量管理					
设施装备	供电管理	线路管理	信号与通信设备管理	车辆管理		
	铁路用地及房建	给水设备管理	机车管理			
安全管控	安全监测	安全监管	安全事件	应急	预警	
物资管理	供应商管理	采购管理	废旧物资处置	物资调拨	物资维修	
人力资源	劳动管理	党建管理	机构管理	工资管理	社保管理	健康管理
	职工管理	群团管理	管理人员	员工发展		

图 12-7 铁路数据按业务分类

根据不同类别铁路信息系统数据遭篡改、破坏、泄露或非法利用后，可能给业务运营、经济效益、国家行业安全等带来的后果，将铁路数据分为高敏感数据、敏感数据、内部数据和公开数据四个级别，铁路数据根据数据的保密性、完整性、可用性遭到破坏、损失后的影响对象（行业安全、企业安全、个人隐私安全）和影响程度（严重损害、一般损害、轻微损害和无损害）划分为四级：高度机密、机密、内部和公开级（公开级以外的其他级别原则上不对铁路外部共享），并根据数据安全级别对数据进行分级防护。（本分级方案不适用于涉及国家秘密的数据。）

（1）高度机密级是铁路行业产生的，受到破坏、损失后会对社会秩序、公共利益和铁路行业造成严重损害的数据。

（2）机密级是需要铁路行业产生主要严格保密的，受到破坏、损失、泄露后会对公民、法人和其他组织的合法权益产生严重损害，或者对社会秩序、公共利益、铁路行业造成损害的数据。

（3）内部级是限于铁路行业内部范围内知晓和了解的，受到破坏、损失后会对公民、法人和其他组织的合法权益造成损害，但不损害社会秩序和公共利益的数据。

（4）公开级是可向社会公众和外界媒体公开的，受到破坏、损失后，不会对公民、法人和其他组织的合法权益及社会秩序和公共利益造成损害的数据。

3．铁路数据制度体系层面

近年来，国铁集团相继制定了《铁路数据管理办法》《铁路主数据平台管理办法》《铁路大数据应用实施方案》等一系列数据安全保护相关的制度文件，发布了包括铁路主数据、铁路数据分类分级指南在内的一批数据标准，为铁路数据保护工作提供了明确清晰的制度和标准依据。铁路工业互联网数据安全保障体系架构如图12-8所示。

12.3.3 铁路数据安全保护成效

铁路信息数据保护取得的阶段性成效主要体现在以下三个方面。

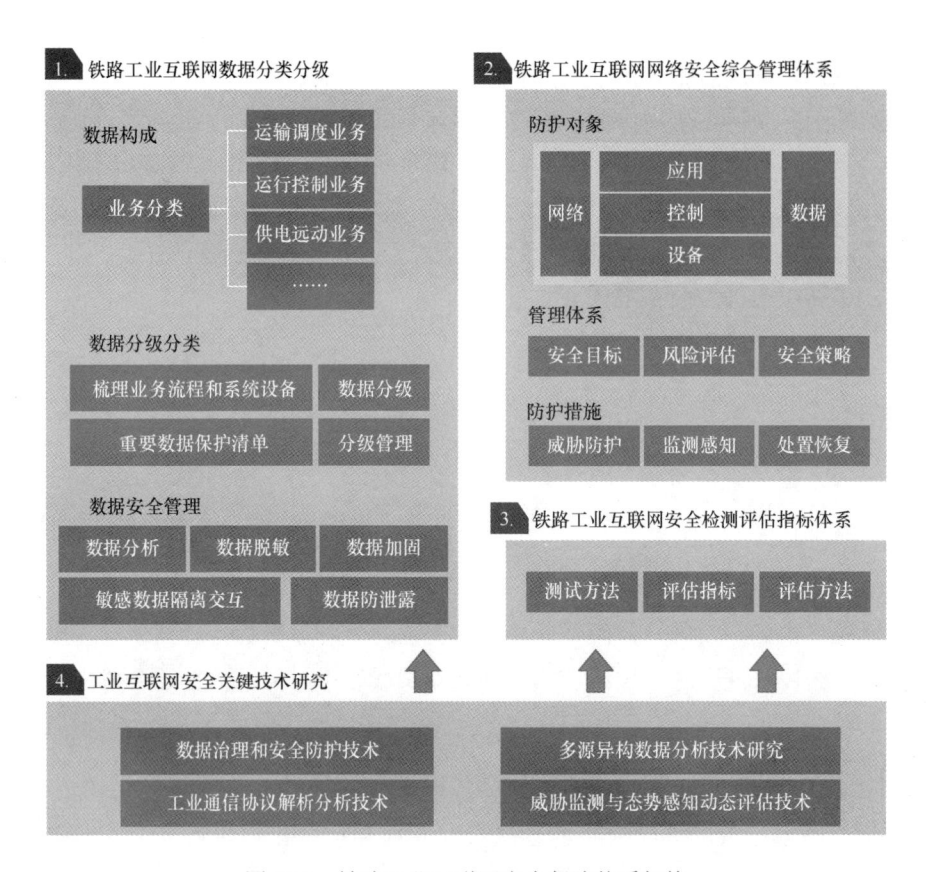

图 12-8　铁路工业互联网安全保障体系架构

1. 铁路主数据中心和一体化信息集成平台的全面运用

为满足铁路信息化建设和铁路大数据应用需求，保障信息系统运行安全可靠，国铁集团建设了全路集中统一的基于云架构的武清铁路主数据中心。目前，已建设千余套基础设备，并完成百余个业务系统的迁移和并线运行，实现了数据管理和调度统一。同时，着力打破"数据孤岛"，国铁集团大力推进以数据服务平台为核心的一体化信息集成平台的建设和运用，为大数据分析挖掘、数据资源综合利用和跨系统信息共享提供了重要支撑。

2. 推进示范工程建设使铁路数据防护能力进一步提升

国铁集团采用试点先行、全面推广的实施策略，有序推进铁路领域重要信息系统一体化安全保障示范工程建设，初步构建了符合实际、突出重点、防护得当的铁路数据安全技术保障体系。同时，严格落实等级保护测评、关键信息基础设施风险评估和密码应用安全性评估要求，打造一批技术过硬、易用性强的优势产品，通过加密、脱敏和审计等技术手段，进一步加强信息数据安全防护能力。

3. 逐渐健全铁路数据保护的组织机构和人才队伍保障

目前，国铁集团及所属各单位都成立了网络安全相关的组织机构，并对标政策法规和规章制度，明确了信息数据安全保护工作的职责。作为国家铁路信息化建设重要的技术力量，中国铁道科学研究院承担了包括 12306 和 95306 等 90%以上的铁路信息系统研发和运维任务，并专门组建了铁路大数据及人工智能中心和评测中心等实体技术团队，为全路提供专业化技术支撑和安全保障服务。

12.4 智能制造行业：某制造企业工业数据安全服务平台建设案例

12.4.1 风险分析

工业互联网打破了过去人机物之间、工厂与工厂之间、企业上下游之间彼此相对独立、纯物理隔离的状态，构建起了融合创新的、开放的、全球化的工业网络。工业互联网在推动制造企业数字化、网络化、智能化转型升级中发挥了重要作用，助力企业提升生产效率、降低生产成本、提高产品质量。随着工业互联网、云计算、大数据、人工智能等新兴技术在制造企业的融合应用，在促进广泛互联互通、汇聚海量多源异构数据、着力释放工业数据价值的同时，这类应用也带来了新的数据安全风险。

1. 开放性风险

为了更好地赋能制造企业，工业数据的网络开放性不断扩大，在快速处理复杂多样数据的需求下，安全管理的敏感度通常不能设置过高，这使安全加固策略的复杂性有所降低。此外，随着工业数据的参与者增加，安全防护级别有降低趋势，而安全防护系统的升级速度又落后于数据量非线性增长的速度，数据安全防护薄弱面扩大。工业数据作为企业的核心资产已经成为不法分子的重点攻击目标，同时参与数据处理活动的相关人员还可能因违规操作造成数据泄露等风险。

2. 分散性风险

由于制造企业的业务特性，数据安全设备部署通常较为分散，无法针对工业生产网络的相关安全设备进行统一管控，限制了工业数据安全防护效率。若相关人员未及时处理安全设备告警信息、未及时升级更新相关设备，可能造成设备漏洞遭黑客非法利用、网络入侵行为未及时处置等引发的工业数据安全事件等。

3. 多样性风险

依托工业互联网平台，制造企业可以收集来自不同设备、不同系统、不同参与方的多源异构数据，其中涵盖了各种非结构化数据与结构化数据。工业数据的多样性使提取有效信息的难度加大，信息匹配与信息有效性验证更加困难。工业数据来源尤其是客户数据来源存在不可靠风险。如何判断其真实有效性已成为难题，甚至可能引发更多安全问题。

4. 巨量性风险

工业数据海量汇聚和增长趋势使其更容易成为网络攻击目标。一方面，由于工业数据海量集中存储，数据泄露风险剧增。攻击实施难度虽然增加，但攻击成本相对降低。另一方面，通过对海量的工业数据进行聚合分析，能够发现其中蕴含的高价值敏感信息。因此，海量数据更易受到勒索软件团伙、具有国家背景的黑客组织等的攻击。

数据在流动、共享中才能更好地发挥其价值，因此，传统的以隔离为主的安全思路已经不再适应于数字化时代的需求。在此背景下，以保障数据使用安全的数据安全防护体系的理念应运而生。

12.4.2 需求分析

本案例针对某制造企业的工业互联网平台数据安全风险，基于大数据安全技术开展网络安全解决方案设计和综合安全防护体系建设，形成了工业互联网数据安全服务平台解决方案。

企业在保护工业数据安全方面，采取了审计、脱敏、加密等技术措施，但这些措施都独立运行，未能形成以数据为中心的安全治理体系。具体存在以下不足。

（1）针对结构化及非结构化数据，未建立全景可视化的数据安全保护体系，对网络入侵、非法访问、违规操作、数据流向、数据泄露等动态情况掌握不全。

（2）未实现数据安全集中管控，已有的安全手段（如权限控制、静态脱敏和审计等）并未以数据为中心进行统一控制和联动，未能发挥各项安全措施的协同效应，数据安全风险防范还停留在单点控制层面。

（3）未摸清各数据处理平台存在的安全风险情况，如是否存在漏洞、是否修补了漏洞、安全配置是否合理、是否存在后门等。

（4）未形成规范统一的工业数据分类分级标准，未全面梳理工业数据资产，对数据资产的分布、载体、数据量、数据类型等掌握不全，甚至存在无人管理的敏感数据资产和孤岛资产，可能导致严重数据安全事件。

因此，企业在提升工业互联网平台数据安全保护能力、构建全面数据安全保护体系等方面存在切实需求。

12.4.3　技术方案

本解决方案通过打造工业互联网平台纵深数据安全防御体系，大幅提升企业工业互联网平台数据安全防护能力，保障平台业务流程的安全，助力企业实现安全运营。

1．建设目标

1）数据统一运调，提升企业数据安全防御体系

基于工业数据统一安全防护治理思路，为某制造企业建立工业互联网数

据安全服务平台，在数据收集、传输、存储、使用加工、交换、销毁等环节实施统一的数据安全管控。依据数据安全相关的法律、法规和标准规范，结合工业互联网全域的业务数据特点，按照不同区域的数据访问使用场景及面临的风险进行安全控制，做到制造企业数据流向实时监控和防护，实现对工业数据的全生命周期安全管控。

2）优化数据质量，提升企业数据运营管控能力

通过建立成熟的数据关联分析模型和规则、统一的数据格式标准，以及制定统一的流量标准和数据集成接口标准，输出高质量的安全数据，实现对工业互联网平台各类数据的安全应用。全面收集、梳理和评估数据的安全风险，并实现对数据流向的跟踪及预警，解决企业普遍存在的数据分散、不集中、标准不统一、数据使用不规范、数据维护困难等问题，全面提升企业数据安全运营管控能力。

3）保护敏感数据，提升个人信息使用规范

工业数据安全服务平台的建设，依据了《信息安全技术 个人信息安全规范》等标准，实现规范制造企业在个人敏感信息搜集、保存、使用、共享、转让、公开披露等信息处理环节中的相关行为，从而遏制个人信息违规收集、滥用、泄露等乱象，最大限度地保障个人合法权益和社会公共利益。

2. 解决思路

本解决方案主要从数据识别、数据梳理、静态与动态数据脱敏及数据传输安全等角度综合考虑数据安全保护。

通过程序自动发现或人工配置的方式对工业互联网大数据平台中的敏感数据进行标记，以实现敏感数据的识别。再进行数据的梳理（数据的分类分级），并嵌入安全标签，将元数据和标签信息存入防护系统中的数据资产管理库，构建大数据环境下基于安全标签的数据资产的访问控制机制。

在数据使用过程中，通过静态、动态数据脱敏等手段，实现数据的脱敏处理。

在数据传输过程中，为防止数据被恶意拦截，接口的数据传输方式及其传输内容应采用校验技术，保证数据的完整性；采用加密协议，保证数据的机密性。

以数据安全保障为视角，从数据安全的合规遵从、能力成熟度提升、安全基础支撑资源整合、数据中心全生命周期保护过程、数据安全能力组织及工业互联网业务支撑六个方面规划数据安全保护体系。最终实现工业数据管理规范、过程监管、追踪溯源、使用安全四大目标。

通过建设工业数据安全服务平台，保护制造企业数据资产。按照数据风险评估结果，结合数据生命周期的各种场景的安全管理控制规范，通过工业数据安全服务平台制定相应的安全控制策略，从数据存储加密、数据共享安全、数据传输安全、数据销毁等方面设计安全策略。工业数据安全服务平台的监控与审计子系统将动态监控数据安全的运行状况，及时发现安全短板，进而调整安全控制策略，促进数据安全保护策略的持续优化。

3．实施路径

解决方案的实施路径分为五个步骤。

第一步：基于企业工业互联网业务，明确数据安全组织机构，制定数据安全保护纲领和制度规范体系。

第二步：制定数据分类分级规范，为数据安全保护提供基础。

第三步：对数据资源进行统一梳理，包括数据资产的分布、载体、类型、数据量、归属部门责任人、分级分类标签等属性。

第四步：对数据处理平台定期开展数据安全风险评估，掌握数据处理系统的数据安全风险；对数据全生命周期存在的风险进行评估，掌握各环节存在的数据安全弱点，并确保风险得到及时控制。

第五步：建设制造企业工业数据安全服务平台，基于业务数据的分类分级结果、数据安全风险评估结果及相关管理规范制度要求，围绕数据收集、传输、存储、使用加工、交换、销毁各环节及各场景数据流转提供全方位防护，实现以数据为中心的全流程保护体系。

（1）通过工业数据安全服务平台，基于数据资产的分类分级标签，对工业数据资产的收集、传输、存储、使用加工、交换、销毁等各个环节进行集中的安全控制。

（2）通过工业数据安全服务平台，实现数据安全防护与安全控制。基于统一的数据安全能力服务接口，以服务化/资源池化的方式赋能制造企业各个应用的数据安全防护。提供数据访问接入统一控制能力；提供数据库加密、文档加密、文件加密存储等安全能力；提供链路加密、端到端加密、安全邮件系统等传输安全能力；提供运维安全控制能力；提供数据共享的脱敏、水印溯源能力；提供终端安全控制能力；提供数据销毁能力；提供统一身份管理和验证能力；实现对数据全生命周期的防护。

（3）通过工业数据安全服务平台，实现数据安全联动分析与安全监测等安全运营能力。基于工业数据安全态势与风险态势视角，实现对网络攻击、非法访问、违规操作、数据流向、安全趋势等情况的直观呈现，并为数据安全集中管控体系策略改进提供方向指引。

4．关键技术

本解决方案提出的工业数据安全防护体系建设，以工业数据安全能力成熟度评估为抓手，以工业数据分类分级为基础，从组织建设入手，明确数据安全的权责关系。在此基础上，结合数据业务、合规需求及安全风险等，确定数据安全治理目标，完善数据安全管理体系。通过全面梳理数据业务关系及数据流向，结合数据安全风险评估结果，明确数据资产的脆弱性及面临的主要威胁，识别在采集、传输、存储、处理、交换及销毁等全生命周期存在的数据安全风险。最后根据当前数据安全能力现状与能力目标的差距，给出切实可行的数据安全治理方案。此外，关注数据安全能力改进、建设及运维过程的管理，确保数据安全能力切实落地。

人为因素是数据安全建设中最重要的环节，所有的工业数据安全管理规范及技术措施都是以人为基础的，加强人员教育往往能解决技术手段无法解决的问题。在人员能力培养方面，可以围绕全员教育、制度宣贯及专业人员培训认证三个层面提供全方位的人才教育培养服务。对企业全体工作人员及相关第三方人员进行安全意识教育，提升整体数据安全意识水平；针对参与到业务中的全体人员进行数据安全管理规范的整体宣讲及解读，促进数据安全管理规范体系的落地；针对专业安全管理人员、业务运维人员及相关合作伙伴专业技术人员开展数据安全治理（CISP-DSG）培训及认证。

数据安全治理服务根据企业业务需求特点，分析数据安全能力现状与目标差距，并围绕强化数据保密性、完整性及可用性，制订切实可行的数据安全治理方案。数据安全治理模型如图 12-9 所示。

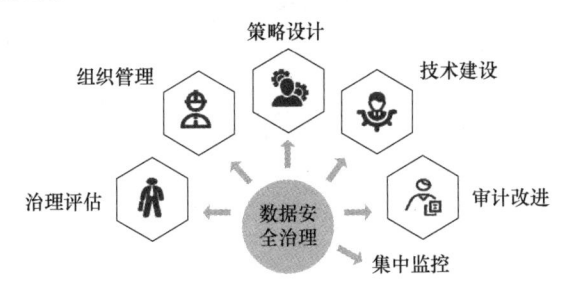

图 12-9　数据安全治理模型

1）治理评估

以业务部门为最小单元，基于业务识别、数据识别、风险识别，制定数据安全治理评估过程。通过制定数据分类分级标准，梳理数据资产清单及权责、数据使用过程及生命周期环节，分析业务环境及脆弱性等，确定数据安全能力成熟度等级。

2）组织管理

本着"谁主管、谁负责"的工作原则落实执行，在系统全生命周期各阶段明确责任部门及安全职责。制定数据安全管理办法，并同步完善数据安全管理制度、业务制度、技术制度等。

3）策略设计

在全面开展风险分析的基础上，制定合理的安全策略，在数据的分级、分类、分布、访问权限、传输路径、操作审计和备份恢复等多个方面，规定数据处理人员、处理时间、处理地点、数据类型及处理行为等。

4）技术建设

通过数据安全技术防护能力建设，基于数据集进行细粒度管控，明确各措施执行周期，制定技术目标和技术建设内容。

5）数据安全审计及持续改进

在日常运营维护中，应当保持系统处于持续开展安全防护的状态，对整体环节加强安全审计监督，并持续跟踪数据安全治理服务。

6）集中监控，优化数据安全防护策略

对网络边界和重要节点的数据流量实施安全监控，收集并分析核心交换设备及服务器数据。根据分析结果进行相应的处理，更新优化数据安全防护策略。

5. 系统架构

工业数据安全服务平台提供全方位的数据安全保护，在获取数据资产的分布、数量、分类分级等信息后，结合风险评估结果及相关管理规章制度，为不同类别级别的数据制定匹配的数据安全控制策略，并针对数据全生命周期的收集、传输、存储、使用加工、交换、销毁等各环节，按照不同使用场景执行不同的控制策略。例如，工业数据共享至开发测试环境时需要采用脱敏策略；离线数据共享至第三方时应采用水印策略；在数据维护场景中应采用数据安全运维控制策略；针对业务使用和在线共享应采用权限控制、动态脱敏等控制策略，保证数据的使用和共享安全；对于敏感数据存储和传输应采用加密策略，保证传输和存储安全。

另外，工业数据安全服务平台对数据的使用、共享等进行全程监控，能够及时发现数据安全风险、数据流向等情况，并对这些信息进行场景关联分析，对数据安全态势进行集中展示。

工业数据安全服务平台分为三层架构，即安全资源层、安全服务层及安全运营中心。工业数据安全治理平台功能框架如图12-10所示。

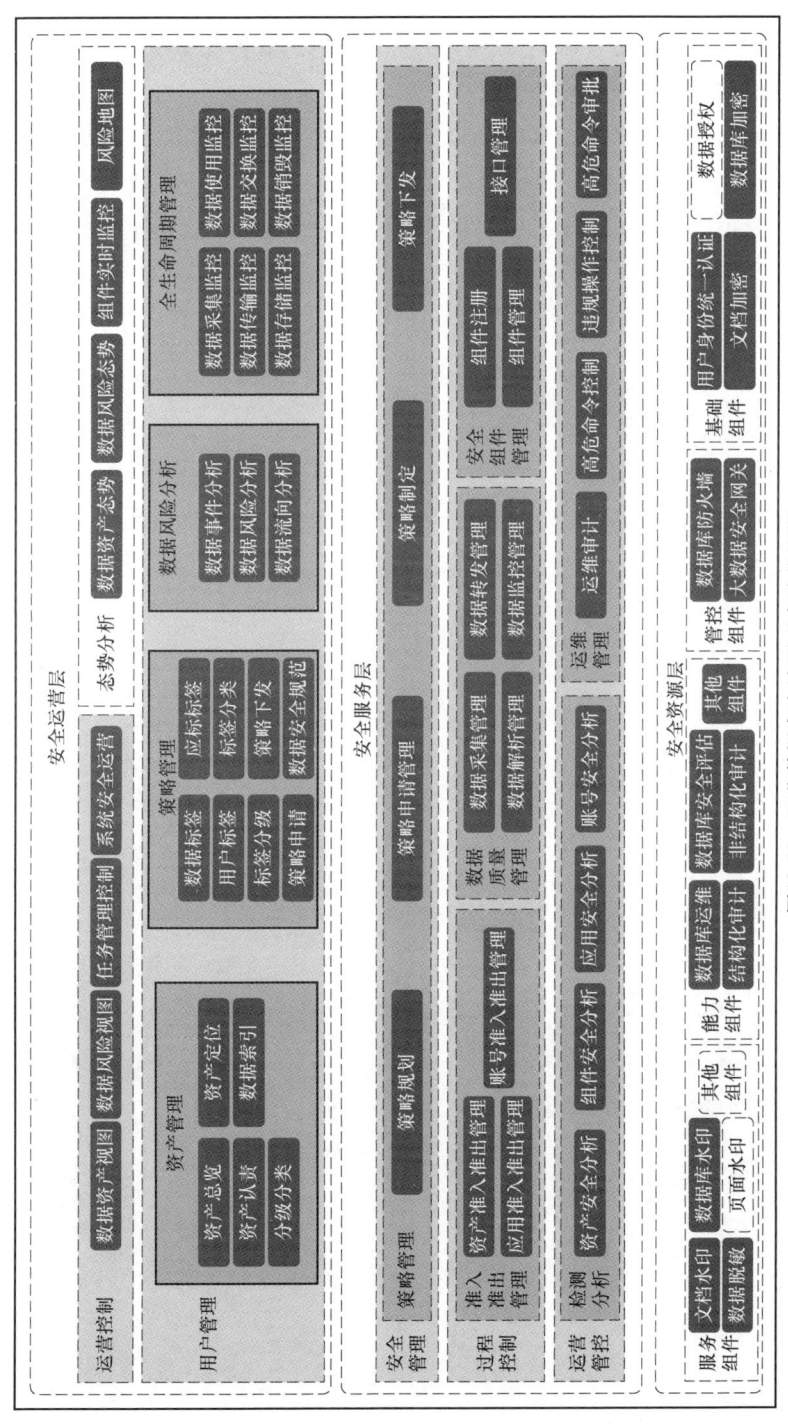

图 12-10 工业数据安全治理平台功能框架

（1）安全资源层：部署数据安全基础组件、数据安全服务组件、数据安全能力组件及数据安全管控组件，为安全服务层提供能力支撑。其中，基础组件包括用户身份统一认证、文档加密和数据库加密功能，后期将补充数据授权组件；安全服务组件包括数据脱敏、文档水印和数据库水印，后期将补充页面水印组件；能力组件包括数据库运维、数据库安全评估、结构化审计和非结构化审计等组件；管控组件包括数据库防火墙和大数据安全网关。

（2）安全服务层：安全服务层是平台的统一通信中枢，通过建立南北向接口标准，能够管理包括数据安全组件在内的相关安全设备/软件，从而实现数据安全统一策略的下发及管理。安全服务层与上层建立接口连接，接受安全运营层的业务策略申请，通过安全服务层的自动编排策略模型，实现对组件自动下发安全策略，为安全运营层提供安全支撑。安全服务层包括准入准出管理、策略管理、数据质量管理、安全组件管理、监测分析及运维管理六大功能模块。

（3）安全运营层：安全运营层是承载制造企业数据安全管理和技术手段的集中支撑应用层，可覆盖数据生命周期的各个环节，为制造企业提供数据安全管理、检测、监测、防护、审计等能力，实现数据资源安全运营、数据安全策略运营、数据安全事件运营及数据安全风险运营等能力的有效协同。

安全运营层南向对接安全服务层，通过资产管理、分类分级管理、策略下发等功能，以驱动安全能力组件的方式实现数据安全管控；从数据安全风险总体状况、资产分布情况、系统风险处置情况、数据全生命周期风险状况等维度，对企业数据安全状况进行全方位展现。

6．实用成果

工业数据安全服务平台上线后，作为制造企业数据安全的服务平台，为业务系统提供了数据的全生命周期安全防护，保障业务数据流转的各个环节可控、可管、可视。

12.4.4 成果效益

1．管理效益

1）全面提升企业数据安全服务能力

首先，通过部署工业数据安全服务平台，能够解决制造企业在数据采集、数据传输、数据存储、数据使用加工、数据交换、数据展现、数据分析等方面存在的横向协同和安全管控共性问题。

其次，工业数据安全服务平台采用了服务化的框架及理念，充分考虑了数据应用场景及企业数据安全保护个性化需求，以统一数据安全防护为基础，能够系统化（服务化）、标准化、自动化、智能化地实现数据安全保护，为企业提供更科学的数据化运营和数据化决策，从而提高企业数据安全运营能力。

2）数据质量优化提升

统筹规划 IT 监控、运维流程管理、安全监测预警、安全风险管控、安全综合运营的数据模型和数据存储计算方式，保证数据来源可追溯，保障数据的准确性、完整性、一致性及合理性。在一体化建设理念下，整合现有运维领域各应用系统，运用技术和管理手段保障系统的数据质量。

2．经济效益

通过工业数据安全服务平台，围绕数据全生命周期做好安全防护，保障制造企业安全稳定运行，助力数字化转型发展。同时，减少因数据安全事件造成的经济损失，提升企业竞争力。

12.4.5 成果亮点

1）实现基于分级的数据安全管控

按照相关标准规范要求，构建基于数据分级的数据安全管控体系。工业数据安全服务平台通过安全组件提供安全资源池服务，实现对数据资产的访问控制、水印、脱敏、加密、防泄露保护等。

2）实现数据安全服务能力的标准化、统一化

工业数据安全服务平台通过建设标准的安全策略、日志、事件接口，实现对数据安全组件的统一管理。在数据安全策略方面，以工业数据安全服务平台为中心，进行统一控制和联动，发挥协同效应，实现数据安全风险防控从点的控制向面的控制转变，为制造企业业务数据全生命周期的安全防护提供支撑。

3）实现基于业务系统的数据发现与监测

工业数据安全服务平台的运营层是承载企业数据安全管理和技术手段的集中化支撑平台，覆盖数据生命周期的各个环节，为企业提供数据安全管理、检测、监测、防护、审计功能，实现数据安全管理、技术防护和安全运营的有效协同。

12.5 核电能源行业：核电厂 DCS 数据安全案例

随着核电厂的数字化仪控系统（以下简称"DCS"）逐步向智能化迈进，其信息的生成、流转、传输变得更加快捷，相应地，数据安全的重要性也日益凸显。数据由于具备流动性和业务强关联性，使其安全建设不是简单的、静态化的、点面式的建设，而是需要运用工程化、体系化、规范化思想，全面梳理数据在业务中的各个环节，采用自上而下的理念进行建设。传统强调边界安全的信息安全管理体系明显不能胜任核电 DCS 的数据安全管理需求。因此，需要针对核电 DCS 工业数据特点，制定完整的数据安全管理体系，降低企业数据安全风险。

12.5.1 核电厂典型 DCS 系统结构

核电厂典型 DCS 系统结构如图 12-11 所示，按照实现的功能不同，共分为四层。

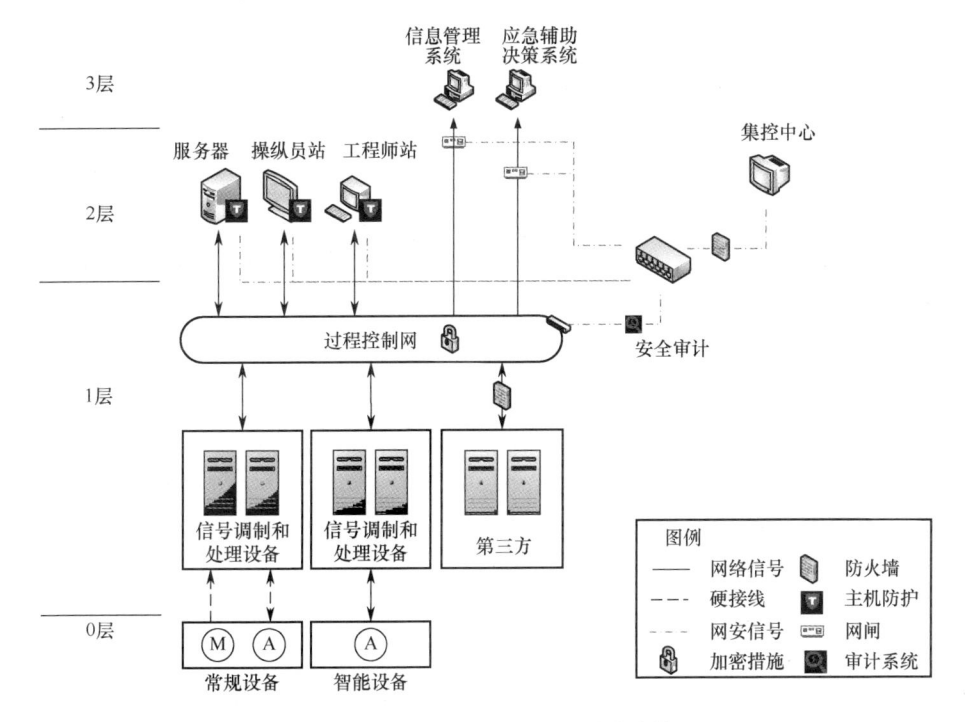

图 12-11 核电厂典型 DCS 系统结构

（1）0 层：工艺系统接口层，包括测量设备、驱动器接口等常规设备及智能设备。

（2）1 层：过程控制层，包括负责不同电厂系统监控的信号调制和处理设备。

（3）2 层：操作和信息管理层，包括电厂状态监视和人员操作的过程控制网的常规设备和计算机化设备。

（4）3 层：信息管理层，包括电厂管理网和应急辅助决策系统等。

12.5.2 核电 DCS 数据安全概述

传统的安全模型中的"旧"安全有三个主要特征：①传统信息安全的前提存在一个"边界"，该"边界"通常由网关或软件作用范围形成；②以防范攻击为主要目标，建立多层纵深防御体系；③往往会忽略"人"的主导因素。

这种安全防护理论均针对外部的进攻人员，但实际上大量的安全事件或大量的与核心数据资产相关的事件均是由内部人员造成的。人是安全的主体和安全策略的中心，也是最薄弱的环节。

新型安全模型是以"人"与"数据/行为"为中心，围绕着数据资产，从行为的科学化到数据的可视化形成完整的数据安全链条。由于所有安全事件都由人来驱动，因此，本案例提出的数据安全模型更多地关注于持续性的行为分析，但并不是要完全抛弃过去"旧"的安全防护体系。

12.5.3　核电 DCS 数据安全技术体系建设

在满足国家相关法律、法规要求与企业安全管理制度要求的前提下，兼顾企业效益，以深度内容感知为基础，以数据安全保护为目标，建立多维度的数据安全防护体系。

1. 以"人"为本，建立企业员工画像

利用先进的统计学算法对每个员工建立流量模型，多维度统计员工历史流量基线及群组员工基线，实时检测员工偏离基线的行为，并通过数据泄露的特征模型检测员工流量趋势，调整异常检测算法，精准计算出员工通过各个通道造成数据泄露的风险值。

通过将用户当前的行为和历史同期的行为，以及同部门、同级别其他用户的行为进行对比，以时间为轴，对用户当前行为进行分析，判断当前行为的安全性。

同时，通过关联分析和异常检测算法将员工行为、异常风险行为映射到潜在的安全风险模型，判断员工与安全风险模型场景的匹配度，精准刻画内部员工行为特征，避免单点异常造成的误报。

2. 追根溯源，回溯数据安全风险事件

对已发生的内部数据安全事件进行建模，实时学习风险行为特征，此模型不仅可以应对已知风险，还根据具体的数据应用场景进行实时更新，以应对未知风险，同时还可以检测出已知攻击变种的攻击行为及遭遇恶意软件感

染但还未发生数据窃取事件的个体。

所有安全事件的发生都是有迹可循的，在事件发生前后都会产生相关的威胁行为情报信息。当数据泄露等数据安全事件发生后，本案例建立的数据安全模型会将事件发生前的线索、事件、行为等串联起来，形成事件画像。通过对其他员工的行为进行检查，分析是否有类似的行为，预测有可能会发生的数据安全事件。

3．旁路抓取，统筹分析网络流量数据

在核电 DCS 系统重要节点的旁路适当抓取网络全流量日志，感知病毒、木马等安全风险，并进行威胁行为分析。同时，采取技术手段对网络攻击特别是新型网络攻击行为进行分析。

4．落地实施，数据全生命周期安全防护

1）数据采集过程

首先，需要对数据进行分类分级，为数据安全治理建立基础。从业务角度出发，明确数据所属的业务范畴，即数据类别。而数据分级是从监管角度出发，划分企业数据的关键性等级的。不同等级的数据采取的数据安全保护策略不同。

其次，对采集的数据进行清洗、转换与加载，确保采集过程的准确性、一致性、可用性及完整性。

（1）数据分类。

数据分类是数据全生命周期管理的基础，通过盘点梳理企业内部数据，可以帮助确定企业数据所有权的适当分配和建立完善的问责制度，满足监管及合规要求。根据梳理的数据资产对企业的重要程度（如根据数据的敏感程度或价值大小）对数据进行分类，大致包括以下五个方面。

① 研发数据：研发信息、测试信息、相关文档等。
② 生产数据：控制信息、统计数据、生产信息等。
③ 管理信息：战略计划、内部报表、会议纪要、活动方案等。

④ 资产数据：设备日志、资产详情、监控数据等。

⑤ 涉密数据：数字化的商秘及机密文档、红头文件等。

（2）数据分级。

根据梳理的数据资产对企业的重要程度（如敏感性和关键性），为数据打上不同的标签，对数据进行分级，根据数据所属的级别，明确哪些数据可以使用，哪些数据不可以使用，哪些数据能对外开放，哪些数据不能开放，不同等级的数据在不同场景使用哪种安全策略，采取哪种技术方法等。

按照《工业数据分类分级指南（试行）》，结合核电能源行业特点，根据发生网络攻击时，电厂安全和性能方面可能遭受的最严重后果确定核电 DCS 数据安全防范等级。

2）数据传输过程

数据在传输过程中，采用安全传输协议，进行加密处理，使用私有的加密算法，自行开发了适用于核电 DCS 系统的轻量级数据加密算法，防止传输数据的泄露或被非法篡改。对重要数据产生和传输的各个节点进行完整性校验，保证数据在传输过程中的机密性和完整性。同时，为满足关键业务网络架构的安全性要求，对关键的网络传输链路及网络设备节点进行冗余设计，冗余网络同时工作，无主从之分，具有自愈特性，从而降低故障发生概率，确保数据传输的可靠性。

3）数据存储过程

若数据没有进行安全存储，极易造成数据泄露和丢失。在数据分类分级的基础上，建立数据存储安全策略，明确各类各密级数据的加密存储要求。在重要节点配置冗余硬盘，采用 RAID5 存储解决方案，系统可检测备份介质的运行状态，确保备份的数据处于可恢复状态。当一块硬盘数据损坏后，可利用其他硬盘上的数据恢复被损坏的数据。

同时，建立数据访问控制机制，防止对存储数据的未授权访问。通过建立数据归档和备份流程，实现对数据归档和备份的规范化管理。

4）数据处理加工过程

在数据处理加工过程中，应明确数据处理加工工作职责，规范审批流程，保障数据合法、合规使用。根据管理用户的角色分配权限，仅授予管理用户所需的最小权限，删除多余的、共享的账户。对所有主体、客体设置安全标记，并依据安全标记和强制访问控制规则确定主体对客体的访问，避免未授权或非法访问。对敏感数据在安全可控的环境内进行访问使用，不同操作级别被允许登录到不同位置，完成对应敏感数据的访问。建立日志管理机制，自动记录所有组态变化和操作，随时追溯历史操作和影响，避免人为误操作。

5）数据销毁过程

数据全生命周期的最后一个环节是数据销毁，在这个过程中，需要对数据进行安全、彻底的清除，防止因报废存储介质管理不当或数据清理不彻底而造成的敏感数据泄露。根据制定的数据销毁流程和技术手段，执行对数据的有效销毁，避免恶意恢复存储介质上的数据而导致的敏感数据泄露的风险。

12.5.4　核电 DCS 数据安全制度体系构建

数据安全管理是一项系统工程，需要充分考虑企业内部 IT 系统、信息资源及业务应用的开展现状，同时也要考虑围绕业务开展所设立的人员和组织机构的情况，在此基础上设计一套有针对性的信息安全管理组织架构、管理流程、管理机制和考核评估办法，通过管理手段明确"责权利"，以保障信息安全管理工作有序开展。信息安全管理的保障措施涵盖战略规划、组织架构、制度体系、审计方式和培训宣贯五个方面。

1．制定战略规划

从管理层、领导层出发，自上而下全局部署数据安全管理规范，建立全面的标准规则体系和执行调度流程。数据安全战略规划是企业开展数据安全管理的指导蓝图。

2．完善组织架构

典型的组织架构主要数据安全工作组、数据安全管理小组和各业务部门构成（见表 12-4）。

表 12-4　数据安全管理组织架构

组织架构	角色	角色描述	角色主要职责
数据安全工作组	决策者	公司高层领导、各业务部门领导	负责领导数据安全管理工作；决策数据安全管理重大工作内容和方向。在数据安全角色方出现问题时负责仲裁
数据安全管理小组	管理者	数据安全管理人员	负责牵头制定数据安全管理的政策、标准、规则、流程，协调认责冲突；监督各项规则和规范的落实情况；负责管控流程的制定和实施；负责整体运营、组织、协调
各业务部门	数据安全接口人员	相关数据安全接口人员	配合制定相关数据安全标准、制度和规则；遵守和执行数据安全相关的流程；负责反馈数据安全管理效果

3．建立制度体系

将 PDCA（Plan、Do、Check 和 Act）持续改进模型作为贯穿数据安全管理各环节的主要指导思想，建立一套行之有效的数据安全管理体系，如图 12-12 所示，从制度上保障数据安全管理工作有据、可行、可控。

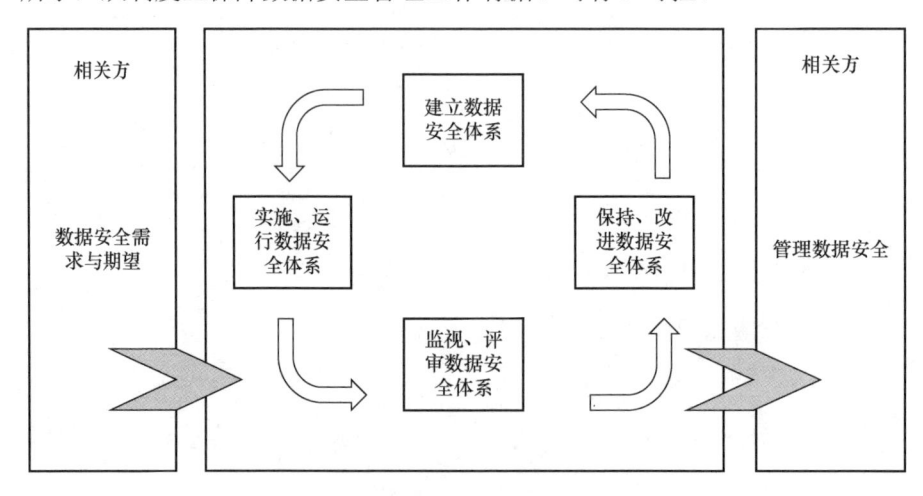

图 12-12　核电 DCS 系统数据安全管理体系

4．设置内审和管理评审

为进一步保障、评估数据安全管理相关规范、规划、制度体系等的执行情况，保障、评估关键数字资产的安全性、准确性、完整性、规范性、一致性、唯一性和时效性，建立一套完整的贯穿数据安全管理流程的审核机制，公司应按照计划的时间间隔（至少每年一次）进行内部审核和管理评审，判断现有的数据安全管理体系及其运行是否需要改进或变更。

5. 开展培训宣贯

培训宣贯是企业实施数据安全管理进程中的重要组成部分，是数据安全管理制度落地实践、流程执行运作的基础。企业需利用现有资源，合理安排员工参加数据安全管理制度的培训，强化数据安全管理工作的标准化、规范化。

附录

《中华人民共和国网络安全法》

第一章 总 则

第一条 为了保障网络安全，维护网络空间主权和国家安全、社会公共利益，保护公民、法人和其他组织的合法权益，促进经济社会信息化健康发展，制定本法。

第二条 在中华人民共和国境内建设、运营、维护和使用网络，以及网络安全的监督管理，适用本法。

第三条 国家坚持网络安全与信息化发展并重，遵循积极利用、科学发展、依法管理、确保安全的方针，推进网络基础设施建设和互联互通，鼓励网络技术创新和应用，支持培养网络安全人才，建立健全网络安全保障体系，提高网络安全保护能力。

第四条 国家制定并不断完善网络安全战略，明确保障网络安全的基本要求和主要目标，提出重点领域的网络安全政策、工作任务和措施。

第五条 国家采取措施，监测、防御、处置来源于中华人民共和国境内外的网络安全风险和威胁，保护关键信息基础设施免受攻击、侵入、干扰和破坏，依法惩治网络违法犯罪活动，维护网络空间安全和秩序。

第六条 国家倡导诚实守信、健康文明的网络行为，推动传播社会主义核心价值观，采取措施提高全社会的网络安全意识和水平，形成全社会共同参与促进网络安全的良好环境。

第七条 国家积极开展网络空间治理、网络技术研发和标准制定、打击网络违法犯罪等方面的国际交流与合作，推动构建和平、安全、开放、合作的网络空间，建立多边、民主、透明的网络治理体系。

第八条　国家网信部门负责统筹协调网络安全工作和相关监督管理工作。国务院电信主管部门、公安部门和其他有关机关依照本法和有关法律、行政法规的规定，在各自职责范围内负责网络安全保护和监督管理工作。

县级以上地方人民政府有关部门的网络安全保护和监督管理职责，按照国家有关规定确定。

第九条　网络运营者开展经营和服务活动，必须遵守法律、行政法规，尊重社会公德，遵守商业道德，诚实信用，履行网络安全保护义务，接受政府和社会的监督，承担社会责任。

第十条　建设、运营网络或者通过网络提供服务，应当依照法律、行政法规的规定和国家标准的强制性要求，采取技术措施和其他必要措施，保障网络安全、稳定运行，有效应对网络安全事件，防范网络违法犯罪活动，维护网络数据的完整性、保密性和可用性。

第十一条　网络相关行业组织按照章程，加强行业自律，制定网络安全行为规范，指导会员加强网络安全保护，提高网络安全保护水平，促进行业健康发展。

第十二条　国家保护公民、法人和其他组织依法使用网络的权利，促进网络接入普及，提升网络服务水平，为社会提供安全、便利的网络服务，保障网络信息依法有序自由流动。

任何个人和组织使用网络应当遵守宪法法律，遵守公共秩序，尊重社会公德，不得危害网络安全，不得利用网络从事危害国家安全、荣誉和利益，煽动颠覆国家政权、推翻社会主义制度，煽动分裂国家、破坏国家统一，宣扬恐怖主义、极端主义，宣扬民族仇恨、民族歧视，传播暴力、淫秽色情信息，编造、传播虚假信息扰乱经济秩序和社会秩序，以及侵害他人名誉、隐私、知识产权和其他合法权益等活动。

第十三条 国家支持研究开发有利于未成年人健康成长的网络产品和服务，依法惩治利用网络从事危害未成年人身心健康的活动，为未成年人提供安全、健康的网络环境。

第十四条 任何个人和组织有权对危害网络安全的行为向网信、电信、公安等部门举报。收到举报的部门应当及时依法作出处理；不属于本部门职责的，应当及时移送有权处理的部门。

有关部门应当对举报人的相关信息予以保密，保护举报人的合法权益。

第二章 网络安全支持与促进

第十五条 国家建立和完善网络安全标准体系。国务院标准化行政主管部门和国务院其他有关部门根据各自的职责，组织制定并适时修订有关网络安全管理以及网络产品、服务和运行安全的国家标准、行业标准。

国家支持企业、研究机构、高等学校、网络相关行业组织参与网络安全国家标准、行业标准的制定。

第十六条 国务院和省、自治区、直辖市人民政府应当统筹规划，加大投入，扶持重点网络安全技术产业和项目，支持网络安全技术的研究开发和应用，推广安全可信的网络产品和服务，保护网络技术知识产权，支持企业、研究机构和高等学校等参与国家网络安全技术创新项目。

第十七条 国家推进网络安全社会化服务体系建设，鼓励有关企业、机构开展网络安全认证、检测和风险评估等安全服务。

第十八条 国家鼓励开发网络数据安全保护和利用技术，促进公共数据资源开放，推动技术创新和经济社会发展。

国家支持创新网络安全管理方式，运用网络新技术，提升网络安全保护水平。

第十九条 各级人民政府及其有关部门应当组织开展经常性的网络安全宣传教育，并指导、督促有关单位做好网络安全宣传教育工作。

大众传播媒介应当有针对性地面向社会进行网络安全宣传教育。

第二十条　国家支持企业和高等学校、职业学校等教育培训机构开展网络安全相关教育与培训，采取多种方式培养网络安全人才，促进网络安全人才交流。

第三章　网络运行安全

第一节　一般规定

第二十一条　国家实行网络安全等级保护制度。网络运营者应当按照网络安全等级保护制度的要求，履行下列安全保护义务，保障网络免受干扰、破坏或者未经授权的访问，防止网络数据泄露或者被窃取、篡改：

（一）制定内部安全管理制度和操作规程，确定网络安全负责人，落实网络安全保护责任；

（二）采取防范计算机病毒和网络攻击、网络侵入等危害网络安全行为的技术措施；

（三）采取监测、记录网络运行状态、网络安全事件的技术措施，并按照规定留存相关的网络日志不少于六个月；

（四）采取数据分类、重要数据备份和加密等措施；

（五）法律、行政法规规定的其他义务。

第二十二条　网络产品、服务应当符合相关国家标准的强制性要求。网络产品、服务的提供者不得设置恶意程序；发现其网络产品、服务存在安全缺陷、漏洞等风险时，应当立即采取补救措施，按照规定及时告知用户并向有关主管部门报告。

网络产品、服务的提供者应当为其产品、服务持续提供安全维护；在规定或者当事人约定的期限内，不得终止提供安全维护。

网络产品、服务具有收集用户信息功能的，其提供者应当向用户明示并取得同意；涉及用户个人信息的，还应当遵守本法和有关法律、行政法规关于个人信息保护的规定。

第二十三条 网络关键设备和网络安全专用产品应当按照相关国家标准的强制性要求，由具备资格的机构安全认证合格或者安全检测符合要求后，方可销售或者提供。国家网信部门会同国务院有关部门制定、公布网络关键设备和网络安全专用产品目录，并推动安全认证和安全检测结果互认，避免重复认证、检测。

第二十四条 网络运营者为用户办理网络接入、域名注册服务，办理固定电话、移动电话等入网手续，或者为用户提供信息发布、即时通讯等服务，在与用户签订协议或者确认提供服务时，应当要求用户提供真实身份信息。用户不提供真实身份信息的，网络运营者不得为其提供相关服务。

国家实施网络可信身份战略，支持研究开发安全、方便的电子身份认证技术，推动不同电子身份认证之间的互认。

第二十五条 网络运营者应当制定网络安全事件应急预案，及时处置系统漏洞、计算机病毒、网络攻击、网络侵入等安全风险；在发生危害网络安全的事件时，立即启动应急预案，采取相应的补救措施，并按照规定向有关主管部门报告。

第二十六条 开展网络安全认证、检测、风险评估等活动，向社会发布系统漏洞、计算机病毒、网络攻击、网络侵入等网络安全信息，应当遵守国家有关规定。

第二十七条 任何个人和组织不得从事非法侵入他人网络、干扰他人网络正常功能、窃取网络数据等危害网络安全的活动；不得提供专门用于从事侵入网络、干扰网络正常功能及防护措施、窃取网络数据等危害网络安全活动的程序、工具；明知他人从事危害网络安全的活动的，不得为其提供技术支持、广告推广、支付结算等帮助。

第二十八条 网络运营者应当为公安机关、国家安全机关依法维护国家安全和侦查犯罪的活动提供技术支持和协助。

第二十九条　国家支持网络运营者之间在网络安全信息收集、分析、通报和应急处置等方面进行合作，提高网络运营者的安全保障能力。

有关行业组织建立健全本行业的网络安全保护规范和协作机制，加强对网络安全风险的分析评估，定期向会员进行风险警示，支持、协助会员应对网络安全风险。

第三十条　网信部门和有关部门在履行网络安全保护职责中获取的信息，只能用于维护网络安全的需要，不得用于其他用途。

第二节　关键信息基础设施的运行安全

第三十一条　国家对公共通信和信息服务、能源、交通、水利、金融、公共服务、电子政务等重要行业和领域，以及其他一旦遭到破坏、丧失功能或者数据泄露，可能严重危害国家安全、国计民生、公共利益的关键信息基础设施，在网络安全等级保护制度的基础上，实行重点保护。关键信息基础设施的具体范围和安全保护办法由国务院制定。

国家鼓励关键信息基础设施以外的网络运营者自愿参与关键信息基础设施保护体系。

第三十二条　按照国务院规定的职责分工，负责关键信息基础设施安全保护工作的部门分别编制并组织实施本行业、本领域的关键信息基础设施安全规划，指导和监督关键信息基础设施运行安全保护工作。

第三十三条　建设关键信息基础设施应当确保其具有支持业务稳定、持续运行的性能，并保证安全技术措施同步规划、同步建设、同步使用。

第三十四条　除本法第二十一条的规定外，关键信息基础设施的运营者还应当履行下列安全保护义务：

（一）设置专门安全管理机构和安全管理负责人，并对该负责人和关键岗位的人员进行安全背景审查；

（二）定期对从业人员进行网络安全教育、技术培训和技能考核；

（三）对重要系统和数据库进行容灾备份；

（四）制定网络安全事件应急预案，并定期进行演练；

（五）法律、行政法规规定的其他义务。

第三十五条　关键信息基础设施的运营者采购网络产品和服务，可能影响国家安全的，应当通过国家网信部门会同国务院有关部门组织的国家安全审查。

第三十六条　关键信息基础设施的运营者采购网络产品和服务，应当按照规定与提供者签订安全保密协议，明确安全和保密义务与责任。

第三十七条　关键信息基础设施的运营者在中华人民共和国境内运营中收集和产生的个人信息和重要数据应当在境内存储。因业务需要，确需向境外提供的，应当按照国家网信部门会同国务院有关部门制定的办法进行安全评估；法律、行政法规另有规定的，依照其规定。

第三十八条　关键信息基础设施的运营者应当自行或者委托网络安全服务机构对其网络的安全性和可能存在的风险每年至少进行一次检测评估，并将检测评估情况和改进措施报送相关负责关键信息基础设施安全保护工作的部门。

第三十九条　国家网信部门应当统筹协调有关部门对关键信息基础设施的安全保护采取下列措施：

（一）对关键信息基础设施的安全风险进行抽查检测，提出改进措施，必要时可以委托网络安全服务机构对网络存在的安全风险进行检测评估；

（二）定期组织关键信息基础设施的运营者进行网络安全应急演练，提高应对网络安全事件的水平和协同配合能力；

（三）促进有关部门、关键信息基础设施的运营者以及有关研究机构、网络安全服务机构等之间的网络安全信息共享；

（四）对网络安全事件的应急处置与网络功能的恢复等，提供技术支持和协助。

第四章 网络信息安全

第四十条 网络运营者应当对其收集的用户信息严格保密，并建立健全用户信息保护制度。

第四十一条 网络运营者收集、使用个人信息，应当遵循合法、正当、必要的原则，公开收集、使用规则，明示收集、使用信息的目的、方式和范围，并经被收集者同意。

网络运营者不得收集与其提供的服务无关的个人信息，不得违反法律、行政法规的规定和双方的约定收集、使用个人信息，并应当依照法律、行政法规的规定和与用户的约定，处理其保存的个人信息。

第四十二条 网络运营者不得泄露、篡改、毁损其收集的个人信息；未经被收集者同意，不得向他人提供个人信息。但是，经过处理无法识别特定个人且不能复原的除外。

网络运营者应当采取技术措施和其他必要措施，确保其收集的个人信息安全，防止信息泄露、毁损、丢失。在发生或者可能发生个人信息泄露、毁损、丢失的情况时，应当立即采取补救措施，按照规定及时告知用户并向有关主管部门报告。

第四十三条 个人发现网络运营者违反法律、行政法规的规定或者双方的约定收集、使用其个人信息的，有权要求网络运营者删除其个人信息；发现网络运营者收集、存储的其个人信息有错误的，有权要求网络运营者予以更正。网络运营者应当采取措施予以删除或者更正。

第四十四条 任何个人和组织不得窃取或者以其他非法方式获取个人信息，不得非法出售或者非法向他人提供个人信息。

第四十五条 依法负有网络安全监督管理职责的部门及其工作人员，必须对在履行职责中知悉的个人信息、隐私和商业秘密严格保密，不得泄露、出售或者非法向他人提供。

第四十六条 任何个人和组织应当对其使用网络的行为负责，不得设立用于实施诈骗，传授犯罪方法，制作或者销售违禁物品、管制物品等违法犯罪活动的网站、通讯群组，不得利用网络发布涉及实施诈骗，制作或者销售违禁物品、管制物品以及其他违法犯罪活动的信息。

第四十七条 网络运营者应当加强对其用户发布的信息的管理，发现法律、行政法规禁止发布或者传输的信息的，应当立即停止传输该信息，采取消除等处置措施，防止信息扩散，保存有关记录，并向有关主管部门报告。

第四十八条 任何个人和组织发送的电子信息、提供的应用软件，不得设置恶意程序，不得含有法律、行政法规禁止发布或者传输的信息。

电子信息发送服务提供者和应用软件下载服务提供者，应当履行安全管理义务，知道其用户有前款规定行为的，应当停止提供服务，采取消除等处置措施，保存有关记录，并向有关主管部门报告。

第四十九条 网络运营者应当建立网络信息安全投诉、举报制度，公布投诉、举报方式等信息，及时受理并处理有关网络信息安全的投诉和举报。

网络运营者对网信部门和有关部门依法实施的监督检查，应当予以配合。

第五十条 国家网信部门和有关部门依法履行网络信息安全监督管理职责，发现法律、行政法规禁止发布或者传输的信息的，应当要求网络运营者停止传输，采取消除等处置措施，保存有关记录；对来源于中华人民共和国境外的上述信息，应当通知有关机构采取技术措施和其他必要措施阻断传播。

第五章　监测预警与应急处置

第五十一条 国家建立网络安全监测预警和信息通报制度。国家网信部门应当统筹协调有关部门加强网络安全信息收集、分析和通报工作，按照规定统一发布网络安全监测预警信息。

第五十二条 负责关键信息基础设施安全保护工作的部门，应当建立健全本行业、本领域的网络安全监测预警和信息通报制度，并按照规定报送网络安全监测预警信息。

第五十三条 国家网信部门协调有关部门建立健全网络安全风险评估和应急工作机制,制定网络安全事件应急预案,并定期组织演练。

负责关键信息基础设施安全保护工作的部门应当制定本行业、本领域的网络安全事件应急预案,并定期组织演练。

网络安全事件应急预案应当按照事件发生后的危害程度、影响范围等因素对网络安全事件进行分级,并规定相应的应急处置措施。

第五十四条 网络安全事件发生的风险增大时,省级以上人民政府有关部门应当按照规定的权限和程序,并根据网络安全风险的特点和可能造成的危害,采取下列措施:

(一)要求有关部门、机构和人员及时收集、报告有关信息,加强对网络安全风险的监测;

(二)组织有关部门、机构和专业人员,对网络安全风险信息进行分析评估,预测事件发生的可能性、影响范围和危害程度;

(三)向社会发布网络安全风险预警,发布避免、减轻危害的措施。

第五十五条 发生网络安全事件,应当立即启动网络安全事件应急预案,对网络安全事件进行调查和评估,要求网络运营者采取技术措施和其他必要措施,消除安全隐患,防止危害扩大,并及时向社会发布与公众有关的警示信息。

第五十六条 省级以上人民政府有关部门在履行网络安全监督管理职责中,发现网络存在较大安全风险或者发生安全事件的,可以按照规定的权限和程序对该网络的运营者的法定代表人或者主要负责人进行约谈。网络运营者应当按照要求采取措施,进行整改,消除隐患。

第五十七条 因网络安全事件,发生突发事件或者生产安全事故的,应当依照《中华人民共和国突发事件应对法》《中华人民共和国安全生产法》等有关法律、行政法规的规定处置。

第五十八条 因维护国家安全和社会公共秩序，处置重大突发社会安全事件的需要，经国务院决定或者批准，可以在特定区域对网络通信采取限制等临时措施。

第六章 法律责任

第五十九条 网络运营者不履行本法第二十一条、第二十五条规定的网络安全保护义务的，由有关主管部门责令改正，给予警告；拒不改正或者导致危害网络安全等后果的，处一万元以上十万元以下罚款，对直接负责的主管人员处五千元以上五万元以下罚款。

关键信息基础设施的运营者不履行本法第三十三条、第三十四条、第三十六条、第三十八条规定的网络安全保护义务的，由有关主管部门责令改正，给予警告；拒不改正或者导致危害网络安全等后果的，处十万元以上一百万元以下罚款，对直接负责的主管人员处一万元以上十万元以下罚款。

第六十条 违反本法第二十二条第一款、第二款和第四十八条第一款规定，有下列行为之一的，由有关主管部门责令改正，给予警告；拒不改正或者导致危害网络安全等后果的，处五万元以上五十万元以下罚款，对直接负责的主管人员处一万元以上十万元以下罚款：

（一）设置恶意程序的；

（二）对其产品、服务存在的安全缺陷、漏洞等风险未立即采取补救措施，或者未按照规定及时告知用户并向有关主管部门报告的；

（三）擅自终止为其产品、服务提供安全维护的。

第六十一条 网络运营者违反本法第二十四条第一款规定，未要求用户提供真实身份信息，或者对不提供真实身份信息的用户提供相关服务的，由有关主管部门责令改正；拒不改正或者情节严重的，处五万元以上五十万元以下罚款，并可以由有关主管部门责令暂停相关业务、停业整顿、关闭网站、吊销相关业务许可证或者吊销营业执照，对直接负责的主管人员和其他直接责任人员处一万元以上十万元以下罚款。

第六十二条 违反本法第二十六条规定，开展网络安全认证、检测、风险评估等活动，或者向社会发布系统漏洞、计算机病毒、网络攻击、网络侵入等网络安全信息的，由有关主管部门责令改正，给予警告；拒不改正或者情节严重的，处一万元以上十万元以下罚款，并可以由有关主管部门责令暂停相关业务、停业整顿、关闭网站、吊销相关业务许可证或者吊销营业执照，对直接负责的主管人员和其他直接责任人员处五千元以上五万元以下罚款。

第六十三条 违反本法第二十七条规定，从事危害网络安全的活动，或者提供专门用于从事危害网络安全活动的程序、工具，或者为他人从事危害网络安全的活动提供技术支持、广告推广、支付结算等帮助，尚不构成犯罪的，由公安机关没收违法所得，处五日以下拘留，可以并处五万元以上五十万元以下罚款；情节较重的，处五日以上十五日以下拘留，可以并处十万元以上一百万元以下罚款。

单位有前款行为的，由公安机关没收违法所得，处十万元以上一百万元以下罚款，并对直接负责的主管人员和其他直接责任人员依照前款规定处罚。

违反本法第二十七条规定，受到治安管理处罚的人员，五年内不得从事网络安全管理和网络运营关键岗位的工作；受到刑事处罚的人员，终身不得从事网络安全管理和网络运营关键岗位的工作。

第六十四条 网络运营者、网络产品或者服务的提供者违反本法第二十二条第三款、第四十一条至第四十三条规定，侵害个人信息依法得到保护的权利的，由有关主管部门责令改正，可以根据情节单处或者并处警告、没收违法所得、处违法所得一倍以上十倍以下罚款，没有违法所得的，处一百万元以下罚款，对直接负责的主管人员和其他直接责任人员处一万元以上十万元以下罚款；情节严重的，并可以责令暂停相关业务、停业整顿、关闭网站、吊销相关业务许可证或者吊销营业执照。

违反本法第四十四条规定，窃取或者以其他非法方式获取、非法出售或者非法向他人提供个人信息，尚不构成犯罪的，由公安机关没收违法所得，并处违法所得一倍以上十倍以下罚款，没有违法所得的，处一百万元以下罚款。

第六十五条 关键信息基础设施的运营者违反本法第三十五条规定,使用未经安全审查或者安全审查未通过的网络产品或者服务的,由有关主管部门责令停止使用,处采购金额一倍以上十倍以下罚款;对直接负责的主管人员和其他直接责任人员处一万元以上十万元以下罚款。

第六十六条 关键信息基础设施的运营者违反本法第三十七条规定,在境外存储网络数据,或者向境外提供网络数据的,由有关主管部门责令改正,给予警告,没收违法所得,处五万元以上五十万元以下罚款,并可以责令暂停相关业务、停业整顿、关闭网站、吊销相关业务许可证或者吊销营业执照;对直接负责的主管人员和其他直接责任人员处一万元以上十万元以下罚款。

第六十七条 违反本法第四十六条规定,设立用于实施违法犯罪活动的网站、通讯群组,或者利用网络发布涉及实施违法犯罪活动的信息,尚不构成犯罪的,由公安机关处五日以下拘留,可以并处一万元以上十万元以下罚款;情节较重的,处五日以上十五日以下拘留,可以并处五万元以上五十万元以下罚款。关闭用于实施违法犯罪活动的网站、通讯群组。

单位有前款行为的,由公安机关处十万元以上五十万元以下罚款,并对直接负责的主管人员和其他直接责任人员依照前款规定处罚。

第六十八条 网络运营者违反本法第四十七条规定,对法律、行政法规禁止发布或者传输的信息未停止传输、采取消除等处置措施、保存有关记录的,由有关主管部门责令改正,给予警告,没收违法所得;拒不改正或者情节严重的,处十万元以上五十万元以下罚款,并可以责令暂停相关业务、停业整顿、关闭网站、吊销相关业务许可证或者吊销营业执照,对直接负责的主管人员和其他直接责任人员处一万元以上十万元以下罚款。

电子信息发送服务提供者、应用软件下载服务提供者,不履行本法第四十八条第二款规定的安全管理义务的,依照前款规定处罚。

第六十九条 网络运营者违反本法规定,有下列行为之一的,由有关主管部门责令改正;拒不改正或者情节严重的,处五万元以上五十万元以下罚款，对直接负责的主管人员和其他直接责任人员，处一万元以上十万元以下罚款：

（一）不按照有关部门的要求对法律、行政法规禁止发布或者传输的信息，采取停止传输、消除等处置措施的；

（二）拒绝、阻碍有关部门依法实施的监督检查的；

（三）拒不向公安机关、国家安全机关提供技术支持和协助的。

第七十条 发布或者传输本法第十二条第二款和其他法律、行政法规禁止发布或者传输的信息的，依照有关法律、行政法规的规定处罚。

第七十一条 有本法规定的违法行为的，依照有关法律、行政法规的规定记入信用档案，并予以公示。

第七十二条 国家机关政务网络的运营者不履行本法规定的网络安全保护义务的，由其上级机关或者有关机关责令改正；对直接负责的主管人员和其他直接责任人员依法给予处分。

第七十三条 网信部门和有关部门违反本法第三十条规定，将在履行网络安全保护职责中获取的信息用于其他用途的，对直接负责的主管人员和其他直接责任人员依法给予处分。

网信部门和有关部门的工作人员玩忽职守、滥用职权、徇私舞弊，尚不构成犯罪的，依法给予处分。

第七十四条 违反本法规定，给他人造成损害的，依法承担民事责任。

违反本法规定，构成违反治安管理行为的，依法给予治安管理处罚；构成犯罪的，依法追究刑事责任。

第七十五条 境外的机构、组织、个人从事攻击、侵入、干扰、破坏等危害中华人民共和国的关键信息基础设施的活动，造成严重后果的，依法追究法律责任；国务院公安部门和有关部门并可以决定对该机构、组织、个人采取冻结财产或者其他必要的制裁措施。

第七章 附 则

第七十六条 本法下列用语的含义:

(一)网络,是指由计算机或者其他信息终端及相关设备组成的按照一定的规则和程序对信息进行收集、存储、传输、交换、处理的系统。

(二)网络安全,是指通过采取必要措施,防范对网络的攻击、侵入、干扰、破坏和非法使用以及意外事故,使网络处于稳定可靠运行的状态,以及保障网络数据的完整性、保密性、可用性的能力。

(三)网络运营者,是指网络的所有者、管理者和网络服务提供者。

(四)网络数据,是指通过网络收集、存储、传输、处理和产生的各种电子数据。

(五)个人信息,是指以电子或者其他方式记录的能够单独或者与其他信息结合识别自然人个人身份的各种信息,包括但不限于自然人的姓名、出生日期、身份证件号码、个人生物识别信息、住址、电话号码等。

第七十七条 存储、处理涉及国家秘密信息的网络的运行安全保护,除应当遵守本法外,还应当遵守保密法律、行政法规的规定。

第七十八条 军事网络的安全保护,由中央军事委员会另行规定。

第七十九条 本法自 2017 年 6 月 1 日起施行。

《中华人民共和国数据安全法》

第一章 总 则

第一条 为了规范数据处理活动，保障数据安全，促进数据开发利用，保护个人、组织的合法权益，维护国家主权、安全和发展利益，制定本法。

第二条 在中华人民共和国境内开展数据处理活动及其安全监管，适用本法。

在中华人民共和国境外开展数据处理活动，损害中华人民共和国国家安全、公共利益或者公民、组织合法权益的，依法追究法律责任。

第三条 本法所称数据，是指任何以电子或者其他方式对信息的记录。

数据处理，包括数据的收集、存储、使用、加工、传输、提供、公开等。

数据安全，是指通过采取必要措施，确保数据处于有效保护和合法利用的状态，以及具备保障持续安全状态的能力。

第四条 维护数据安全，应当坚持总体国家安全观，建立健全数据安全治理体系，提高数据安全保障能力。

第五条 中央国家安全领导机构负责国家数据安全工作的决策和议事协调，研究制定、指导实施国家数据安全战略和有关重大方针政策，统筹协调国家数据安全的重大事项和重要工作，建立国家数据安全工作协调机制。

第六条 各地区、各部门对本地区、本部门工作中收集和产生的数据及数据安全负责。

工业、电信、交通、金融、自然资源、卫生健康、教育、科技等主管部门承担本行业、本领域数据安全监管职责。

公安机关、国家安全机关等依照本法和有关法律、行政法规的规定，在各自职责范围内承担数据安全监管职责。

国家网信部门依照本法和有关法律、行政法规的规定，负责统筹协调网络数据安全和相关监管工作。

第七条 国家保护个人、组织与数据有关的权益，鼓励数据依法合理有效利用，保障数据依法有序自由流动，促进以数据为关键要素的数字经济发展。

第八条 开展数据处理活动，应当遵守法律、法规，尊重社会公德和伦理，遵守商业道德和职业道德，诚实守信，履行数据安全保护义务，承担社会责任，不得危害国家安全、公共利益，不得损害个人、组织的合法权益。

第九条 国家支持开展数据安全知识宣传普及，提高全社会的数据安全保护意识和水平，推动有关部门、行业组织、科研机构、企业、个人等共同参与数据安全保护工作，形成全社会共同维护数据安全和促进发展的良好环境。

第十条 相关行业组织按照章程，依法制定数据安全行为规范和团体标准，加强行业自律，指导会员加强数据安全保护，提高数据安全保护水平，促进行业健康发展。

第十一条 国家积极开展数据安全治理、数据开发利用等领域的国际交流与合作，参与数据安全相关国际规则和标准的制定，促进数据跨境安全、自由流动。

第十二条 任何个人、组织都有权对违反本法规定的行为向有关主管部门投诉、举报。收到投诉、举报的部门应当及时依法处理。

有关主管部门应当对投诉、举报人的相关信息予以保密，保护投诉、举报人的合法权益。

第二章 数据安全与发展

第十三条 国家统筹发展和安全，坚持以数据开发利用和产业发展促进数据安全，以数据安全保障数据开发利用和产业发展。

第十四条 国家实施大数据战略，推进数据基础设施建设，鼓励和支持数据在各行业、各领域的创新应用。

省级以上人民政府应当将数字经济发展纳入本级国民经济和社会发展规划，并根据需要制定数字经济发展规划。

第十五条 国家支持开发利用数据提升公共服务的智能化水平。提供智能化公共服务，应当充分考虑老年人、残疾人的需求，避免对老年人、残疾人的日常生活造成障碍。

第十六条 国家支持数据开发利用和数据安全技术研究，鼓励数据开发利用和数据安全等领域的技术推广和商业创新，培育、发展数据开发利用和数据安全产品、产业体系。

第十七条 国家推进数据开发利用技术和数据安全标准体系建设。国务院标准化行政主管部门和国务院有关部门根据各自的职责，组织制定并适时修订有关数据开发利用技术、产品和数据安全相关标准。国家支持企业、社会团体和教育、科研机构等参与标准制定。

第十八条 国家促进数据安全检测评估、认证等服务的发展，支持数据安全检测评估、认证等专业机构依法开展服务活动。

国家支持有关部门、行业组织、企业、教育和科研机构、有关专业机构等在数据安全风险评估、防范、处置等方面开展协作。

第十九条 国家建立健全数据交易管理制度，规范数据交易行为，培育数据交易市场。

第二十条 国家支持教育、科研机构和企业等开展数据开发利用技术和数据安全相关教育和培训，采取多种方式培养数据开发利用技术和数据安全专业人才，促进人才交流。

第三章 数据安全制度

第二十一条 国家建立数据分类分级保护制度，根据数据在经济社会发展中的重要程度，以及一旦遭到篡改、破坏、泄露或者非法获取、非法利用，对国家安全、公共利益或者个人、组织合法权益造成的危害程度，对数据实行分类分级保护。国家数据安全工作协调机制统筹协调有关部门制定重要数据目录，加强对重要数据的保护。

关系国家安全、国民经济命脉、重要民生、重大公共利益等数据属于国家核心数据，实行更加严格的管理制度。

各地区、各部门应当按照数据分类分级保护制度，确定本地区、本部门以及相关行业、领域的重要数据具体目录，对列入目录的数据进行重点保护。

第二十二条 国家建立集中统一、高效权威的数据安全风险评估、报告、信息共享、监测预警机制。国家数据安全工作协调机制统筹协调有关部门加强数据安全风险信息的获取、分析、研判、预警工作。

第二十三条 国家建立数据安全应急处置机制。发生数据安全事件，有关主管部门应当依法启动应急预案，采取相应的应急处置措施，防止危害扩大，消除安全隐患，并及时向社会发布与公众有关的警示信息。

第二十四条 国家建立数据安全审查制度，对影响或者可能影响国家安全的数据处理活动进行国家安全审查。

依法作出的安全审查决定为最终决定。

第二十五条 国家对与维护国家安全和利益、履行国际义务相关的属于管制物项的数据依法实施出口管制。

第二十六条 任何国家或者地区在与数据和数据开发利用技术等有关的投资、贸易等方面对中华人民共和国采取歧视性的禁止、限制或者其他类似措施的，中华人民共和国可以根据实际情况对该国家或者地区对等采取措施。

第四章 数据安全保护义务

第二十七条 开展数据处理活动应当依照法律、法规的规定，建立健全全流程数据安全管理制度，组织开展数据安全教育培训，采取相应的技术措施和其他必要措施，保障数据安全。利用互联网等信息网络开展数据处理活动，应当在网络安全等级保护制度的基础上，履行上述数据安全保护义务。

重要数据的处理者应当明确数据安全负责人和管理机构，落实数据安全保护责任。

第二十八条 开展数据处理活动以及研究开发数据新技术，应当有利于促进经济社会发展，增进人民福祉，符合社会公德和伦理。

第二十九条 开展数据处理活动应当加强风险监测，发现数据安全缺陷、漏洞等风险时，应当立即采取补救措施；发生数据安全事件时，应当立即采取处置措施，按照规定及时告知用户并向有关主管部门报告。

第三十条 重要数据的处理者应当按照规定对其数据处理活动定期开展风险评估，并向有关主管部门报送风险评估报告。

风险评估报告应当包括处理的重要数据的种类、数量，开展数据处理活动的情况，面临的数据安全风险及其应对措施等。

第三十一条 关键信息基础设施的运营者在中华人民共和国境内运营中收集和产生的重要数据的出境安全管理，适用《中华人民共和国网络安全法》的规定；其他数据处理者在中华人民共和国境内运营中收集和产生的重要数据的出境安全管理办法，由国家网信部门会同国务院有关部门制定。

第三十二条 任何组织、个人收集数据，应当采取合法、正当的方式，不得窃取或者以其他非法方式获取数据。

法律、行政法规对收集、使用数据的目的、范围有规定的，应当在法律、行政法规规定的目的和范围内收集、使用数据。

第三十三条 从事数据交易中介服务的机构提供服务，应当要求数据提供方说明数据来源，审核交易双方的身份，并留存审核、交易记录。

第三十四条 法律、行政法规规定提供数据处理相关服务应当取得行政许可的，服务提供者应当依法取得许可。

第三十五条 公安机关、国家安全机关因依法维护国家安全或者侦查犯罪的需要调取数据，应当按照国家有关规定，经过严格的批准手续，依法进行，有关组织、个人应当予以配合。

第三十六条 中华人民共和国主管机关根据有关法律和中华人民共和国缔结或者参加的国际条约、协定，或者按照平等互惠原则，处理外国司法或者执法机构关于提供数据的请求。非经中华人民共和国主管机关批准，境内的组织、个人不得向外国司法或者执法机构提供存储于中华人民共和国境内的数据。

第五章 政务数据安全与开放

第三十七条 国家大力推进电子政务建设，提高政务数据的科学性、准确性、时效性，提升运用数据服务经济社会发展的能力。

第三十八条 国家机关为履行法定职责的需要收集、使用数据，应当在其履行法定职责的范围内依照法律、行政法规规定的条件和程序进行；对在履行职责中知悉的个人隐私、个人信息、商业秘密、保密商务信息等数据应当依法予以保密，不得泄露或者非法向他人提供。

第三十九条 国家机关应当依照法律、行政法规的规定，建立健全数据安全管理制度，落实数据安全保护责任，保障政务数据安全。

第四十条 国家机关委托他人建设、维护电子政务系统，存储、加工政务数据，应当经过严格的批准程序，并应当监督受托方履行相应的数据安全保护义务。受托方应当依照法律、法规的规定和合同约定履行数据安全保护义务，不得擅自留存、使用、泄露或者向他人提供政务数据。

第四十一条 国家机关应当遵循公正、公平、便民的原则，按照规定及时、准确地公开政务数据。依法不予公开的除外。

第四十二条 国家制定政务数据开放目录，构建统一规范、互联互通、安全可控的政务数据开放平台，推动政务数据开放利用。

第四十三条 法律、法规授权的具有管理公共事务职能的组织为履行法定职责开展数据处理活动，适用本章规定。

第六章 法律责任

第四十四条 有关主管部门在履行数据安全监管职责中，发现数据处理活动存在较大安全风险的，可以按照规定的权限和程序对有关组织、个人进行约谈，并要求有关组织、个人采取措施进行整改，消除隐患。

第四十五条 开展数据处理活动的组织、个人不履行本法第二十七条、第二十九条、第三十条规定的数据安全保护义务的，由有关主管部门责令改正，给予警告，可以并处五万元以上五十万元以下罚款，对直接负责的主管人员和其他直接责任人员可以处一万元以上十万元以下罚款；拒不改正或者造成大量数据泄露等严重后果的，处五十万元以上二百万元以下罚款，并可以责令暂停相关业务、停业整顿、吊销相关业务许可证或者吊销营业执照，对直接负责的主管人员和其他直接责任人员处五万元以上二十万元以下罚款。

违反国家核心数据管理制度，危害国家主权、安全和发展利益的，由有关主管部门处二百万元以上一千万元以下罚款，并根据情况责令暂停相关业务、停业整顿、吊销相关业务许可证或者吊销营业执照；构成犯罪的，依法追究刑事责任。

第四十六条 违反本法第三十一条规定，向境外提供重要数据的，由有关主管部门责令改正，给予警告，可以并处十万元以上一百万元以下罚款，对直接负责的主管人员和其他直接责任人员可以处一万元以上十万元以下罚款；情节严重的，处一百万元以上一千万元以下罚款，并可以责令暂停相关业务、停业整顿、吊销相关业务许可证或者吊销营业执照，对直接负责的主管人员和其他直接责任人员处十万元以上一百万元以下罚款。

第四十七条 从事数据交易中介服务的机构未履行本法第三十三条规定的义务的，由有关主管部门责令改正，没收违法所得，处违法所得一倍以上十倍以下罚款，没有违法所得或者违法所得不足十万元的，处十万元以上一百万元以下罚款，并可以责令暂停相关业务、停业整顿、吊销相关业务许可证或者吊销营业执照；对直接负责的主管人员和其他直接责任人员处一万元以上十万元以下罚款。

第四十八条 违反本法第三十五条规定，拒不配合数据调取的，由有关主管部门责令改正，给予警告，并处五万元以上五十万元以下罚款，对直接负责的主管人员和其他直接责任人员处一万元以上十万元以下罚款。

违反本法第三十六条规定，未经主管机关批准向外国司法或者执法机构提供数据的，由有关主管部门给予警告，可以并处十万元以上一百万元以下罚款，对直接负责的主管人员和其他直接责任人员可以处一万元以上十万元以下罚款；造成严重后果的，处一百万元以上五百万元以下罚款，并可以责令暂停相关业务、停业整顿、吊销相关业务许可证或者吊销营业执照，对直接负责的主管人员和其他直接责任人员处五万元以上五十万元以下罚款。

第四十九条 国家机关不履行本法规定的数据安全保护义务的，对直接负责的主管人员和其他直接责任人员依法给予处分。

第五十条 履行数据安全监管职责的国家工作人员玩忽职守、滥用职权、徇私舞弊的，依法给予处分。

第五十一条 窃取或者以其他非法方式获取数据，开展数据处理活动排除、限制竞争，或者损害个人、组织合法权益的，依照有关法律、行政法规的规定处罚。

第五十二条 违反本法规定，给他人造成损害的，依法承担民事责任。

违反本法规定，构成违反治安管理行为的，依法给予治安管理处罚；构成犯罪的，依法追究刑事责任。

第七章 附则

第五十三条 开展涉及国家秘密的数据处理活动，适用《中华人民共和国保守国家秘密法》等法律、行政法规的规定。

在统计、档案工作中开展数据处理活动，开展涉及个人信息的数据处理活动，还应当遵守有关法律、行政法规的规定。

第五十四条　军事数据安全保护的办法，由中央军事委员会依据本法另行制定。

第五十五条　本法自 2021 年 9 月 1 日起施行。

《工业数据分类分级指南（试行）》

第一章 总 则

第一条 为贯彻《促进大数据发展行动纲要》《大数据产业发展规划（2016—2020年）》有关要求，更好推动《数据管理能力成熟度评估模型》（GB/T 36073—2018）贯标和《工业控制系统信息安全防护指南》落实，指导企业提升工业数据管理能力，促进工业数据的使用、流动与共享，释放数据潜在价值，赋能制造业高质量发展，制定本指南。

第二条 本指南所指工业数据是工业领域产品和服务全生命周期产生和应用的数据，包括但不限于工业企业在研发设计、生产制造、经营管理、运维服务等环节中生成和使用的数据，以及工业互联网平台企业（以下简称平台企业）在设备接入、平台运行、工业App应用等过程中生成和使用的数据。

第三条 本指南适用于工业和信息化主管部门、工业企业、平台企业等开展工业数据分类分级工作。涉及国家秘密信息的工业数据，应遵守保密法律、法规的规定，不适用本指南。

第四条 工业数据分类分级以提升企业数据管理能力为目标，坚持问题导向、目标导向和结果导向相结合，企业主体、行业指导和属地监管相结合，分类标识、逐类定级和分级管理相结合。

第二章 数据分类

第五条 工业企业结合生产制造模式、平台企业结合服务运营模式，分析梳理业务流程和系统设备，考虑行业要求、业务规模、数据复杂程度等实际情况，对工业数据进行分类梳理和标识，形成企业工业数据分类清单。

第六条 工业企业工业数据分类维度包括但不限于研发数据域（研发设计数据、开发测试数据等）、生产数据域（控制信息、工况状态、工艺参数、系统日志等）、运维数据域（物流数据、产品售后服务数据等）、管理数据域（系统设备资产信息、客户与产品信息、产品供应链数据、业务统计数据等）、外部数据域（与其他主体共享的数据等）。

第七条　平台企业工业数据分类维度包括但不限于平台运营数据域（物联采集数据、知识库模型库数据、研发数据等）和企业管理数据域（客户数据、业务合作数据、人事财务数据等）。

第三章　数据分级

第八条　根据不同类别工业数据遭篡改、破坏、泄露或非法利用后，可能对工业生产、经济效益等带来的潜在影响，将工业数据分为一级、二级、三级等 3 个级别。

第九条　潜在影响符合下列条件之一的数据为三级数据：

（一）易引发特别重大生产安全事故或突发环境事件，或造成直接经济损失特别巨大；

（二）对国民经济、行业发展、公众利益、社会秩序乃至国家安全造成严重影响。

第十条　潜在影响符合下列条件之一的数据为二级数据：

（一）易引发较大或重大生产安全事故或突发环境事件，给企业造成较大负面影响，或直接经济损失较大；

（二）引发的级联效应明显，影响范围涉及多个行业、区域或者行业内多个企业，或影响持续时间长，或可导致大量供应商、客户资源被非法获取或大量个人信息泄露；

（三）恢复工业数据或消除负面影响所需付出的代价较大。

第十一条　潜在影响符合下列条件之一的数据为一级数据：

（一）对工业控制系统及设备、工业互联网平台等的正常生产运行影响较小；

（二）给企业造成负面影响较小，或直接经济损失较小；

（三）受影响的用户和企业数量较少、生产生活区域范围较小、持续时间较短；

（四）恢复工业数据或消除负面影响所需付出的代价较小。

第四章 分级管理

第十二条 工业和信息化部负责制定工业数据分类分级制度规范，指导、协调开展工业数据分类分级工作。各地工业和信息化主管部门负责指导和推动辖区内工业数据分类分级工作。有关行业、领域主管部门可参考本指南，指导和推动本行业、本领域工业数据分类分级工作。

第十三条 工业企业、平台企业等企业承担工业数据管理的主体责任，要建立健全相关管理制度，实施工业数据分类分级管理并开展年度复查，并在企业系统、业务等发生重大变更时应及时更新分类分级结果。有条件的企业可结合实际设立数据管理机构，配备专职人员。

第十四条 企业应按照《工业控制系统信息安全防护指南》等要求，结合工业数据分级情况，做好防护工作。

企业针对三级数据采取的防护措施，应能抵御来自国家级敌对组织的大规模恶意攻击；针对二级数据采取的防护措施，应能抵御大规模、较强恶意攻击；针对一级数据采取的防护措施，应能抵御一般恶意攻击。

第十五条 鼓励企业在做好数据管理的前提下适当共享一、二级数据，充分释放工业数据的潜在价值。二级数据只对确需获取该级数据的授权机构及相关人员开放。三级数据原则上不共享，确需共享的应严格控制知悉范围。

第十六条 工业数据遭篡改、破坏、泄露或非法利用时，企业应根据事先制定的应急预案立即进行应急处置。涉及三级数据时，还应将事件及时上报数据所在地的省级工业和信息化主管部门，并于应急工作结束后30日内补充上报事件处置情况。

《工业和信息化领域数据安全管理办法（试行）》

（公开征求意见稿）

第一章 总 则

第一条【目的依据】 为规范工业和信息化领域数据处理活动，加强数据安全管理，保障数据安全，促进数据开发利用，保护个人、组织的合法权益，维护国家安全和发展利益，根据《中华人民共和国数据安全法》《中华人民共和国网络安全法》《中华人民共和国个人信息保护法》《中华人民共和国国家安全法》《中华人民共和国民法典》等法律、法规，制定本办法。

第二条【适用范围】 在中华人民共和国境内开展的工业和信息化领域数据处理活动及其安全监管，应当遵守相关法律、行政法规和本办法的要求。

第三条【数据定义】 工业和信息化领域数据包括工业数据、电信数据和无线电数据。工业数据是指工业各行业各领域在研发设计、生产制造、经营管理、运行维护、平台运营等过程中产生和收集的数据。

电信数据是指在电信业务经营活动中产生和收集的数据。

无线电数据是指在开展无线电业务活动中产生和收集的无线电频率、台（站）等电波参数数据。

工业和信息化领域数据处理者是指对工业和信息化领域数据进行收集、存储、使用、加工、传输、提供、公开等数据处理活动的工业企业、软件和信息技术服务企业、取得电信业务经营许可证的电信业务经营者和无线电频率、台（站）使用单位等工业和信息化领域各类主体。

第四条【监管机构】 在国家数据安全工作协调机制统筹协调下，工业和信息化部负责督促指导各省、自治区、直辖市及计划单列市、新疆生产建设兵团工业和信息化主管部门（以下统称地方工业和信息化主管部门），各省、自治区、直辖市通信管理局（以下统称地方通信管理局）和各省、自治区、直辖市无线电管理机构（以下统称地方无线电管理机构）开展数据安全监管，对工业和信息化领域数据处理者的数据处理活动和安全保护进行监督管理。

地方工业和信息化主管部门负责对本地区工业数据处理者的数据处理活动和安全保护进行监督管理。地方通信管理局负责对本地区电信数据处理者的数据处理活动和安全保护进行监督管理。地方无线电管理机构负责对本地区无线电数据处理者的数据处理活动和安全保护进行监督管理。

工业和信息化部及地方工业和信息化主管部门、通信管理局、无线电管理机构统称为行业（领域）监管部门。

行业（领域）监管部门依照有关法律、行政法规的规定，依法配合有关部门开展的数据安全监管相关工作。

第五条【产业发展】 行业（领域）监管部门鼓励数据开发利用和数据安全技术研究，支持推广数据安全产品和服务，培育数据安全企业、研究和服务机构，发展数据安全产业，提升数据安全保障能力，促进数据的创新应用。

工业和信息化领域数据处理者研究、开发、使用数据新技术、新产品、新服务，应当有利于促进经济社会和行业发展，符合社会公德和伦理。

第六条【标准制定】 行业（领域）监管部门推进工业和信息化领域数据开发利用和数据安全标准体系建设，组织开展行业相关标准制修订工作。鼓励支持企业、研究机构、高等院校、行业组织等不同主体，合作开展国际标准、国家标准、行业标准、团体标准、企业标准制定。引导工业和信息化领域数据处理者开展数据管理、数据安全贯标达标工作。

第二章　数据分类分级管理

第七条【分类分级工作要求】 工业和信息化部组织制定工业和信息化领域数据分类分级、重要数据和核心数据识别认定、数据分级防护等标准规范，指导开展数据分类分级管理工作，制定行业重要数据和核心数据具体目录并实施动态管理。

地方工业和信息化主管部门、通信管理局、无线电管理机构组织开展本地区工业和信息化领域数据分类分级管理及重要数据和核心数据识别工作，确定本地区行业（领域）重要数据和核心数据具体目录并上报工业和信息化部，目录发生变化的，应当及时上报更新。工业和信息化领域数据处理者应当定期梳理数据，按照相关标准规范识别重要数据和核心数据并形成目录。

第八条【分类分级方法】 根据行业要求、特点、业务需求、数据来源和用途等因素，工业和信息化领域数据分类类别包括但不限于研发数据、生产运行数据、管理数据、运维数据、业务服务数据等。

根据数据遭到篡改、破坏、泄露或者非法获取、非法利用，对国家安全、公共利益或者个人、组织合法权益等造成的危害程度，工业和信息化领域数据分为一般数据、重要数据和核心数据三级。

工业和信息化领域数据处理者可在此基础上细分数据的类别和级别。

第九条【一般数据】 危害程度符合下列条件之一的数据为一般数据：

（一）对公共利益或者个人、组织合法权益造成较小影响，社会负面影响小；

（二）受影响的用户和企业数量较少、生产生活区域范围较小、持续时间较短，对企业经营、行业发展、技术进步和产业生态等影响较小；

（三）其他未纳入重要数据、核心数据目录的数据。

第十条【重要数据】 危害程度符合下列条件之一的数据为重要数据：

（一）对政治、国土、军事、经济、文化、社会、科技、电磁、网络、生态、资源、核安全等构成威胁，影响海外利益、生物、太空、极地、深海、人工智能等与国家安全相关的重点领域；

（二）对工业和信息化领域发展、生产、运行和经济利益等造成严重影响；

（三）造成重大数据安全事件或生产安全事故，对公共利益或者个人、组织合法权益造成严重影响，社会负面影响大；

（四）引发的级联效应明显，影响范围涉及多个行业、区域或者行业内多个企业，或者影响持续时间长，对行业发展、技术进步和产业生态等造成严重影响；

（五）经工业和信息化部评估确定的其他重要数据。

第十一条【核心数据】 危害程度符合下列条件之一的数据为核心数据：

（一）对政治、国土、军事、经济、文化、社会、科技、电磁、网络、生态、资源、核安全等构成严重威胁，严重影响海外利益、生物、太空、极地、深海、人工智能等与国家安全相关的重点领域；

（二）对工业和信息化领域及其重要骨干企业、关键信息基础设施、重要资源等造成重大影响；

（三）对工业生产运营、电信网络（含互联网）运行和服务、无线电业务开展等造成重大损害，导致大范围停工停产、大面积无线电业务中断、大规模网络与服务瘫痪、大量业务处理能力丧失等；

（四）经工业和信息化部评估确定的其他核心数据。

第十二条【重要数据和核心数据目录备案】 工业和信息化领域数据处理者应当将本单位重要数据和核心数据目录向地方工业和信息化主管部门（工业领域）或通信管理局（电信领域）或无线电管理机构（无线电领域）备案。备案内容包括但不限于数据类别、级别、规模、处理目的和方式、使用范围、责任主体、对外共享、跨境传输、安全保护措施等基本情况，不包括数据内容本身。

地方工业和信息化主管部门（工业领域）或通信管理局（电信领域）或无线电管理机构（无线电领域）应当在工业和信息化领域数据处理者提交备案申请的二十个工作日内完成审核工作，备案内容符合要求的，予以备案并发放备案凭证，同时将备案情况报工业和信息化部；不予备案的应当及时反馈备案申请人并说明理由。

重要数据和核心数据的类别或规模变化大于30%以上的，或者其他备案内容发生重大变化的，工业和信息化领域数据处理者应当在发生变化的三个月内履行备案变更手续。

第三章　数据全生命周期安全管理

第十三条【主体责任】　工业和信息化领域数据处理者应当对数据处理活动负安全主体责任，对各类数据实行分级防护，不同级别数据同时被处理且难以分别采取保护措施的，应当按照其中级别最高的要求实施保护，确保数据持续处于有效保护和合法利用的状态。

（一）建立数据全生命周期安全管理制度，针对不同级别数据，制定数据收集、存储、使用、加工、传输、提供、公开等环节的具体分级防护要求和操作规程；

（二）根据需要配备数据安全管理人员，统筹负责数据处理活动的安全监督管理，协助行业（领域）监管部门开展工作；

（三）合理确定数据处理活动的操作权限，严格实施人员权限管理；

（四）根据应对数据安全事件的需要，制定应急预案，并定期进行演练；

（五）定期对从业人员开展数据安全教育和培训；

（六）法律、行政法规等规定的其他措施。

工业和信息化领域重要数据和核心数据处理者，还应当：

（一）建立覆盖本单位相关部门的数据安全工作体系，明确数据安全负责人和管理机构，建立常态化沟通与协作机制。本单位法定代表人或者主要负责人是数据安全第一责任人，领导团队中分管数据安全的成员是直接责任人；

（二）明确数据处理关键岗位和岗位职责，并要求关键岗位人员签署数据安全责任书；

（三）建立内部登记、审批机制，对重要数据和核心数据的处理活动进行严格管理并留存记录。

第十四条【数据收集】 工业和信息化领域数据处理者收集数据应当遵循合法、正当的原则，不得窃取或者以其他非法方式收集数据。

数据收集过程中，应当根据数据安全级别采取相应的安全措施，加强重要数据和核心数据收集人员、设备的管理，并对收集时间、类型、数量、频度、流向等进行记录。

通过间接途径获取重要数据和核心数据的，工业和信息化领域数据处理者应当与数据提供方通过签署相关协议、承诺书等方式，明确双方法律责任。

第十五条【数据存储】 工业和信息化领域数据处理者应当依据法律规定或者与用户约定的方式和期限存储数据。存储重要数据和核心数据的，应当采用校验技术、密码技术等措施进行安全存储，不得直接提供存储系统的公共信息网络访问，并实施数据容灾备份和存储介质安全管理，定期开展数据恢复测试。存储核心数据的，还应当实施异地容灾备份。

第十六条【数据使用加工】 工业和信息化领域数据处理者利用数据进行自动化决策分析的，应当保证决策分析的透明度和结果公平合理。使用、加工重要数据和核心数据的，还应当加强访问控制。

工业和信息化领域数据处理者提供数据处理服务，涉及经营电信业务的，应当按照相关法律、行政法规规定取得电信业务经营许可。

第十七条【数据传输】 工业和信息化领域数据处理者应当根据传输的数据类型、级别和应用场景，制定安全策略并采取保护措施。传输重要数据和核心数据的，应当采取校验技术、密码技术、安全传输通道或者安全传输协议等措施。

第十八条【数据提供】 工业和信息化领域数据处理者提供数据，应当明确提供的范围、类别、条件、程序等，并与数据获取方签订数据安全协议。提供重要数据和核心数据的，应当对数据获取方数据安全保护能力进行评估或核实，采取必要的安全保护措施。

第十九条【数据公开】 工业和信息化领域数据处理者应当在数据公开前分析研判可能对公共利益、国家安全产生的影响，存在重大影响的不得公开。

第二十条【数据销毁】 工业和信息化领域数据处理者应当建立数据销毁制度，明确销毁对象、规则、流程和技术等要求，对销毁活动进行记录和留存。个人、组织依据法律规定、合同约定等请求销毁的，工业和信息化领域数据处理者应当销毁相应数据。

销毁重要数据和核心数据的，应当及时向地方工业和信息化主管部门（工业领域）或通信管理局（电信领域）或无线电管理机构（无线电领域）更新备案，不得以任何理由、任何方式对销毁数据进行恢复。

第二十一条【数据出境】 工业和信息化领域数据处理者在中华人民共和国境内收集和产生的重要数据和核心数据，法律、行政法规有境内存储要求的，应当在境内存储，确需向境外提供的，应当依法依规进行数据出境安全评估。

工业和信息化部根据有关法律和中华人民共和国缔结或者参加的国际条约、协定，或者按照平等互惠原则，处理外国工业、电信、无线电执法机构关于提供工业和信息化领域数据的请求。非经工业和信息化部批准，工业和信息化领域数据处理者不得向外国工业、电信、无线电执法机构提供存储于中华人民共和国境内的工业和信息化领域数据。

第二十二条【数据转移】 工业和信息化领域数据处理者因兼并、重组、破产等原因需要转移数据的，应当明确数据转移方案，并通过电话、短信、邮件、公告等方式通知受影响用户。涉及重要数据和核心数据的，应当及时向地方工业和信息化主管部门（工业领域）或通信管理局（电信领域）或无线电管理机构（无线电领域）更新备案。

第二十三条【委托处理】 工业和信息化领域数据处理者委托他人开展数据处理活动的，应当通过签订合同协议等方式，明确委托方与被委托方的数据安全责任和义务。委托处理重要数据和核心数据的，应当对被委托方的数据安全保护能力、资质进行评估或核实。

除法律、行政法规等另有规定外，未经委托方同意，被委托方不得将数据提供给第三方。

第二十四条【核心数据跨主体处理】 跨主体提供、转移、委托处理核心数据的，应当评估安全风险，采取必要的安全保护措施，并经由地方工业和信息化主管部门（工业领域）或通信管理局（电信领域）或无线电管理机构（无线电领域）报工业和信息化部。工业和信息化部按照有关规定进行审查。

第二十五条【日志留存】 工业和信息化领域数据处理者应当在数据全生命周期处理过程中，记录数据处理、权限管理、人员操作等日志。日志留存时间不少于六个月。

第四章　数据安全监测预警与应急管理

第二十六条【监测预警机制】 工业和信息化部建立数据安全风险监测机制，组织制定数据安全监测预警接口和标准，统筹建设数据安全监测预警技术手段，形成监测、溯源、预警、处置等能力，与相关部门加强信息共享。

地方工业和信息化主管部门、通信管理局和无线电管理机构建设本地区数据安全监测预警机制，组织开展本地区工业、电信行业和无线电数据安全风险监测，按照有关规定及时发布预警信息，通知本地区工业和信息化领域数据处理者及时采取应对措施。

工业和信息化领域数据处理者应当开展数据安全风险监测，及时排查安全隐患，采取必要的措施防范数据安全风险。

第二十七条【信息上报和共享】 工业和信息化部建立数据安全风险信息上报和共享机制，统一汇集、分析、研判、通报数据安全风险信息，鼓励安全服务机构、行业组织、科研机构等开展数据安全风险信息上报和共享。

地方工业和信息化主管部门、通信管理局和无线电管理机构汇总分析本地区工业、电信行业和无线电数据安全风险，及时将可能造成重大及以上安全事件的风险上报工业和信息化部。

工业和信息化领域数据处理者应当及时将可能造成较大及以上安全事件的风险向地方工业和信息化主管部门（工业领域）或通信管理局（电信领域）或无线电管理机构（无线电领域）报告。

第二十八条【应急处置】 工业和信息化部制定工业和信息化领域数据安全事件应急预案，组织协调重要数据和核心数据安全事件应急处置工作。

地方工业和信息化主管部门、通信管理局和无线电管理机构组织开展本地区工业、电信行业和无线电数据安全事件应急处置工作。涉及重要数据和核心数据的安全事件，应当立即上报工业和信息化部，并及时报告事件发展和处置情况。

工业和信息化领域数据处理者在数据安全事件发生后，应当按照应急预案，及时开展应急处置，涉及重要数据和核心数据的安全事件，应当第一时间向地方工业和信息化主管部门（工业领域）或通信管理局（电信领域）或无线电管理机构（无线电领域）报告。事件处置完成后应当在规定期限内形成总结报告，每年向地方工业和信息化主管部门（工业领域）或通信管理局（电信领域）或无线电管理机构（无线电领域）报告数据安全事件处置情况。

工业和信息化领域数据处理者对可能损害用户合法权益的数据安全事件，应当及时告知用户，并提供减轻危害措施。

第二十九条【举报投诉处理】 工业和信息化部委托相关行业组织建立工业和信息化领域数据安全违法行为投诉举报渠道，地方工业和信息化主管部门、通信管理局、无线电管理机构建立本地区工业、电信行业和无线电数据安全违法行为投诉举报机制或渠道，依法接收、处理投诉举报，根据工作需要开展执法调查。鼓励工业和信息化领域数据处理者建立用户投诉处理机制。

第五章 数据安全检测、认证、评估管理

第三十条【安全检测与认证】 工业和信息化部鼓励、引导具备相应资质的机构，依据相关标准开展行业数据安全检测、认证工作。

第三十一条【安全评估】 工业和信息化部制定行业数据安全评估机构管理制度，开展评估机构管理工作。制定行业数据安全评估规范，指导评估机构开展数据安全风险评估、合规评估、能力评估、出境评估等工作。

地方工业和信息化主管部门、通信管理局和无线电管理机构负责组织开展本地区工业、电信行业和无线电数据安全评估工作。

工业和信息化领域重要数据和核心数据处理者应当自行或委托第三方评估机构，每年至少开展一次安全评估，及时整改风险问题，并向地方工业和信息化主管部门（工业领域）、通信管理局（电信领域）或无线电管理机构（无线电领域）报送评估报告。

第六章 监督检查

第三十二条【监督检查和协助义务】 行业（领域）监管部门对工业和信息化领域数据处理者落实本办法要求的情况进行监督检查。工业和信息化领域数据处理者应当对行业（领域）监管部门监督检查予以配合。

第三十三条【数据安全审查】 工业和信息化部在国家数据安全工作协调机制指导下，开展数据安全审查相关工作。第三十四条【保密要求】行业（领域）监管部门及其委托的数据安全评估机构工作人员对在履行职责中知悉的个人信息和商业秘密等，应当严格保密，不得泄露或者非法向他人提供。

第七章 法律责任

第三十五条【约谈整改】 行业（领域）监管部门在履行数据安全监督管理职责中，发现数据处理活动存在较大安全风险的，可以按照规定权限和程序对工业和信息化领域数据处理者进行约谈，并要求采取措施进行整改，消除隐患。

第三十六条【法律责任】 有违反本办法规定行为的，由行业（领域）监管部门依照相关法律、法规，根据情节严重程度给予没收违法所得、罚款、暂停业务、停业整顿、吊销业务许可证等行政处罚；构成犯罪的，依法追究刑事责任。

第八章　附　则

第三十七条【个人信息保护】　开展涉及个人信息的数据处理活动，还应当遵守有关法律、行政法规的规定。

第三十八条【其他规定参照】　涉及军事、国家秘密信息、密码使用等数据处理活动，按照国家有关规定执行。

第三十九条【政务数据排除】　工业和信息化领域政务数据处理活动的具体办法，由工业和信息化部另行规定。

第四十条【国防科工、烟草领域】　国防科技工业、烟草领域数据安全管理由国防科工局、国家烟草专卖局负责，具体制度参照本办法另行制定。

第四十一条【施行日期】　本办法自 2022 年　月　日起施行。